与最聪明的人共同进化

HERE COMES EVERYBODY

湛庐 CHEERS

CHEERS
湛庐

# 梅西VS.C罗
## MESSI vs.RONALDO

[英] 乔舒亚·罗宾逊（Joshua Robinson）
乔纳森·克莱格（Jonathan Clegg） 著

刘硕阳 译

湖南教育出版社
·长沙·

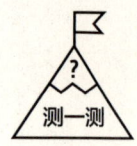

# 你了解梅西和 C 罗吗?

扫码加入书架
领取阅读激励

- 梅西和 C 罗两位球星有什么相同之处? （单选题）

  A. 几乎每场比赛都有进球

  B. 性格都如孔雀般昂首张扬

  C. 喜欢以雷霆万钧之势冲破防守

  D. 童年时期都不喜欢在街头巷尾踢球

扫码获取全部测试题及
答案，一起了解重塑梅西
和 C 罗足球历史的对决

- 21 世纪早期的巴萨，是成就年轻的天才运动员的完美时间和地
  点。其中的一个主要催化剂是：（单选题）

  A. 世界体育格局发生新变化

  B. 马拉多纳当选"20 世纪最佳男子足球运动员"

  C.1992 年巴塞罗那奥运会成功举办

  D. 法国队成为世界杯和欧锦赛的第一个"双冠王"

- 梅西和 C 罗都为以下哪个运动品牌代言过? （单选题）

  A. 耐克

  B. 阿迪达斯

  C. 彪马

  D. 匡威

扫描左侧二维码查看本书更多测试题

# MESSI
*v s.*
# RONALDO

一组针锋相对的巅峰对决
两位历史最佳的足球明星
以及被他们重塑的世界第一运动

# 时代巨星的巅峰对决

张斌

中央电视台体育频道主持人

《梅西 vs. C 罗》英文版一经问世便被《纽约时报》列入世界杯期间必读书目并给出了高度评价：它是一本全面的头号读物，深入揭示两位足球巨星交织在一起的成长经历、职业生涯以及如何影响足球运动的商业发展。两年前的世界杯决赛之夜，梅西和 C 罗的对决似乎也算有了答案，但其实未必。在网络上搜索关键词"Messi vs. Ronaldo"，率先跳出来的便是以此为名的一款 App。这款同名 App 继续展示着两位巨星铭刻丰碑之上的种种足球功业。

其实，梅西和 C 罗的对决可以说是长存的名局，超越胜负的较量，以荣耀的多寡来定义谁更伟大不过是一种算法而已，两位巨星的传奇常青于仰慕者心间，两大阵营间也免不了摩擦与对立，在未来的漫长岁月里，梅西 vs.C 罗将成为永恒的话题。

　　本书由两位《华尔街日报》资深体育记者撰写，他们在业界素有盛名，同时也是《英超联盟》（The Club）[1]的作者，由此可见这本世界杯必读书的专业性和深度。《英超联盟》同样是一本洞悉时代的优秀足球文本，20 世纪八九十年代的英国足球曾面临困境，但仅仅数年过后，英超的诞生迅速扭转了这一局面。这个再造的顶级联赛成为全球商业和娱乐业蓬勃向上的奇迹之光，全球资本蜂拥而至，只为拥有一家在球场与市场皆能凸显价值的商业和娱乐综合体。

　　何以如此富有颠覆性？作者更愿意置身于全球化时代背景之下去找寻答案，而对于这一时代的定义其实在这本书中有着相同的标注。无论是英超的繁盛还是梅罗双雄的生生不息，皆为时代所赐，足球作为世界上最重要的运动项目经历了自电视诞生之后最为独特的 20 年，而最令人不可思议的是，即便是足坛英才辈出，但最具统治力的顶级巨星居然经年不变，即便是眼见时代落幕，即便是天降姆巴佩和哈兰德双星，但人们还是难以迈出梅罗争锋的固有话语体系模式。

　　一本以梅西 vs.C 罗为题的专著，双雄自然是绝对主角，但如果静心读过，真正的主角似乎是那个时代本身——一个无论是足球商业还是社会风尚都发生了翻天覆地变化的时代。两位作者又一次以体育之名，深入探究 21 世纪之初的十几年历史，他们颇为自豪地指出，自己在《华尔街日报》的成长历程恰好

---

[1]两位作者以商业媒体的视角深入剖析了英超如何在 25 年历史中，从英国足球的低谷走向全球商业和娱乐业的巅峰，成为全球近 190 个国家和地区的体育巨头。该书中文简体字版已由湛庐引进，中国纺织出版社于 2019 年出版。——编者注

与此平行相伴。时代波澜壮阔，改变了世界样貌，足球作为一项运动、一种娱乐和商业的进化清晰可见。因此，带着对梅罗双雄真挚情感的读者在这本书中会被作者牵引着去理解，梅西和C罗职业生涯攀升轨迹不仅是他们个人的成长轨迹，也是足球从单纯的运动演进为全球软实力的强大工具的全过程，过程之中满是鲜为人知的赋能故事，随处可见处心积虑的运作与惊心动魄的权谋。

2008年夏天，皇马发动媒体信息战，目的是要让C罗在曼联阵中心神不宁，以便乱中取胜，促使这位未来巨星尽早身归伯纳乌。弗格森爵士对皇马的小手段怒不可遏，他向C罗明确表示："如果我轻易回应他们，那就直接中了他们的圈套，我所有的荣誉都会烟消云散，所有东西都会离我而去。无论你是坐在看台上还是替补席上，我是绝对不会让你今年离开的。"梅西与巴萨的离别何尝不是一部张力十足的大戏，原本被世人期待的"终老巴萨一生情"成为泡影，外界对此议论纷纷，有人指责巴萨无情，有人责怪某主席无义，作者未曾就此得出结论，只是描述了这样一个事实：巴萨过往这么多年向梅西支付的酬劳完全可以从美国空军购得六架F-35战机。这样的比喻自然有趣，C罗的财富也足以武装一个战斗机编队。论名气梅罗均不逊于美国总统，论人气与教皇相当，至于财富，梅罗二人早已成为足球历史上最富有的球员，只要他们愿意，世界上最富有的俱乐部都愿意开出令他们满意的支票。

两位作者不遗余力地挖掘过往十几年间决定梅罗二人命运走向的各色人物，详尽地讲述着门德斯的经纪人职业生涯，披露着梅西父亲在儿子足球生涯中的智慧与心机，而皇马银河战舰计划注定了俱乐部主席会不惜代价赢得C罗。俱乐部所有者、教练、经纪人以及亲人的期望与愿景交织在一起共同塑造梅罗双雄的命运走向，作者凭借独特的洞察力和新闻手法，清晰地展现了这些复杂因素的相互作用。

　　这本书不仅可以作为一部另类的双雄评传来读，也可以视为足球商业和娱乐业的专业著作。关于梅西和 C 罗，再过几年他们步入中年，优雅地告别绿茵场时，关于他们的故事一定会有全新的版本，各自星途周折，以退为进，境界又有不同。

# 互相角逐，互相成就

　　有无数种方式可以讲述利昂内尔·梅西（Lionel Messi）和克里斯蒂亚诺·罗纳尔多（Cristiano Ronaldo，简称 C 罗）的故事，以及足球界那段将二人捆绑在一起的时代。绿茵场上，梅西和 C 罗每周末的登场是属于西班牙足球甲级联赛（简称西甲）的微缩版"肥皂剧"，而每场在夏天举办的大赛都会演变成一个规模盛大的心理剧现场。在赛场之外，梅西和 C 罗构建起了一个足球的帝国，这使他们收获了堪比美国总统的声望。

　　已经有大量的文字写下了二人的伟大成就，每个作者都在用自己的方式诠释着这两个有着历史级别影响力的伟大运动员。然而，任何一个作者如果只聚焦于其中一人的故事，都必然会留下另一人的"空白"。可无论梅西和 C 罗是否喜欢，他们都难以从对方的叙事中"逃脱"，随着二人的职业生涯逐渐步入尾声，他们已经有足够的安全感认同这一点。在将近 20 年的时间里，两个人互相鞭策，如果谁能成为历史最佳球员（GOAT）首先意味着比对方更优秀。

事实证明，双方间的较量并非一场孤立的战斗。在两个人共同创造足球历史的过程中，他们也成为足球这项世界上最受欢迎的体育运动的"双子重心"，向进入自己"作用范围"的一切人和物施加引力。自电视发明以来，体育界迎来了最动荡的 20 年，而即使身处这一激烈动荡的时代，顶尖球员也始终丝毫未变，这是最值得关注的。

正是在这一时期，我们作为《华尔街日报》的记者成长起来，伴随梅西和 C 罗一同走向成熟，并记录下他们的职业生涯及其带来的连锁反应。从 2007 年起，我们不断追逐着他们的脚步，关注着他们在四大洲土地上所创造的丰功伟绩。从梅西在柏林第四次捧起欧洲冠军联赛（简称欧冠）奖杯，到 2016 年 C 罗随葡萄牙队登上欧洲之巅，一场场顶级赛事让我们在现场见证了他们一次次用至高荣誉激励彼此。而每当他们遭遇极度失望的至暗时刻，我们同样身在现场。

本书不仅仅是一部关于两位伟大球员的双人传记，它还尝试探索这两位同时出现的足球天才是如何改变体育界并让其中的变化加速发生的。在这种情况下，本书不仅是理解现代足球的一面棱镜，而且揭示了对能力、权势和影响力的研究。梅西和 C 罗在赛场上仅有过 30 余次交手，但二人的对决却远超赛场之内。他们打乱了整个足球商业和文化的生态系统，只不过他们本身几乎并未察觉或控制这一结果。

关注梅西和 C 罗两位球星的传记并不少见，但关于二人给足球运动、体育商业带来的全球性影响，以及作为球星的本质等方面的严肃性话题，如今仍然无人涉足。这正是本书的中心点所在。

　　梅西和 C 罗互为商业伙伴，这是在对决中不言而喻的默契。这场竞争所产生的热情和能量让无数人痴狂，二人的价值和影响力也早已超出了体育界的范畴。随着二人各自的职业生涯渐入尾声，对于"爱他们还是恨他们"的话题，梅西和 C 罗早就顺其自然地接纳了，这本身已是二人维系商业价值的惯用手段。

　　在很多方面，两位耀眼球星之间的区别也如此耀眼，让球迷能够轻而易举地选边站：一个体型高大，一个身材小巧；一个喜欢以雷霆万钧之势冲破防守，一个擅长在人群之中闪展腾挪；一个是终结者，一个是组织核心；一个性格如孔雀般昂首张扬，一个腼腆而谦逊。不用说，你已经知道了谁是谁。多年来，梅西让进球看上去变得简单，他总能轻而易举地完成令人炫目的进球。而 C 罗往往攻入看上去不可能完成的进球，在他将球踢入球网的那一刻，你可以看到他那每一块被精心打磨的肌肉。

　　梅西和 C 罗的足球艺术无须赘言。从中国北京到美国布鲁克林，梅西、C 罗独占一档，然后才是其他球员，这样的认知已是全人类对足球世界的认知。这两位球星几乎每场比赛都有进球，全年中每 3 天就会登场亮相一次。随着我们对二人故事的深入挖掘，以及他们的职业生涯不断延续，二人开始展现出更多的相同点。

　　本书基于对机密文件的深度挖掘，以及多年来对足球俱乐部高管、教练、球员等足球及体育商业界人士的独家采访，为读者呈现了一条围绕两位足坛巨星所创造的璀璨星河。在很多事件中，出于维护关系（偶尔也出于维持生计）的谨慎考虑，那些与梅西和 C 罗关系密切的人士只同意以匿名身份同我们交谈。我们记述的完整对话，部分是根据在场人员的第一手信息进行的场景重建，部分是他们事后第一时间的叙述。在这个梅西 vs.C 罗的时代，我们自始至终所能做的最重要的事情就是，欣赏他们踢球。

# MESSI
## *VS.*
# RONALDO

## 引 言

## "年度（差一点就是）最佳球员"

　　瑞士的一座歌剧院内，两位当今足坛最伟大的球星略显尴尬地坐在那里，他们不明白为何会来出席这个让自己有些难堪的场合。梅西顶着蓬松的头发，一套深色西装罩在他那并不宽阔的肩膀上。戴着耳钉的 C 罗则身着一套燕尾服，哪怕这次活动并没有如此正式的着装要求。他们都不想待在这里，但都被告知不许离开。

　　像受到惩罚的学生一样，两位球星有些无精打采，这一切的"始作俑者"便是要坐在他们之间的那个空座上的人。

　　作为每年一度的庆典，国际足球联合会（FIFA，简称国际足联）年度最佳球员颁奖典礼总会出现一些令人目眩的技术、令人无解的射门集锦，以及令人不适的玩笑。在这次首届颁奖典礼中，梅西和 C 罗都被票选为 2007 年的"年度（差一点就是）最佳球员"。而年度最佳球员（世界足球先生）的荣誉最终颁给了来自巴西的里卡多·伊泽克森·多斯·桑托斯·莱特（Ricardo

Izecson dos Santos Leite），也就是卡卡（Kaka），这位进攻大师正在台上领取自己的奖杯。在梅西和C罗看来，卡卡不仅比他们年长，球也没有他们踢得好。

而在歌剧院的天鹅绒座椅上就座的人群中，至少还有两人和梅西、C罗持有相同的观点。

其中一人是葡萄牙人豪尔赫·门德斯（Jorge Mendes）。他曾是一家夜总会的出资人，如今则将自己打造成一名头发油光锃亮的足球经纪人。他在谈笑间便能将来自伊比利亚半岛和南美洲的球员送往欧洲各地。门德斯计划将C罗打造成全世界最富有的球星，让C罗处于这次颁奖典礼的中心位置就是其中的关键一步。

另一人看起来更加义愤填膺，他就是梅西的父亲豪尔赫·梅西（Jorge Messi），他大部分时间都在阿根廷罗萨里奥生活。就在7年前，这位父亲把啜泣的儿子推上了飞往西班牙的航班，期待他能够给巴塞罗那足球俱乐部（简称巴萨）的教练们留下深刻印象。如今，老梅西也已转行成了一名足球经纪人，自己的儿子就是客户之一。在体育界竞争最为惨烈的商业领域里，这位昔日的金属工厂主管还在"摸着石头过河"。

在那个颁奖典礼的夜晚，很多人都学到了至关重要的一课。在足球运动中，像这样的颁奖典礼以前并不具备太大的价值和影响力。真正有意义的奖杯是在球场上颁发的，是每一名穿着球衣而非名牌西装的球员在历尽艰辛后赢得的。但伴随着梅西和C罗的成长和对决，这种情况迎来改变。在苏黎世，没人能够预料到，这次典礼上排在第二位和第三位的两个小伙子即将把足球改造成为一项"个人运动"。而以后，随着梅西和C罗开始席卷各项荣誉，甚至连颁奖典礼也将成为二人比拼的战场。

不过，一个让梅西、C罗及两位豪尔赫先生都无法接受的事实是，这场能够对球员转会费和赞助协议产生深远影响的年度最佳球员颁奖典礼，竟然被当时的国际足联主席塞普·布拉特（Sepp Blatter）办得像是他的个人酒会。他把这场典礼包装成了又一个能够让自己被足坛传奇和超级名模环绕的场合。在被查出利用职权非法圈钱之前，他仍在享受这些非法所得的荣华富贵。这一年，这场盛会首次在电视上全程直播，布拉特也"踢上了"他在足球运动中最喜欢的位置：不是球场上的中锋，而是舞台中心的主持人。他的身旁还有一对瑞士电视台的"名嘴"，他们的任务是推动颁奖典礼进行，以及将布拉特说的话用法语、英语和德语再重复一遍。不过，为了颁出当晚最具分量的奖项，这位国际足联主席还需要更重量级的嘉宾到场。他请来的是球王贝利（Pelé）——三届世界杯冠军得主及历史上最高产的进球者和足球运动"推销员"。这就相当于格莱美颁奖典礼请来了保罗·麦卡特尼（Paul McCartney）。

在布拉特的治理下，国际足联由一个小型的足球赛事的组织创办者，逐渐发展成为一个有着市场营销和电视转播权的全球性"巨兽"般的组织，当时已坐拥大约 5 亿美元现金。国际足联与其说是一个体育组织，倒不如说更像是一个音乐厂牌或者中型保险公司。正如任何一家志向远大的音乐厂牌一样，打造出自己的明星也是国际足联至关重要的生命线。

然而在 21 世纪初，绿茵场上的星空较往常要更加黯淡一些。1996 年至 2005 年，几乎瓜分了这十年里每一个足球奖项的 4 名球员，均已步入了自己职业生涯的暮年阶段。来自皇家马德里足球俱乐部（简称皇马）的齐内丁·齐达内（Zinedine Zidane）、路易斯·菲戈（Luís Figo），以及巴西的那位罗纳尔多（Ronaldo），都已被不断增长的年龄和体重束缚。与此同时，两届世界足球先生得主罗纳尔迪尼奥（Ronaldinho）则流连于通宵的海滩派对，无暇代表巴萨登场比赛。于是在 2006 年，足球运动的"食物链"顶端竟然无人问津，能够背负世界最佳球员之名的球员几近绝迹。法比奥·卡纳瓦罗（Fabio

Cannavaro）最终成了当年最让人眼前一亮的球员，但他只是一名后卫。

　　现在，终于轮到卡卡了。这个外表干净、性格阳光的男孩来自巴西圣保罗的一个中产家庭，他用一种简单的优雅风格带动着 AC 米兰足球俱乐部（简称 AC 米兰）的中场，这份优雅多少也掩盖了即将到来的这个噩梦般的夜晚的气氛。作为新科欧冠冠军的一员，在人们将 C 罗视为"金童"之前，卡卡便早已享有这一赞誉，而当时梅西的身高甚至还未长到 1.7 米。

　　"女士们、先生们，下面是最重要的时刻，为此我专门练习了如何拆信封，"布拉特看上去没在开玩笑，"在苏黎世举行的国际足联 2007 年度最佳球员颁奖典礼上，最终的获奖者是——卡卡！"

　　卡卡起身上台，贝利充满骄傲地向自己的同胞送上赞许的目光，他几乎给每一个人都站过台当过"托"。而此时，梅西和 C 罗依旧留在座位上。

　　对于正生着闷气的哥俩来说，更糟糕的是两周前，他们已经在巴黎举办的金球奖颁奖典礼上体验了一回和今晚如出一辙的待遇，这也让苏黎世这一晚的体验少了些"惊喜"。金球奖是另外一个单独的年度最佳球员奖项，后来与国际足联的奖项合并了。"说实话，我对获奖有一些小期待，"卡卡说，"我赢得了欧冠冠军，也是欧冠的最佳射手……这就是关键，你需要身处在可以获胜的队伍里。"

　　事实上，梅西和 C 罗并非效力于酒吧球队①这样的等闲之队中。在弗兰克·里杰卡尔德（Frank Rijkaard）麾下，20 岁的梅西已经跻身巴萨的首发阵

————————
①周日由酒吧常客组成的团队，常被用来谈论糟糕的职业足球队。——编者注

容中，这位荷兰名帅正想方设法地为这个来自阿根廷的盘带①天才寻找到最适合的场上位置。而 22 岁的 C 罗在曼彻斯特联足球俱乐部（简称曼联）已是名副其实的球星，主教练亚历克斯·弗格森（Alex Ferguson）已经花了 4 年时间将他严格锻造成球场上最全面的攻击手。此时，梅西和 C 罗都已是赢得过欧冠冠军等荣誉的世界级球星，不过卡卡获得的选票比他们两人加起来都多。对这两名失败者进行最终羞辱，布拉特邀请二人上台合影。贝利给这二人各颁发了一座小奖杯，比卡卡的奖杯要小，还把二人的奖杯搞反了。

当时，贝利把第二名的奖杯颁给了 C 罗，而梅西则从他手中接过了第三名的奖杯。布拉特此时不得不出手叫停，他在台上的各位足球天才间穿来穿去，确保每个人手里都能拿到正确的奖杯。"第二名，第二名的奖杯是利昂内尔（梅西）的，"台上的一位主持人用足球界所流行的欧洲通用口音对 C 罗说道，"能请你换一下奖杯吗？"

有那么一瞬间，C 罗感觉自己已经无限接近于难堪。他发现了一件比出席并在这场典礼上错失冠军奖杯更尴尬的事情，那就是上台领奖并被要求把奖杯还给梅西。交换奖杯的时候，如果歌剧院的地上能裂开一道缝，那么 C 罗会毫不犹豫地钻进去。这当然不可能发生，所以他不得不承受这最后一击。"你尽力了，你尽力了，"台上的一位主持人说，"但你没能拿到第二名。"观众中发出了咯咯的笑声。

C 罗没能挤出笑容。他和梅西被迫继续站在台上，直到一支管弦乐队上台演奏音乐剧《我，堂吉诃德》（*Man of La Mancha*）中的名曲《追梦无悔》（*The*

---

①足球用语，指一名队员在防守队员的干扰下，通过脚轻触球的方式使足球紧随进攻路线运行的序列动作过程。——编者注

*Impossible Dream*）。不过，对于梅西和 C 罗来说，他们来这里自然不是为了听音乐剧，也肯定不是来接受羞辱的。

事实上，这种状况并未困扰他们太长时间。自此之后的 10 年内，梅西和 C 罗轮番赢得年度最佳球员奖项。再次出现这种二人都未获奖的情况已是 11 年后的 2018 年。无论卡卡如何强调身处赢球一方的意义，这一殊荣都是足球这项全世界最受欢迎的团队运动中衡量个人成就的终极标尺，也是梅西和 C 罗最关心的奖项。

国际足联年度最佳球员颁奖典礼现场是一个罕见的竞技场，梅西和 C 罗可以将自己和身旁队友及身处的环境剥离开，从而独立地进行比较。这里也有历史最佳的现场统计，获奖人选 10 年来在两人之间实时摇摆，每年足球界顶级的个人荣誉最终都会花落其中一人。而定义这段 10 年时间的，则是梅西和 C 罗之间宿命般的对决、两人创造的震撼数字，以及他们在球场上给对手带来的摧枯拉朽般的冲击。

# MESSI
## *vs.*
# RONALDO

第一部分

## 传奇的开始

MESSI
*vs.*
RONALDO

## 第1章

# 曼联一纸合约签下Ｃ罗

2003年的一个炎热夏夜，时间接近凌晨1点。凉爽的里斯本竞技[①]更衣室内，Ｃ罗的心情已经从刚刚结束的比赛中平复下来，仿佛没发生任何事。

而在球场之外，里斯本竞技的球迷们仍旧沉迷于刚刚眼前所见的画面：俱乐部新球场的落成典礼——3：1战胜曼联的比赛，以及球队中最年轻的那个小伙子在场上的震撼表现。

甚至连Ｃ罗的队友们都有些激动到不能自已。解开缠绕在脚踝上的绷带时，他们还在试图弄清楚刚刚过去的两小时究竟发生了什么。因为Ｃ罗的表现实在令人难以置信！

---

[①]葡萄牙体育足球俱乐部，在葡萄牙以外的国家及地区，球迷通常称其为里斯本竞技，故本书统一使用该名称。——编者注

　　几天来，这个头发中夹杂着金色发丝、脸上还长着青春痘的17岁少年——C罗，在释放这样一个信号：即将有大事发生。这一点队友们在训练中也能觉察到，C罗抹了发胶，整个人看起来激情洋溢。里斯本竞技主教练费尔南多·桑托斯（Fernando Santos）告诉他，自己将把他列入对阵曼联的首发阵容中。"C罗不需要主动告诉别人自己想要什么或心里在想什么，"在那场比赛中攻入两球的若昂·平托（João Pinto）说，"他的所需所想都写在了脸上。"

　　事实上，C罗想要的，就是得到曼联的关注。

　　里斯本竞技的体育场大厅深处，狭小的客队更衣室内一片混乱。饱受晒伤和时差之苦的曼联球员们也在尝试弄明白刚过去的两小时都发生了什么。就在前一天凌晨4点，全队才结束了在美国的季前巡回赛之旅并飞抵葡萄牙，以至于几乎分不清现在的时间和地点。他们唯一清楚的就是自己刚刚输得一败涂地，而打败他们的人看起来竟然是一个还在上学的小男孩。

　　每当足球来到C罗脚下时，他的双脚就如同闪电一般。他用惊人的速度和精湛的技术将曼联的边路撕扯得七零八落。曼联主教练弗格森表示，边后卫约翰·奥谢（John O'Shea）半场过后就得了偏头痛，而以好战著称的罗伊·基恩（Roy Keane）则没有嘴下留情，他认为奥谢踢得就像"小丑"一样。

　　"不仅仅是C罗过掉奥谢这件事这么简单，"曼联后卫菲尔·内维尔（Phil Neville）说，"他的踩单车[①]、杂耍般的进球技巧和各种迅捷的动作，以及他在场上展现出的强大自信都让我感到震惊，就好像他在高喊'这是我的主场'！"

---

①足球用语，指双脚不断在球的四周快速绕圈做假动作，以迷惑对方来突破过人。——编者注

　　曼联球员们之前就不想来葡萄牙，而在这次友谊赛中被一个像小男孩一样的球员"羞辱"之后，他们更加不愿在此驻留，毕竟他们来到这里只是为了"帮忙"。原来，几年前，为增进双方的合作，曼联和里斯本竞技签署了一份谅解备忘录，使得这家英超豪门球队能够密切关注从里斯本竞技青训营中涌现的每一名球员。因此，当里斯本竞技询问曼联能否前来为自己的新球场——里斯本阿尔瓦拉德的落成启用仪式增光添彩时，曼联欣然应允。整场比赛几乎是里斯本竞技的现场展演，他们的队员甚至在中场休息时换了一身球衣，从传统的绿白相间队服换成了金色的客场队服。曼联球员并未关注对方球员的换装，毕竟他们都不认识从自己身边跑过的对手是谁。

　　不过在比赛进行了 45 分钟之后，却有一名对方球员让他们见识到了厉害。这个男孩使曼联度过了一个悲惨的夜晚。因此比赛刚一结束，曼联的资深球员便不断催促着主教练弗格森把这个男孩招入帐下。"我们需要签下他，教练！"然而这些曼联球员并未意识到，实际上这项签约计划已经在推进之中了。在里斯本竞技的更衣室内，队里每个人都知晓了 C 罗即将迎接的是什么。"比赛结束之前，"若昂·平托说，"我们就已经知道他很有可能转会曼联，我们都在聊的也是这件事。"

　　除了里斯本竞技的队友们，球场内还有 3 人知晓当晚发生的一切，他们分别是：曼联主教练弗格森、一位名叫豪尔赫·门德斯的足球经纪人，以及 C 罗本人。而在整个欧洲，密切关注 C 罗去向的业内人士也已对此有所察觉。这些被 C 罗当晚的表现惊呆的曼联球员或许是除葡萄牙球队以外最早领教到 C 罗能力的人，但同时也是最晚知道他名字的人。

　　在 2003 年的夏天来临之前，C 罗的存在早已不是足球界的秘密。

　　彼得·帕克（Peter Parker）被一只受过放射性感染的蜘蛛咬到，《蜘蛛侠》

的故事就此展开，而 C 罗故事的开端恰似足球版的《蜘蛛侠》。多年之后，每个人都听说过这样一段故事，一个籍籍无名的男孩在友谊赛中将曼联击溃，从而拿到了这家全世界最著名俱乐部的一纸邀约。

然而事情的真相并非那么简单。过去几年，C 罗一直在提高自己的能力。在葡萄牙足球界内部，人们已经将他和一些最伟大的球员相提并论。里斯本竞技青年队的球员们称呼他为"克鲁伊维特"①，因为他瘦长的体形和天赋异禀的能力都像极了这位著名的荷兰前锋。

当时的波尔图足球俱乐部（简称波尔图）主教练何塞·穆里尼奥（José Mourinho）则把 C 罗和另一名荷兰球星的名字联系起来："第一次看到他踢球时我就对自己的助理教练说，他就像是马尔科·范巴斯滕（Marco van Basten）的儿子，那时候我甚至都不知道他的真名。"

C 罗的名气日益攀升，他的事迹传到了一名正努力尝试在足球界大展拳脚的前录像店店员门德斯的耳中。此时门德斯的足球经纪人生涯刚刚起步，不久之后，C 罗就将成为他最重要的客户。

2000 年初，那时的门德斯相对来说还是足球经纪领域的新人，但他已敏锐地捕捉到其中的奥秘。他并没有等待买家俱乐部找到自己出价，而是与卖家合作，主动为自己开拓市场。2002 年底，门德斯便通知里斯本竞技的总经理卡洛斯·弗雷塔斯（Carlos Freitas），C 罗在合同期满后将不会再续约。此时 C 罗与里斯本竞技的合约还有 18 个月到期，正是通知其他俱乐部可以争夺他的合适时间。

---

① 帕特里克·克鲁伊维特（Patrick Kluivert），外号"K9"。——编者注

门德斯将时机把握得恰到好处，他知道绝大多数欧洲顶级俱乐部都在密切关注着 C 罗，其中不乏一些财大气粗的俱乐部，比如英格兰足球超级联赛俱乐部（简称英超俱乐部）。乘着出售电视转播权等商业收入的东风，英超在曼联的带领下打破了意大利足球甲级联赛（简称意甲）的球队长达十余年的霸权地位，正在成长为欧洲足坛最强大的一股力量。

阿森纳足球俱乐部（简称阿森纳）曾将 C 罗带去北伦敦试训，俱乐部副主席大卫·戴恩（David Dein）专程飞到里斯本为他报价。纽卡斯尔联足球俱乐部（简称纽卡斯尔联）同样对 C 罗虎视眈眈，毕竟前一年从里斯本竞技引进乌戈·维亚纳（Hugo Viana）的成功先例让它尝到了甜头。利物浦足球俱乐部（简称利物浦）也在密切关注着 C 罗，并真正为其转会付出了实际行动。不过，利物浦也隐隐担忧，在本应争冠军的时候签下一名潜力新星，会不会引起球迷的负面反响。作为利物浦市的第二大俱乐部，埃弗顿足球俱乐部（简称埃弗顿）也对 C 罗有过了解。2002 年，该俱乐部曾有机会以 200 万英镑的价格将 C 罗招入帐下。不过，它最终放弃了，还是决定继续信任那名已在自己阵营中的球员——韦恩·鲁尼（Wayne Rooney）。

门德斯和里斯本竞技曾尝试以现金加交换球员的方式将 C 罗带到意大利的尤文图斯足球俱乐部（简称尤文图斯）。不过据弗雷塔斯透露，尤文图斯阵中的智利球星马塞洛·萨拉斯（Marcelo Salas）作为被交换的球员拒绝加盟里斯本竞技，这笔转会交易也就此告吹。而当里斯本竞技将 C 罗推荐给法国足球甲级联赛（简称法甲）的奥林匹克里昂足球俱乐部（简称里昂）时，也是同样的原因导致他转会失败，而这一次不愿前往葡萄牙的球员换成了里昂队中留着"鲻鱼头"发型的法国前锋托尼·瓦勒莱斯（Tony Vairelles）。此外，门德斯还曾与皇马时任主管拉蒙·马丁内斯（Ramon Martinez）就 C 罗转会一事在里斯本进行会谈，但同样无疾而终。开出最诱人条件的是帕尔玛足球俱乐部（简称帕尔玛），这家意大利俱乐部愿意向里斯本竞技支付数百万欧元的转会费，并向门德斯和 C 罗再各支付 400 万欧元。

不过，金钱的多少不是 C 罗同意转会与否的理由，至少现在不是。于 C 罗而言，赚钱、买大房子、买镶嵌着 400 颗钻石的捷克豹手表、买一辆又一辆的布加迪跑车；或是定制低温冰冻冷疗仓……以后会有充足的时间留给他去拥有这些东西。门德斯很清楚，C 罗此时最需要的东西远比金钱更难获得——他需要时间。

## 马德拉国民留不住这样的球员

自从学会走路，C 罗就想把每一分钟都用来踢足球。

葡萄牙的马德拉群岛位于大西洋中央，有着一大片棱角分明、崎岖不平的火山岩地质，C 罗是在这里长大的，3 岁那年便得到了一个足球作为圣诞节礼物。此后在这座岛屿度过的 9 年时光里，C 罗几乎每时每刻都和这个足球待在一起。绝大部分时间里，他都带着它上学。不上学的时候（比如逃课去家后面的小巷和大孩子们玩耍时），他和足球更加形影不离。他带着它去教堂，带着它吃饭，也带着它回到自己和哥哥姐姐一起住的小卧室里，和它一起睡觉。

C 罗的这些表现都是全世界所有痴迷于足球的孩子们的统一行为，也是任何一位功成名就的球星重述自己的经历时可用在开头的完美桥段。马德拉群岛坐落在葡萄牙大陆 1 040 千米之外，距离非洲比欧洲还要近。温和的气候、奇异的植物，以及魅力四射的港口，都是这座岛屿的诸多迷人特质，撒切尔夫人就曾选择在这里度蜜月。然而，岛上的道路却着实令人发狂，不仅七弯八拐、崎岖不平，还总铺设在陡峭的悬崖边上。正是在这些蜿蜒而危险的道路上，C 罗学会了如何盘带。而且，如果不小心把球停大，足球就会沿着山坡滚到约 3

千米开外的地方，没有什么比这更能敦促他练好自己的基本功了，这也是他的童年经历带给大家的教育意义之一。6 岁的时候，C 罗的球技便已相当精湛，大人们傍晚会来到他家后面的地方看他表演花式足球动作。"他永远不会让球落地，"街对面的邻居说，"足球就像黏在他脚上一样。"

7 岁时，C 罗加入了当地一家足球俱乐部，俱乐部里的其他孩子们很快得出了和 C 罗的邻居一样的结论。C 罗的加盟很快便在这家名为安多里尼亚的小型半职业俱乐部中造成了轰动。这家俱乐部位于高高的马德拉山上，只能参加葡萄牙的第五级别联赛，俱乐部内只有几个坑坑洼洼的场地和一个咖啡台，用破败不堪形容也并不为过。不过，C 罗的父亲迪尼斯·阿韦罗（Dinis Aveiro）是这里的设备经理，这也就是为什么 C 罗这位葡萄牙足球历史上最著名的球星会在一家连绝大多数马德拉群岛本地人都没听过的俱乐部开启自己的职业生涯。

C 罗加盟之后，安多里尼亚不再默默无闻，因为 C 罗的天赋很快就被马德拉群岛的其他俱乐部知晓。1993 年，马里迪莫俱乐部（简称马里迪莫）给出了第一份正式报价，他们愿意支付 5 万葡萄牙埃斯库多（约合 300 美元）将 C 罗签入自己的青年队。对于一个只有 8 岁的孩子来说，这个数已经高得离谱，甚至超过了绝大多数马德拉群岛居民的月收入。不过这份报价很快遭到了拒绝，安多里尼亚的决策者们清楚，他们拥有的是一位旷世奇才，除非收到一份能更好地体现 C 罗巨大潜力的巨额报价，否则他们绝不会放人。果然，一年之后，马里迪莫的主要竞争对手适时地将这样一份报价摆在了他们面前。对于安多里尼亚这样的小俱乐部来说，这份报价显然更有价值。1994 年夏天，马德拉国民足球俱乐部（简称马德拉国民）以两个赛季的全新球衣和训练装备的价格从安多里尼亚引进 C 罗。

转会到马德拉国民是 C 罗成长的重要一步，在那里他得到了更好的训练条件、教练和队友。但情况和在安多里尼亚没什么不同：无论是在比赛还是训练中，C罗带球飞奔时，其他人都无法把球从他脚下抢走，这样的场景时时重现。这样的结果要部分归功于C罗出众的技术，部分则归功于他养成的新习惯——他会回撤到本方半场接球，过掉所有靠近的球员，然后射门得分。这样的场景令他感到很欢乐，因为队友的发狂程度几乎不亚于对手。无论有多少对方球员将他围住，C罗也从不传球。"他们让我传球，但我根本看不到能传给谁，"C罗说，"我只看得见足球。"

想要将球从C罗脚下抢走不仅根本不可能，也很不明智。因为无论是C罗罕见地被他人断球，还是更加罕见地输了比赛时，他都会哭成泪人，甚至比赛结束好几个小时后仍在抽泣且他人无法劝慰。"就连在赢球的时候，如果觉得自己踢得不好，他也会哭，"马德拉国民的青年队教练佩德罗·塔利纳斯（Pedro Talhinas）说，"他无法应对任何失败。"

幸运的是，失败并没有经常发生在C罗的身上。加盟马德拉国民后的一年时间里，他就带领球队夺得了地区赛事的冠军。队里每个人都加入了盛大的庆祝活动，只有教练们除外，因为他们不得不接受C罗将要离开这里去其他球队继续前行的事实。很明显，这个3岁就收到足球作为圣诞礼物的男孩着实天赋异禀。

"我们明白，他不会留在这里了，"塔利纳斯说，"马德拉群岛无法将他这样的球员长时间地留在这里。"

## 2万欧元的转会费，一个刚毕业的小学生

每个渴望成为职业球员的葡萄牙孩子梦想中的职业球员之路都是通过葡萄

牙的三大俱乐部实现的。它们分别是：本菲卡足球俱乐部（简称本菲卡）、波尔图和里斯本竞技。在葡萄牙职业足球长达 88 年的历史中，只有两次冠军未落入这"三巨头"之手。

不仅如此，与三巨头对葡萄牙足球冠军奖杯的垄断之势相比，三巨头对这个国家足球顶尖青年才俊的掌控甚至要更加强势。过去 40 年中，几乎每一名值得一提的葡萄牙球员都无一例外地出自这三家俱乐部的青训营中。在这里，对于最好的"希望之星"的争夺异常激烈。在葡萄牙，俱乐部探寻天才球员之所以如此热门，不仅是出于竞技层面的原因，同样也是出于经济方面的考虑。与其他欧洲顶级足球联赛相比，葡萄牙俱乐部的电视转播和赞助收入少得可怜，即使是波尔图和本菲卡这样的大型俱乐部，也难以支付引进国外顶尖球星所需的天价转会费和薪水。它们的球队阵容主要由本土球员组成，这些球员 9 岁左右时便被招募，住在俱乐部提供的宿舍里，被悉心按照职业球员的培训模式进行培养。到了 17 岁时，达到标准的球员会被迅速提拔至一线队，而那些未能达标的球员则被鼓励和葡萄牙足球超级联赛（简称葡超）其余 15 家俱乐部签约。这可以解释为何每年葡萄牙足球的冠军奖杯总会落入这三巨头之手。

对青训的高度重视，使得足球运动员成了葡萄牙最受欢迎的大宗出口"商品"。全欧洲那些最富有的俱乐部寻找未来的足坛巨星时，都会不约而同地将葡萄牙作为第一站。而对于葡萄牙的青年才俊来说，加盟三巨头不仅是夺得葡超冠军的最佳机会，更是通往欧洲顶尖联赛，以及名望与财富大门的机会。

毫无疑问，C 罗也将踏上通往三巨头的道路。唯一的悬念在于，三巨头中的哪一个能率先慧眼识珠签下 C 罗。

作为一名经验老到的资深球探，奥雷里奥·佩雷拉（Aurelio Pereira）决定先下手为强。自从成年之后，他几乎将自己的全部精力都用于在葡萄牙各地游历和为里斯本竞技签下最前途无量的希望之星上，这已然成了他的使命。到 1997 年春天时，他在这个领域已经取得了卓越的成就，尽管当时里斯本竞技在球场上的成绩已经落后于三巨头的其他两家，足足 15 年未能问鼎葡超，但俱乐部却正处于青训的黄金时期。

里斯本竞技能在青训上取得如此成绩，基本上完全归功于佩雷拉。他是一个安静且喜欢观察的人，浓密的眉毛下面是同样浓密的小胡子，额上则是快速褪去的发际线。作为里斯本竞技的青训营教练，佩雷拉曾亲自将葡萄牙历史上最具天赋的一些年轻球员招入帐下，保罗·富特雷（Paulo Futre）和菲戈都是经他发掘加盟俱乐部的，并都在后来成长为世界级球星。此外，若热·卡德特（Jorge Cadete）、路易斯·博阿·莫特（Luis Boa Morte）以及西芒·萨布罗萨（Simao Sabrosa）等十余名球员同样是由佩雷拉带到俱乐部的，也都成了葡萄牙国家队的骨干力量。1991 年，葡萄牙队连续两届夺得世青赛冠军，当时的球员阵容便包括大批里斯本竞技队员，其中荣膺赛事最佳球员的埃米利奥·佩谢（Emilio Peixe）在 9 岁时就被独具慧眼的佩雷拉率先发掘。

善于识人是佩雷拉很早便拥有的一项天赋，可以追溯到他 14 岁的时候。彼时的佩雷拉还是里斯本竞技青年队的一位希望之星，当时，第一个发现他无法成为顶级球员的正是他自己。然而直到多年以后，他依旧很难解释清楚，为何仅仅是看着球员们在场上追逐足球的身影，他就能立刻从这群瘦削的青少年里识别出天才球员。通常，他判断的依据是一些其他球探难以察觉的细节，例如一个孩子接球时如何调整体态，以及在场上的一些其他行为举止等。佩雷拉说，他曾笃定当时年仅 12 岁的菲戈日后会成为足坛巨星，做出这一判断的依据是菲戈系鞋带的方式。

即使身处拥有超过 10 万名注册青年球员的葡萄牙，佩雷拉也确信自己能够一眼识别出资质最好的那一个，他唯一的挑战在于自己能否踏破铁鞋，将所有有天赋的孩子的表现尽收眼底。1987 年，里斯本竞技新成立了青年球员招募与训练部，佩雷拉被任命为部门负责人。即便成立了专门的部门，也只有他和另外一名员工来完成上述任务。在工作超出负荷、手头人才资源捉襟见肘的情况下，佩雷拉做出了任何一名杰出高管都会做出的决定：将任务外包。

履新后不久，佩雷拉就给里斯本竞技的 9 万名俱乐部会员都写了一封信，请求他们将自己周围最出众的足球青年推荐给俱乐部。这一招果然奏效，认为自己拥有发掘希望之星的敏锐嗅觉，是藏在每一名球迷内心深处的信念，而佩雷拉此举恰恰是将这一份信念充分地开发利用。不出几天，会员的回信就如同雪片一样飞来。又花了几周时间，佩雷拉和他那位完全超负荷工作的助理开始对回信进行整理，把这些被推荐的球员按照年龄、所在地等进行分门别类。几个月的时间，佩雷拉就构建出一座葡萄牙足球史上最全面的优秀年轻球员数据库。

没想到，最初的权宜之计能够搭建出这样一个极为珍贵的资源宝库。之后的 10 多年里，佩雷拉组建的这支"球探爱好者"大军编织出了一张覆盖全国的年轻球员招募网。这些俱乐部会员将自己所在地区最好的年轻球员推荐给他，他再将其中的佼佼者带到里斯本竞技。无论推荐信的语言多么模糊不清，佩雷拉都来者不拒，不放过任何一个有潜力的少年。有一次他驱车将近 500 千米，赶往葡萄牙东北部布拉干萨与西班牙交界处的一座山区小城考察一位年轻球员。只看他踢了 3 分钟，佩雷拉就对这个男孩能否成为职业球员做出了判断，然后径直回到车里，回到千里之外的家中。

2 月一个寒冷的下午，当佩雷拉接到一个球员推荐电话时，他并没有太放在心上。来电者名为若奥·马科斯·德弗雷塔斯（João Marques de Freitas），是里斯本竞技的一名死忠粉，居住在离里斯本将近 1 000 千米之外的马德拉群岛上。

"佩雷拉先生，我想向您推荐一个球员，"德弗雷塔斯说，"我这儿有一个据说特别有天赋的孩子。"

佩雷拉每周能收到几十条像这样的推荐信息，但他仍旧认真对待其中的每一条。过去 10 年间，里斯本竞技的青训营大获成功，但开销也同样巨大。最好的年轻球员需要最好的青训设备，随着场地和训练设施的全方面升级，当时青训营每个赛季的运行要花费超过 100 万美元。佩雷拉心里清楚，忽视一个希望之星线索的后果是他无法承受的，而且，既然这个孩子的名声已经传到了他的耳中，说明距离本菲卡和波尔图的球探们发现他也不远了：

"他多大了？"佩雷拉问道，同时准备在数据库中录入一个新的条目。

"11 岁。"

"年龄很小啊。"佩雷拉咧了咧嘴。

"身板儿也很小，非常瘦弱，有些弱不禁风。"德弗雷塔斯补充道。

佩雷拉倒不担心这个男孩的身材如何，事实上，身材反倒是越瘦越好。在这个年龄段，体格健壮的孩子们通常会凭借自己身体上的优势而显得出类拔萃。因此，佩雷拉更倾向于招募那些身体尚未完全发育的孩子，等到他们充分发育之后，往往就能依靠自身技术脱颖而出。真正让佩雷拉担忧的是这个男孩的籍贯。对于从马德拉群岛来的孩子们来说，会难以适应从小岛来到大陆生活的转变，与家乡的遥远距离也让一切变得更加复杂。往往在刚刚遇到困难的时候，他们就扭头跑回了位于大西洋中心的老家。佩雷拉见惯了这样的事情，因此对于从那里来的孩子，他总是抱着谨慎的态度。

"他在马德拉国民，"德弗雷塔斯继续说道，"那里的教练说他非常优秀。"

没想到正是这个情况让整件事情发生了有趣的转折。原来大约 10 年前，他为俱乐部招募过一个名叫弗兰科的男孩，最近马德拉国民刚刚将他签下，为此还欠着里斯本竞技大约 2 万欧元（约 7.27 万元人民币）。佩雷拉内心仔细掂量了一下，如果那个男孩真像人们说的一样出色，或许还能借弗兰科转会的事情做一做文章将他签下。

所以，尽管有些不情愿，但佩雷拉还是告诉德弗雷塔斯，自己同意派"佩雷拉军"的一名球探前往马德拉群岛看一眼，如果这个孩子有潜力，那就将他邀请来里斯本进行短暂试训，事情进展顺利的话，最多一两天他就能回到马德拉群岛的家中。而对于里斯本竞技来说，唯一的开支就是给这个名叫克里斯蒂亚诺·罗纳尔多的孩子报销机票。

最终，佩雷拉并没有花多长时间就对 C 罗能否成为球星做出了判断，而这一回显然和 C 罗系鞋带的方式没什么关系。

在 C 罗试训的第二天，佩雷拉离开了自己的办公室，溜达到俱乐部主场里斯本阿尔瓦拉德球场旁边的训练场，打算亲自来看一下这个孩子的表现。C 罗的技术之高超显然让人印象深刻，他的两只脚都是惯用脚，他是一名天生的足球运动员。

佩雷拉注意到他控球的动作非常迅速，就好像足球成了他身体延伸出的一部分。不过，与 C 罗控球的方式相比，更吸引佩雷拉眼球的是他指挥队友的方式。他会指挥队友如何跑位、向哪儿传球，当然，他通常是让队友直接把球传到自己脚下。"他在通过比赛指导队友们踢球。"佩雷拉心想。这个男孩似乎无所畏惧且处变不惊，与他之前见过的那些害羞、内向的马德拉群岛的孩子完全不同。

佩雷拉习惯将球员区分为优秀球员、杰出球员和天才球员。经过正确的训练并依靠自身秉承的积极态度，一名优秀球员能够成长为一名杰出球员，但无论经过多少训练也无法将一名杰出球员转化为天才球员。成为后者需要另外的品质，比如要有一种性格上的优势，即一种内在的自信。归根结底，成为天才球员需要个人魅力。佩雷拉看着 C罗，就好像粉丝在欣赏英俊帅气的男明星。而刚刚在球场上被 C罗"羞辱"过的那帮队员，比赛结束后立马吵着要自己的教练把他签下来，而这样的场景发生了远不止一次。"那些比他大的孩子也全都能感觉到，"佩雷拉回忆道，"他是多么与众不同且能力超群。"

当晚，佩雷拉就向里斯本竞技的高层起草了一份备忘录，催促他们尽快让 C罗入伙，即使这意味着他们将放弃向马德拉国民索要那笔 2 万欧元的欠款。佩雷拉清楚，他的请求非比寻常，毕竟里斯本竞技此前并没有为一个刚毕业的小学生支付转会费的惯例，更别说这笔转会费的金额高达数万欧元。但佩雷拉非常坚持："为一个 13 岁的男孩支付巨额转会费听上去或许很荒唐，但他的确天赋异禀，"佩雷拉写道，"这将是一笔对未来产生巨大影响的投资。"

两天之后，他收到了回复。尽管俱乐部的财务主管说他真是疯了，但这笔交易仍获得了批准。

## 全世界最好的 15 岁球员

在 C罗看来，自己已经可以过上职业球员的生活，然而里斯本竞技却时时刻刻提醒着他，他还只是一个 13 岁的小孩。

作为青训营的一名希望之星，C罗每天上午都需要去学校上课。青训营规定，青训球员的学业不能落下，如果谁学习进度跟不上就得留级复读。此外，学院还要求青训学员随时都要展现出对他人的尊重和礼貌。而对于里斯本竞技来说，不幸的是，让 C 罗好好听课要比一对一防守他还要困难。

来到里斯本，生活上的转变尤其令 C 罗感到艰辛。这里距离 C 罗的家乡不到 1 000 千米，但他感觉像来到了另一个星球一样。别的男孩毫不留情地嘲笑他那浓重的马德拉群岛口音，使得他在学校里不断与人发生口角和冲突。有一次，C 罗直接拎起一把椅子朝老师扔了过去，原因是他觉得这位女老师取笑他在课上发言的方式。

孤单、寂寞又想家，长达几个月的时间里，C 罗每天都黯然神伤。与此同时，来自学校对他的负面评价和他的逃课记录则越垒越高，俱乐部的主管威胁他说，再不端正态度就把他送回老家，而 C 罗也的的确确想过退出不干。这样的局面一直僵持了快一年，最后还是以一种天才运动员遭遇困难时通常采取的方式解决了，那就是俱乐部和球员达成了一致，C 罗被获准可以把学业放一放。"我一直认为自己压根就不是学习这块料，"C 罗后来解释说，"把我强行按在学校里有什么意义？"

摆脱了学业负担之后，C 罗终于可以将之前在数学或生物课上做白日梦的时间花在他真正热爱的地方，他开始关注起了自己的身材。

14 岁时，C 罗还像根门柱一样苗条。他注意到了两个现象，一是体格更健壮的球员可以轻而易举地把球从他脚下抢走；二是基本上每个人都比他要健壮。此时，C 罗学到的生物知识已足够使他明白，解决自己这一烦恼的做法显而易见。

"我太瘦了，也没有肌肉，所以我做了一个决定，"C 罗写道，"我不能再像个孩子一样了，我要按照能成为世界最佳球员的方式训练！"

里斯本竞技可不会让他如愿以偿。关于年轻球员被允许的训练时长，俱乐部的青训营有着严格的限制，而这正是佩雷拉本人留传下来的黄金法则。"我们绝不会把孩子扔到健身房里，"佩雷拉说，"这也是我们的球员职业生涯都很长的秘诀之一。让球员能够自然地成长非常重要。"

C罗已经自然成长了 14 年，但体格却并不好。于是，他开始在晚上偷偷溜出宿舍，来到健身房进行力量训练。被教练们逮到的时候，C罗就会被罚关禁闭，但他还是会一而再、再而三地溜出去，教练不得不每晚都用挂锁把健身房的门锁上。但这仍然难不倒 C罗，训练之后，他会把桶带到澡堂，冲澡的时候趁机把桶装满水，用来给自己做深蹲和俯卧撑练习时增加负重。教练把桶拿走之后，他又给自己脚踝绑上重量，跑到大街上的红绿灯那里和汽车赛跑。为防止 C罗过度训练，忍无可忍的教练们甚至在训练结束后把球带走，但他仍然在餐厅里找到了一盆水果，用橘子代替足球练起了花样动作。

"他总是想要做更多的训练，"里斯本竞技的体能教练卡洛斯·布鲁诺（Carlos Bruno）说，"当训练时间过长时，绝大多数球员会过来说，'教练，你知道吗？过犹不及，浇水太多反而会把植物淹死'，而 C罗就是那盆永远想被浇灌更多水的植物。"

很快，C罗体格的健壮程度就接近了他理想中的效果。在球场上，再也没有人能够在力量上胜过他，对手们也不再像过往一样窃窃私语，嘲讽他瘦削的体形。"现在他们看到我就像看到世界末日一样。"C罗写道，而事实也确实如此。他的进步速度也吸引了国家队的注意，2001 年初，C罗迎来了自己在葡萄牙 U15 国家队的首秀，并用进球帮助球队以 2∶1 的比分战胜了南非队。在那一年，C罗又继续代表球队出场 11 次，攻入了 9 个球。回到里斯本竞技的时候，他确信自己已经踏上了一条成功之路。"终有一天我会成为世界上最好的球员。"C罗对队友说道。

青训营的教练们几个月前就已经得出了这样的结论。佩雷拉尤其笃定这一点，并把这一判断告知了俱乐部的最高层。"他对我说，'我们拥有全世界最好的 15 岁球员'。"曾担任里斯本竞技总经理的弗雷塔斯说，"当然，我认为他当时或许有些兴奋过头了。"

2001 年夏天，C 罗迅猛上升的势头终于遇到了"拦路虎"。这个使他前进的脚步终于放缓的队伍并非来自球场上的球队，而是一批里斯本技术大学人体动力学部的生理学家。应里斯本竞技的要求，他们对每一名 18 岁以下球员都进行了测试，通过检测骨密度、生长速率以及身体发育成熟度等指标来判断这名年轻球员是否对踏入成年赛场做好了准备。C 罗接受测试后，这些生理学家们得出结论，认为频繁地与成年球员交手会抑制他的身体发育速度，因此他们建议 C 罗继续留在青年队再踢一个赛季，长长身体。

为了追赶上 C 罗自然成长的速度，里斯本竞技专门为 C 罗制订了一份强化力量和协调性的训练计划，从而使他的能力更加炸裂。当然，这份计划和 C 罗偷溜出去自己搞的那一套毫无条理的力量训练可不是一回事。对于一线队教练拉兹洛·博洛尼（László Böloni）来说，在把 C 罗提拔到一线队之前，他希望 C 罗能够变得尽可能强壮、全能且富有威胁。"他很快就要和非常强壮的后卫们较量，那些人可是总想着一脚把他踹到巴西去，"博洛尼说，"他要明白一点，虽然葡萄牙人十分钟爱甚至有时过分重视脚下的技术，但踢得远不是唯一重要的事。"

到了 2002 年夏天，里斯本技术大学的生理学家们再也无法拖住 C 罗前进的脚步，他在青训营的日子结束了。

然而，C 罗的成长还远未进入完结篇，这一点在他 2002 年夏天升入一线队后的首个季前训练营上体现得尤为明显。最开始的那节训练课上，C 罗显得格外焦虑，当队友第一次把球传给他的时候，他直接把球传了回去，这可是和他平日里的个性截然相反。"我当时真的非常紧张，因为我是在和心目中的英雄们一起踢球。" C罗后来回忆。如果你觉得这种经历对 C 罗没有什么影响，他还有别的做法证明自己身处马里奥·贾德尔（Mário Jardel）身边时的羞怯和窘迫。因为就在几周之前，他开始和这个队中明星前锋的妹妹约会。

C罗和主教练博洛尼之间则花了更长时间才擦出火花。博洛尼来自罗马尼亚，厚厚的镜片掩盖着他粗犷的风格。自 2000 年执掌球队之后，他在自己执教的第一个赛季就带领里斯本竞技豪取联赛和杯赛的双冠王。如今，博洛尼将目光瞄准了新赛季的欧冠，期待球队在欧冠比赛中有所作为，而他这时并不相信一个从佩雷拉的青训营中走出的孩子能帮自己实现这一目标。

季前训练开始几天之后，博洛尼对 C 罗能力的怀疑更深了。那时，C 罗虽然已经克服了自己初期的紧张，不再一接到球就立即把球传回去了。但问题是他却走向了另一个极端：他根本就不再传球了。"无论是单独看还是将他置身于团队中，他都不具备丝毫的战术意识。"博洛尼在早期的一份执教报告中如此评价 C 罗，哀叹于 C 罗对盘带的过度依赖以及对踩单车的痴迷和执着。"自私！"博洛尼最后用这个词作为这份报告的结尾，并在下面重重地画了两笔。

作为以前 C 罗在青训营期间的队友，维亚纳和里卡多·夸雷斯马（Ricardo Quaresma）在 2001 年就被博洛尼直接从青年队提拔到了一线队的首发阵容。在当时，与两位队友相比，C 罗距离获得一线队的稳定出场机会恐怕还有较长的路要走。然而在那个夏天，两件事情的同时发生为 C 罗扫清了障碍。一是 2002 年韩日世界杯上，葡萄牙队小组赛最后一轮负于东道主韩国队，无缘 16 强。在那场比赛中，效力于里斯本竞技的葡萄牙著名前锋若昂·平托因拳击裁判而被国际足联禁赛 4 个月；二是当博洛尼询问总经理弗雷塔斯自己有多少转会费的权限用来寻找若昂·平托的替代者时，他被明确地告知俱乐部已经破产，这方面的预算为零。

于是，博洛尼开始着手努力将 C 罗融入球队的战术体系中，作为替补的替补。他做的第一件事就是将 C 罗从中锋换到边锋的位置，从而使他的盘带和踩单车技术发挥得更有效果。然后，他又指示 C 罗减少使用盘带和踩单车的次数。博洛尼知道，这比完全禁止 C 罗这么做要更好。"我的任务是告诉他，盘带过掉一两个对手没有问题，"博洛尼说，"但是想过掉 5 个对手就不现实了。"

没过多久，C 罗就开始重新上演他进球的拿手好戏。在对阵皇家贝蒂斯足球俱乐部（简称皇家贝蒂斯）的一场表演赛上，C 罗收获了代表里斯本竞技一线队的首个进球。当时的他还是一个无名小卒，以至于转播本场比赛的电视台把他的名字叫错了。2002 年 9 月 29 日，C 罗迎来了自己的葡超首秀，这一回电视台终于叫对了他的名字。而在 8 天之后，C 罗首次作为首发球员登场，就上演了连进两球的好戏，其中第一个进球更是以一连串踩单车之后的一脚精彩绝伦的射门得分。

## 一份最正确的邀约

看台之上，C 罗的妈妈多洛雷斯·阿韦罗（Dolores Aveiro）激动得差点儿晕了过去，但她并非体育场内唯一一位情不自已的人。曼联的首席球探莱斯·科肖（Les Kershaw）当时同样在场，他的最新任务是前来里斯本考察 C 罗及其队友夸雷斯马。

曼联已经观察这两名球员长达两年的时间，但直到最近对他们的兴趣才变得更为浓厚。这在很大程度上是源于球队助理教练卡洛斯·奎罗斯（Carlos

Queiroz）的要求。奎罗斯出生于莫桑比克共和国，以前曾在里斯本竞技短暂执教过。这个夏天他来到了曼联，给主教练弗格森当助手。初来乍到的时候，奎罗斯和弗格森聊起葡萄牙最好的年轻球员，其中特别提到了自己前东家的两位少年天才。奎罗斯对他们两人不吝溢美之词。当被追问到曼联应该签下其中哪一位时，他的回答同样斩钉截铁："毫无疑问，两个全都要。"

科肖确定，两个小伙子的才华都足以使他们在老特拉福德①站稳脚跟。不过，让他不那么确定的是两人各自的脾气、秉性。夸雷斯马技艺惊人、仿佛能脚下生花，但似乎欠缺纪律性，经常和对手斗气。在一场和本菲卡之间的里斯本同城德比②中，他先是踩踏了对方的一名后卫，紧接着又用头顶撞了对手，只登场了 9 分钟就被红牌罚下。与夸雷斯马相比，C 罗在场上的纪律性要稍强一点，但他有别的坏习惯：只要赛场形势不顺自己心意，他就会显得漫不经心，游离于比赛之外。

不过随着科肖持续关注着 C 罗的表现，他的这些顾虑也逐渐消失。C 罗不仅在里斯本竞技阵中拥有了稳固的位置，他在土伦杯国际足球邀请赛（Toulon tournament）上的亮眼表现也被科肖注意到了。2003 年夏天，作为球场上最年轻的球员，C 罗带领葡萄牙队夺得了这项赛事的冠军。不过，在赛事最佳球员奖项的争夺中，他以微弱的劣势输给了一名小个子的阿根廷中场，这也成了今后 C 罗职业生涯中经常上演的一幕，只不过这一次击败他的这个人是哈维尔·马斯切拉诺（Javier Mascherano）。

科肖描述 C 罗的最终版球探报告已经写得足够直白，现在轮到曼联采取

①老特拉福德球场，位于英国大曼彻斯特郡。——编者注
②体育用语，英语译为 Derby，在欧洲多指足球队之前的比赛。——编者注

行动了。C 罗那时已经年满 18 岁，进入了与里斯本竞技合同签约的最后一年，考虑到自己岌岌可危的财政状况，里斯本竞技也已决心将他变现。在那个夏天，他们已经将夸雷斯马送到了巴萨，巴萨在完成这笔转会交易后又立即加入了追逐 C 罗的俱乐部大军之中。时任巴萨足球总监的特西基·贝吉里斯坦（Txiki Begiristain）甚至亲自来现场考察 C 罗的表现，他将出席观看里斯本竞技的一场表演赛。那是一场重要的季前比赛，是庆祝里斯本竞技新主场投入使用的大日子，而比赛对手正是曼联。

当天凌晨 4 点，曼联全队从美国费城搭乘的红眼航班降落在里斯本。当曼联球员走下飞机的时候，距离同里斯本竞技的比赛还有 40 小时。球员们此时已经很难还有什么时间观念，毕竟他们已经背井离乡了接近 3 周的时间，并即将在第三个不同的时区迎来自己的第五场比赛。主教练弗格森让队员们直奔酒店好好休息一下，这一天没有球队活动，队员们也疲惫得难以进行训练。最重要的是弗格森还有自己的安排。

这位苏格兰籍的曼联主教练出生于格拉斯哥的一个码头工人家庭。当时，他能够成为英国足球教练中的翘楚，依靠的并不是自己在教练席中运筹帷幄的能力。相反，从昔日的一位硬朗前锋，到短暂担任酒吧老板，再到带领球队登顶英超，弗格森凭借的是两个品质。一个是他对别人的鞭策力，有时还会搭配上著名的"吹风机"式的怒吼；另一个能力更加不可思议，他能够准确地察觉出球队需要重组阵容的时机。而当球队降落在葡萄牙时，他发现这样的时机又来临了。

弗格森只来得及换了几件衣服，就马不停蹄地赶往里斯本西边的海边小城卡斯卡伊斯。当然，他并非去那里享受日光浴，而是要与门德斯会面。看上去两人似乎是第一次见面，但实际上他们此前便有过一次碰面。

2002 年，门德斯听说奎罗斯在寻找一名替补门将，当时他手头没有任何人选符合条件，但在欧洲足球经纪人的世界里，这根本算不上什么麻烦。门德斯不会错过这个能与弗格森产生交集的好机会，他打了几个电话，很快就把自己以中介的身份塞进了皇家巴拉多利德足球俱乐部（简称巴拉多利）门将里卡多（Ricardo）加盟曼联的转会提议的参与人中，并顺利跻身一个由经纪人和顾问组成的团队，他们将前往曼彻斯特完成这笔转会交易。

然而，计划赶不上变化。门德斯出差前夜，他和女友长途驱车从马德里返回波尔图。行驶过程中，前面的卡车后轴突然松断，门德斯急打方向盘躲过了撞车，但却失去了对车辆的控制，他的保时捷旋转了 90 度后一头扎进了路边的防护栏。安全气囊救了他们一命，但门德斯满脸都是血。当急救人员赶到事故现场时，他们发现门德斯一只耳朵连带着周围的皮肤已经被彻底撕下来了。

救护车刚把门德斯送到急诊室，他就马上告诉医护人员自己没时间等医生做检查了。门德斯跑到最近的一家药房，缠了 4 圈纱布绷带，然后叫了辆车直奔机场，那儿有一班飞往曼彻斯特的早班机。赶上登机之后，他把纱布揉成团塞到耳朵那里，不让血滴到西装上。剧烈的疼痛让这趟行程变得十分煎熬，但是门德斯成功坚持了下来。不仅如此，他甚至在会议桌上找到了一个合适的位置，使弗格森看不到他耳朵上那坨绷带。不过，他堪称英雄般的努力和付出却收效甚微。整个会议期间，门德斯绑着厚厚绷带的耳朵一直在抽动，他总共只说了不到 4 个字。一年之后二人再次碰面时，弗格森压根就不记得他当时也在场。

然而这一次，门德斯有更多的话要讲。门德斯清楚，曼联现在急需一笔重磅的转会交易。这家俱乐部财大气粗，正在转会市场上寻求可以丰富自己一线阵营的人选。与通过球员互换实现转会的美国职业体育有所不同，国际足球市场要在每年赛历两个固定的窗口期内完成球员的买进卖出。而在当时，距离夏季转会窗口期关闭只剩 3 周的时间，甚至一些曼联阵中的资深球员都开始热盼弗格森能引来强援。

门德斯本人同样也身处重压之下。此前，他已经说服了 C 罗和他的妈妈，表示自己会是 C 罗职业生涯的最佳策划人，现在到了他兑现承诺的时候。毕竟，他之前正是靠着这套说辞才把 C 罗从另一位足球经纪人何塞·维加（José Veiga）那里挖了过来。在当时，几乎每一位身披葡萄牙国家队战袍的球员都是维加的客户，而当里斯本竞技涌现出维亚纳、夸雷斯马和 C 罗这 3 名被看作希望之星的年轻球员后，他一口气把 3 人全部签下。不过，维加的行事风格过于古板，难以给予现在的年轻人足够的关心照料，与此同时，他还要对那些辗转于巴萨和皇马之间的超级巨星们费心劳神。因此当 C 罗向他抱怨俱乐部工资发得太晚，或是没有给他妈妈额外的比赛赠票时，维加直接甩给了自己的助手去处理。

此时，门德斯嗅到了机会，他开始带 C 罗出去吃饭，又花时间像女婿一样讨 C 罗的母亲多洛雷斯的欢心。几周之后，C 罗通过传真发送了与维加分道扬镳的消息，门德斯知道自己已经给他们留下了良好的印象。

对于门德斯来说，他的挑战不在于引起众人对 C 罗的兴趣，而是确保为 C 罗拿到一份最正确的邀约。门德斯清楚，一桩错误的转会交易会危及自己整个经纪人生涯，很可能也会伤害 C 罗的球员生涯。而现在，曼联就是那份最正确的邀约。

和很多优秀的足球经纪人一样，门德斯在谈判开始后先提出了一个非常荒唐的提议：如果弗格森能够保证 C 罗在曼联一线队本赛季至少一半的比赛中登场亮相，那么 C 罗就同意加盟。如果是一些别的俱乐部，恐怕已经答应了这个条件，但曼联绝不会。在谈判桌前，弗格森不会承诺任何事情，甚至不会承诺星期二的后一天是星期三，因为训练场才是决定谁会登场以及赢得多少比赛时间的地方。弗格森很早就开始执教，在漫长的执教生涯中，他从未对任何一名新人允诺过出场时间，而他显然也不打算为一个成年组中比赛经验还不满一个赛季的 18 岁年轻人破例。

如果谈判桌对面坐的是其他人，恐怕当时的弗格森早已拍桌子走人。然而，他能认识到时代正在改变，门德斯等一批新的足球经纪人掌控着足球运动的未来，也决定着曼联今后是否能在转会市场中保有一席之地。所以弗格森决定让谈判继续，并表示如果 C 罗同意加盟，他答应让 C 罗在下个赛季至少 6 场英超比赛中登场亮相。

6 场？门德斯仔细考虑了一下，这可和期待中的一半以上场次有些距离，事实上，这个数字甚至比全部比赛场次的 20% 还差了不少。但这可是曼联啊！6 场曼联的比赛要比其他一些球队整个赛季的比赛都更有价值。于是，61 岁的苏格兰人和 37 岁的葡萄牙人握了握手表示交易成功。这笔交易中最重要的部分已经尘埃落定，至于转会费的数目之大创造了 20 岁以下球员世界纪录这种小事，就留给弗雷塔斯和曼联首席执行官彼得·凯尼恩（Peter Kenyon）来处理吧。

当天晚些时候，门德斯来到 C 罗在里斯本的公寓并告诉了他这一消息。自 1999 年曼联成为三冠王之后，C 罗就成了这支球队的仰慕者，能够加盟曼联，他更是欣喜若狂。"我们去庆祝一下吧。" C 罗对门德斯说。

然而门德斯却否决了这个提议，他的心思已经放在了下一笔转会交易上。除此之外，他告诉这个 18 岁的小伙子，明天还有一场比赛需要准备。C 罗需要让新队友们见识一下他的实力。

第 2 章

# 巴萨的未来需要梅西

弗格森签下 C 罗的当晚，除了经纪人、里斯本竞技的高层人员，以及曼联球员之间的闲聊之外，还有一件事已经让弗格森头疼了两个多星期，即便已经克服重重困难搞定了其中一笔签约，他也仍旧对错失另一笔签约而感到失望。原来，就在季前巡回赛的旅程开始之前，曼联刚刚被另一位钟情于踩单车和男士珠宝的葡语球星拒之门外。他的名字是罗纳尔迪尼奥，当时效力于法甲巴黎圣日耳曼足球俱乐部（简称巴黎圣日耳曼），代表巴西队夺得了 2002 年韩日世界杯的冠军。论球技，他能让法国的所有球队队员都甘拜下风。而论寻欢作乐的本领，他也能让巴黎所有夜总会都自惭形秽。

弗格森曾希望让罗纳尔迪尼奥成为曼联的新偶像。因为在 2003 年初的一场比赛后，弗格森在更衣室中一脚踢飞的一只球靴正中大卫·贝克汉姆（David Beckham）的眼部上方，这起诡诞的事件之后，贝克汉姆在赛季结束后离队。弗格森期待引进罗纳尔迪尼奥能够让老特拉福德忘记这场并不光彩的"飞靴门"事件。然而，这位巴西球星（罗纳尔迪尼奥）的转会过程却大戏频出。当弗格森认为巴黎圣日耳曼正在犹豫不决的时候，他甚至亲自赶往巴黎尝试敲定这笔转会交易。然而此行在巴黎圣日耳曼眼中，却是曼联主教练在趁火打劫。双方或许都有道理，因此几经波折，转会进程还在拖沓之中。此时，西甲豪门巴萨乘虚而入，成功将罗纳尔迪尼奥截和。"我认为球员有很多理由选择来到巴塞罗那，比如天气和其他因素等，"一位俱乐部发言人用十分得意的语气说道，"这里的文化习惯和巴西的生活方式更加接近。"

而作为一个俱乐部，巴萨的管理文化和巴西队那种混乱的管理方式颇为相似。当时，巴萨的债务创下了建队 104 年以来的历史新高，正面临着破产危机。对于巴萨来说，他们不仅是一家每周派 11 名身着红蓝间条衫的球员上场比赛的俱乐部，更是加泰罗尼亚地区的象征和支柱。除了足球之外，巴萨还拥有篮球队、手球队和轮滑曲棍球队，对于他们来说，眼前的危机已经超越了经济的范畴，这使巴萨又一次面临生存危机（这家俱乐部似乎每隔 20 年左右就会陷入一次这样的危机）。在最需要帮助的时候，转会而来的罗纳尔迪尼奥被看作引领俱乐部东山再起的先行者。

此时，巴萨已经连续 4 个赛季没有获得一座奖杯，而这只是此次危机的冰山一角，更棘手的是这家俱乐部给人的感觉。作为 1929 年西甲的创始俱乐部之一，同时作为西班牙足球界仅有的两大豪门之一，巴萨却变得越发死气沉沉。球队坐拥全欧洲最大的足球场，很多人自出生起就成了俱乐部球队会员，领取会员卡时如领取自己第一份圣餐般虔诚。但如今，他们甚至不再前往球队主场，95 000 个座席鲜有人问津。

会员的冷漠出现得有理有据。尽管每一个合格的加泰罗尼亚人都不愿承认，但对于他们来说，俱乐部排名位列皇马之后、以西甲第二名结束赛季确实还是勉强可以接受的成绩。在过去，这种情况已经发生了超过 12 次，未来也会继续发生。至少这也符合西甲一如既往的"宇宙秩序"：自西甲创办以来的

72 个赛季中，有多达 45 个赛季的冠军产生于皇马和巴萨之间。其中前者曾 29
次捧起冠军奖杯，而后者也有 16 次称冠。至于其他的球队，则没有任何一支
问鼎联赛超过 8 次。然而，令巴萨球迷无法容忍的是，球队的排名居然跌落到
皇家马略卡足球俱乐部（简称马略卡）、皇家比戈塞尔塔足球俱乐部（简称比
戈塞尔塔）和皇家拉科鲁尼亚足球俱乐部（简称拉科鲁尼亚）的后面。

在 2000 年至 2003 年的 3 个赛季中，巴萨的联赛排名分别为第四名、第四
名和第六名，其中最后一个耻辱般的排名更是直接导致球队无缘下一赛季的欧
冠。而如果踢得好的话，球队本可以在欧冠中收获超过 3 000 万欧元。

20 世纪 90 年代早期的那支巴萨球队星光熠熠，其辉煌程度可与 1992 年
巴塞罗那奥运会上夺得金牌的美国男篮梦之队相媲美，也因此有了"巴萨梦之
队"的美誉。眼下这支球队与当年的"梦之队"相差甚远，没有人比约翰·克
鲁伊夫（Johan Cruyff）对此感受更为深刻。一家俱乐部应该如何从事足球运
动？当年，正是这位来自荷兰的足球大师像建筑师一样为巴萨设计出了一套完
整的理念，并在这里将这套理念升华为宗教信仰。

球员时期的克鲁伊夫是一名进攻指挥官，他用行云流水的动作诠释着荷兰
球员的冷静与睿智，但他同时还具备一种能惹恼所有人的本领。克鲁伊夫从
小便效力于荷兰足球甲级联赛（简称荷甲）阿贾克斯足球俱乐部（简称阿贾
克斯），正是在那里他磨炼出自己的浑身技艺，并逐渐成长为足球巨星。然
而在 1973 年，他却和自己的母队闹翻，转投巴萨，原因便在于对队长袖标的
争夺。阿贾克斯的队友们受够了他的目中无人，也听够了他无休止的抱怨，
于是在队长投票中把克鲁伊夫踢了出去。

在巴萨的更衣室里，克鲁伊夫找到了一群更加乐于倾听的听众。作为球
队历史上的最佳球员，克鲁伊夫时常以球队教练自居。到了 1988 年，他将自

己此前的足球短裤换成了一件大号风衣，摇身一变成了球队名副其实的教练。在执教巴萨的 8 年时间里，他带领球队豪取西甲四连冠，勇夺队史首座欧冠冠军[1]，并不断宣扬着自己那套被巴萨视作信条的足球哲学。正如他麾下弟子何塞普·瓜迪奥拉（Josep Guardiola）后来所说，克鲁伊夫"建造起了这座大教堂"。

到了 21 世纪初，克鲁伊夫已经将时间花在了这座"教堂"之外，在自己的报纸专栏里抨击俱乐部的新管理层。他抱怨球员们在场上死气沉沉，指责球队在场上毫无特点的战术风格是重大的罪过，这些都深受球迷们的赞同和响应：球队在场上的精神头哪儿去了？为什么球员看上去呆若木鸡？

与此同时，一场灾难正在俱乐部的账簿中酝酿，这是球迷更应该担心的地方。2003 年，巴萨的债务已经累积到了 1.86 亿欧元，相当于俱乐部年收入的 151%。"巴萨当时的处境岌岌可危，而且有极大的风险无法像世界其他主要俱乐部一样搭上全球化的快车，"2003 年接任俱乐部首席财务官的费兰·索里亚诺（Ferran Soriano）写道，"当时俱乐部几近破产，这支球队，也是我们所兜售的产品，它不仅毫无吸引力，也无法给球迷提供任何成功的保证。"

换成别的公司，此时恐怕已经开除经理，开始乞求债权人的怜悯。只不过，巴萨的构造和其他任何一家公司都有所不同，它是由所有缴纳会费的会员所共有的非营利性机构，俱乐部的决策由 20 人左右的董事会成员和每 6 年选举一次的主席做出，俱乐部成员对于主席宝座的竞逐堪比美国一个中等规模州的参议院选举。候选人们极为热情地游走在城镇之中，欣然接受每一个采访，充分利用一切平台许下离谱的承诺。

---

[1]欧冠前身是欧足联在 1954 年创办的欧洲冠军俱乐部杯，1992 年改为现名。——编者注

作为一名擅长花言巧语的律师，霍安·拉波尔塔（Joan Laporta）在 2003 年给出的疯狂般的承诺是让巴萨重回正轨。俱乐部面对风格缺失、资金匮乏的问题，拉波尔塔打算用足球界里解决绝大部分问题所使用的同一种手段来应对——烧更多的钱。

随着拉波尔塔的竞选活动不断积蓄力量，他首先将目光瞄向了一位英格兰流行偶像——贝克汉姆。不过为时已晚，这位夏季转会市场最火热的目标人员已经在前往皇马的路上。一家俱乐部的转会交易不可避免地搅黄另一家的计划，这种情况时有发生，一桩球员转会交易有时会波及整个西班牙足球转会市场。于是拉波尔塔很快把这件事抛诸脑后，没有丝毫犹豫，他又把全部筹码都压在了罗纳尔迪尼奥身上。拉波尔塔明白，如果有谁值得让俱乐部欠下更多债务去追求，那一定就是这个看上去能够随心所欲操控足球的巴西人。

这笔引援将把巴萨重新带回欧洲足球的主流舞台。克鲁伊夫早已一去不返，他在 10 年前打造的那支由独行侠们组成的欧洲冠军阵容也已离队远去。但是如今，巴萨的会员们重新拥有了一位可以凭一己之力改变比赛形势的球员。他能让比赛值回票价；能把比戈塞尔塔、拉科鲁尼亚之流赶回自己应该在的位置；他能够点亮整座欧洲足球的大教堂。巴萨终于又拥有了一位令人激动万分的新星。

而在俱乐部内部的青训营里还在宣扬克鲁伊夫理念的人也赞同上述的观点。只不过他们知道，巴萨的新星并不叫罗纳尔迪尼奥。

## 巴萨的"农舍"培养体系

那个将在未来拯救巴萨的男孩刚刚 16 岁，他的成长速度过于缓慢，仍处于愤怒地摔手柄退游戏的阶段。他那本阿根廷护照上写的名字是莱昂内尔·安德烈斯·梅西·库西蒂尼（Lionel Andres Messi Cuccitini），但在被称为拉玛西亚（La Masia）①的巴萨青训营里，他向所有人介绍自己时，将自己称作莱奥。当时一起踢球的小伙伴们还记得，梅西经常一个人坐在更衣室的角落里绑脚踝，他们都以为他不会说话。而当他们发现梅西不是哑巴之后，又开始嘲笑他那比焦糖牛奶酱还要浓厚的阿根廷口音。只有当梅西长时间全情投入在电子游戏中时，他才变得不再羞怯，其他孩子们总能听见他脱口而出的脏话，尽管常常说了一半就戛然而止。

自那之后，孩子们要么在和梅西谈话，要么就是在谈论梅西。"我怎么会忘？他是一个个头很小，也很害羞的男孩，"和梅西一起在青训梯队踢球的塞斯克·法布雷加斯（Cesc Fàbregas）说，"第一堂训练课你就能看出来，梅西非常特别。"

作为土生土长的加泰罗尼亚人，法布雷加斯堪称拉玛西亚孩子的典范。他出生在一个都是巴萨会员的家庭，自从第一次踢皮球开始，他的足球之路就朝着加盟巴萨的方向铺设开来。当他还是一个小孩的时候，法布雷加斯就成了俱乐部的会员，在他 10 岁生日那天更是加盟了球队的青训营。诺坎普足球场作为他狂野的足球梦的发生地，距离他家只有 50 多千米。如果让巴萨在加泰罗尼亚的土地上播种、浇水，最终收获的运动员"果实"就会是法布雷加斯的模样。

拉玛西亚创办于 1979 年，当时的巴萨主席将在未来的某一天聘请克鲁伊夫担任主教练，也将在另一天让半支球队的队员卷铺盖走人。将本地的足球天才与从全西班牙招募到的孩子融合，是拉玛西亚成立的使命。18 世纪作为农

———————————

①巴萨建立的拉玛西亚青训营，培养了一众足球巨星。——编者注

舍建造的拉玛西亚，此时则被用作青训营的宿舍，也是这所寄宿制学校的中心。未来，这里将发展成为加泰罗尼亚足球版本的伊顿公学。多年来，拉玛西亚的足球哲学不断进化，但和俱乐部其他的地方一样，它也是由克鲁伊夫塑造的。作为一名荷兰足球人，克鲁伊夫对于任何事都有着独到的看法和意见，而在拉玛西亚身上，他的意见碰巧是正确的。

荷兰阿姆斯特丹的阿贾克斯是培养足球天才的温床。在这里成长的克鲁伊夫甚至认为，足球学院更应该像一所音乐学院一样运行，而不该是英格兰那里的训练营地的样子。踢球的孩子们需要在一个把育人置于首位的地方成长，这样上学的效果才不会被打折扣。这里的学生每周一到周五的上午要在教室里上课，下午也要在教师指导下按时完成学习任务。此外，学生们还需要从总体架构出发建立对于足球运动的理解，只锻炼身体机能和个人技术是不够的，他们还要培养一种位置感和大局观，明晰场上的每一名球员应该处在什么位置。

球员时期的克鲁伊夫，对于空间及形势推演有着如同国际象棋大师一般的理解。球场上，在一两米之内的狭小空间内和队友频繁换位正是他的拿手好戏。现在，他希望能够让这些孩子们意识到自己在学习何种本领之前，就将这种空间意识灌输到自己的脑海中。也正是克鲁伊夫，坚持让巴萨每一个年龄段的每一支球队都使用 4-3-3 的阵型。这种主打锋利短传的足球风格，深深烙印在每一个从拉玛西亚成长起来的孩子的心里。

"当球权在你脚下时，你应该拉开场上空间；当球权在对手脚下时，你应该压缩场上空间。"这是克鲁伊夫对自己足球理念的最简描述，他还有一个更具概括性的词语：占位踢法（Juego de Posicion）。

虽然可以简单地将拉玛西亚描绘成足球版的《死亡诗社》（*Dead Poets*

*Society*），但这家青训营成立的目的并不是足球美学所追求的极具美感的进球。相反，它之所以能够存在，是为了给巴萨省钱。

　　培养一名本土的天才球员要比在公开的转会市场上签下一名"成品"球员更加便宜。2015年，哈佛商学院发表的一份对于巴萨的个案研究显示，已有530个男孩经历过拉玛西亚的寄宿制培训，其中多达14%的孩子代表巴萨一线队出场过至少一场比赛。考虑到青少年球员成长过程中的淘汰率和诸多变数，这已经是一个高得惊人的数字。

　　2003年，塞萨尔·索里亚诺（Cesare Soriano）开始执掌俱乐部财务部门的时候，也曾经做过一个类似的分析。他给自己提出的问题很简单：青训营还值得办下去吗？俱乐部的数据分析师选取了拉玛西亚过去10年的全部开支，无论是教练费用、住宿费用，还是早餐的费用等都算在内，再用它除以从青训营成功升入巴萨一线队的球员总人数。他们发现，俱乐部为每个成名的孩子的平均投资在200万欧元左右，这笔费用放在如今的欧洲足球转会市场大约能引进一名第三门将。

　　巴萨向大家展示，他们在取得这些青训成果的同时，孩子们也没有变成只会踢球的机器人。"在所有欧洲顶尖足球俱乐部中，我们18到19岁年龄段的球员读大学的比例是最高的，达到了50%，"拉玛西亚主管卡莱斯·福格拉（Carles Folguera）告诉哈佛的研究人员，"和其他绝大多数俱乐部不同，我们很高兴孩子们能花更多时间在学习上，而不是在健身房里。"

　　当时的梅西既不是一个天资聪颖的学生，也不是一名四肢发达的运动员，他很庆幸能把学习和健身都抛到一边，因为他认为教室和健身房都不是值得花费时间的地方。

# 阿根廷来的矮个子盘带大师

梅西能在西班牙成为足球奇才（以及一名平庸的学生）纯属机缘巧合。

首先，这需要他的骨骼发育极其缓慢，远远落后于正常孩子的生长速度。到了9岁，梅西还只有1.2米多。早年间，梅西在家乡阿根廷罗萨里奥（Rosario）各处的青少年足球比赛中并无敌手，每到一处人们都会为他的球技所倾倒，但同时也会抛出一个同样的问题：他还能长高吗？后来，梅西加盟了家乡的纽维尔老男孩队，在那里，他只需施展一半的才能就能轻松达到同龄人的踢球水准。凭借着对足球超乎寻常的掌控力，以及奔跑中与生俱来的节奏感，梅西在踢球时让其他孩子看上去像刚刚蹒跚学步的婴儿一样。

对于攀上足球世界之巅的杰出球员们来说，他们的童年故事在不少方面都如出一辙。像C罗一样，梅西也总是随时让足球伴着自己同行；像C罗一样，梅西也喜欢和朋友们在街头巷尾踢球。队友们只需要把球传到他脚下，就可以等着迎接胜利的果实。在布宜诺斯艾利斯以北3小时车程的那座拥挤的南美城市，梅西完成了自己所列清单上的所有条目，然而当身体发育速度逐渐减缓的时候，他走到了和其他球星的分水岭。他开始被别人起绰号叫"侏儒"。

一个人的高矮远非阻碍一个人从事足球运动的必然因素。其实，足球是为数不多的几项适合所有身材的人参与的运动之一，只要你能坚持在场上奔跑90分钟。没有谁比阿根廷人更理解这一点，因为他们的历史最佳球员迭戈·马拉多纳（Diego Maradona）身高也不过1.65米。然而，梅西的发育速度之缓慢看上去太过异常，俱乐部建议家里人去咨询当地的一位专业人士，看看这个穿球衣过于宽松的孩子是否有什么问题。作为罗萨里奥的一位内分泌学家，同时也是一名纽维尔老男孩的球迷，迭戈·施瓦茨施泰因（Diego Schwarzstein）博士给出了回答，他建议小莱奥可以采取生长激素疗法。对一个只有 11 岁的孩子来说，持续多年定期注射生长激素看起来是一种很激进的疗法，但梅西的家人已经准备签字同意。

"我不知道你是否能比马拉多纳踢得更好，"施瓦茨施泰因对梅西说，"但你会比他长得更高。"

不过当时施瓦茨施泰因博士还要等好几年才能证明自己诊断的正确性。与此同时，在阿根廷医疗保险系统崩溃的情况下，梅西的家人们需要不断寻找支付梅西治疗费用的方法。2000 年，梅西一家每个月要为其治疗花费 100 到 200 美元不等，全年的费用超过 1 000 美元。在全家的经济压力不断加大的同时，梅西的名气也在与日俱增。那时，一段他用脚颠橘子的视频广为流传，在不把橘子踢坏的情况下，梅西用脚颠了多达 113 下。把橘子换成网球，他颠球的数量上升到 140 下。9 月初，罗萨里奥当地的《首府报》（La Capital）刊登了梅西的"一问一答"文章，在这篇文章里，梅西透露自己最喜欢的书是《圣经》；除足球外第二喜欢的运动是手球；如果让他选择一份工作，他最想当一名体育老师。

此后，一大批足球经纪人和慧眼识珠的球探开始展现出对梅西的兴趣，也愿意为他支付注射生长激素的费用。他们认为，既然梅西年龄还小，虽然身板儿不大，但至少会有欧洲的俱乐部愿意看一眼他的表现。而巴萨就是那家俱乐部。2000 年 9 月，在父亲和自己首任经纪人的伴随下，梅西受邀前往巴萨进行短期试训。在此之前，他从来没有坐过飞机。

经过飞机上整晚的剧烈颠簸之后，3 人搭乘的航班降落在巴塞罗那，却得知他们跨越将近 1 万千米来找的人此时此刻身在地球的另一端。原来，俱乐部体育总监沙利·雷克萨奇（Charly Rexach）将决定是否签下梅西，但他此刻正在大洋彼岸的悉尼奥运会赛场考察球员。"沙利，这是一个现象级球员，"这个名叫奥拉西奥·加焦利（Horacio Gaggioli）的阿根廷经纪人告诉雷克萨奇，"你必须去看看他。"雷克萨奇本以为他说的是一位 17 岁的希望之星，当他得知梅西只有 13 岁之后，雷克萨奇认为自己的的确确不用去看他踢球，至少不用着急马上去。他清楚，俱乐部如今的规则使得签下一名 13 岁球员的准备工作变得无比复杂。根据规则，除非他的父母搬来俱乐部所在城市工作，否则俱乐部不能获得来自周边地区之外的青少年球员的所有权。

不过，当时梅西已经到达巴萨。既然他来了，那些对他在阿根廷的"传说"有着模糊印象的教练们就把他送上了训练场。首先进行的是一些近距离的控球练习，梅西漂亮地完成了每一项练习，他的脚踝就好像有磁铁一样将球吸住。接下来，教练们又让梅西和拉玛西亚的男孩们一起训练，他同样极佳地完成了任务。他的表现被大家交口称赞，很快整个青训营的人都来看他踢球，每个人都想见识一下这位从阿根廷来的矮个子盘带大师。

当雷克萨奇回来看梅西踢球的时候，梅西已经在巴萨的训练场上"游荡"了足足 11 天的时间。他最终的考验是一场与大自己两岁的对手之间的一场比赛，再加上梅西个头矮，双方的年龄差距看上去得有 10 岁。当雷克萨奇漫步到赛场时，比赛已经在进行当中，他从场边一角走向教练席，只看了 5 分钟，他就发现了"一个能在场上'变身'的男孩，"雷克萨奇写道，"场下的他十分害羞，也非常安静，但只要上场比赛，他就变成了另外一个人，一个天生的赢家，勇往直前且永不放弃。"

"你们得签下他。"雷克萨奇对自己的老板们说。

因为梅西来到巴塞罗那时，雷克萨奇碰巧在地球的另一头，梅西也因此不得不在加泰罗尼亚待了将近 2 个星期。尽管有着以上遭遇，但梅西此次前来巴塞罗那的时机再合适不过。2000 年晚些时候，梅西的首份合约在一张餐巾纸上签署，这一著名事件发生之后，他永久地留在巴萨。而在他并未意识到的情况下，一系列独特的事情正在同时上演着。

事实证明，21 世纪和早期的巴萨，是成为一名年轻的天才运动员的完美时间和地点。文化、教师和政治力量的交汇，正在为加泰罗尼亚地区酝酿出一个历史性时刻，就好比 19 世纪 60 年代的巴黎之于绘画家，又或者相当于 20 世纪 80 年代的硅谷之于电脑极客。只不过，这一次的历史时刻将属于这些小不点足球运动员们。

促使这个历史时刻发生的其中一个主要催化剂是 1992 年巴塞罗那奥运会的成功举办。巴塞罗那在击败法国巴黎和澳大利亚布里斯班获得举办权后，巴塞罗那奥运会在闭幕之后的很长时间里都在对这座城市产生着深远的影响。虽然法布雷加斯无法清晰解释奥运会之后的几年发生了什么改变，但他能感受到这一点。"奥运会为这里带来了体育的氛围，"他说，"此外，作为一个面朝大海、享有沙滩的伟大城市，巴塞罗那为人们从事体育运动提供了绝佳的条件。"

奥运会的组织者让在这里进行体育运动变得简单。由于创造了大量实用的奥运遗产，巴塞罗那奥运会被广泛认为是历史上最成功的奥运会之一。即使一个孩子对体育只有微薄的兴趣，他也能在一大批新建的体育基础设施中选择并找到自己感兴趣的运动。其中一个名为"校园奥林匹亚"的遗产项目，让奥运场馆在暑假期间对孩子们开放。巴塞罗那学校体育理事会创办的另一个项目，则组织了 4 万个孩子来到奥运场馆进行体育比赛。整座城市的每一条大街小巷都因体育而充满生机与活力。已经闲置了 20 年的巴塞罗那火车北站为了奥运会的举办而被改建成了乒乓球比赛场馆。而在奥运会之后，这里又被改造成为一座多功能体育馆，远远超出了乒乓球一个项目的用途。甚至一些加泰罗尼亚人很少关心的体育项目也在为重绘这座城市的足球画卷增色。巴塞罗那奥运会的垒球比赛中，东道主西班牙队在前 6 场比赛中被对手打了个 79：8。奥运会后，垒球比赛的主体育场成为巴塞罗那当地一支广受支持的低级别球队 CEL 奥斯皮塔莱特的主场。自 1999 年开始，这座能够容纳 7 000 人的体育场就让长年稳居联赛中游的奥斯皮塔莱特队倍感自豪，用当地一名议员的话说："它毫无疑问是整个西班牙足球乙二级联赛（简称'西乙 B 联赛'）里最好的足球场。"

除了肉眼可见的变化，还有一些改变在潜移默化中发生，巴塞罗那这座城市正在重新探索如何找回自我。在弗朗西斯科·佛朗哥①（Francisco Franco）的独裁统治期间，加泰罗尼亚的语言和旗帜被官方禁止使用，直到他 1975 年逝世之后才得以恢复。

17 年后，加泰罗尼亚语已经和西班牙语、英语、法语一起，成为巴塞罗那奥运会 4 门官方语言。根据当地政府的统计，有多达 35 000 面加泰罗尼亚的红黄间条区旗在整座城市飘扬。作为一届全球性的体育盛会，1992 年巴塞罗那奥运会似乎成了这个西班牙东北部地区的专属庆典。"奥运会邀请人们来更多地了解加泰罗尼亚文化，了解巴塞罗那真正的样子。"法布雷加斯说。

对于巴塞罗那的足球队来说，这更是一份期待已久的认可。在佛朗哥统治时期，作为加泰罗尼亚人身份认同最坚定的捍卫者之一，巴塞罗那始终站在马德里政权的对立面。如今，随着足球世界迎来全球化和商业化的黎明，"Visça Barça"（巴萨万岁）和"Mes que un club"（不只是一家俱乐部），这两句俱乐部的加泰罗尼亚语口号也早已准备好被传播到世界的每一个角落。每一个身披红蓝间条衫的孩子所代表的都不仅仅是球队，对他们而言，巴塞罗那就代表国家。

———————

① 曾任西班牙国家元首，独裁统治西班牙长达 30 多年。——编者注

　　还有一件事的发生对催化这个历史时刻的出现同样重要。巴塞罗那奥运会男子足球比赛中，东道主西班牙队最终夺得冠军，自 1920 年奥运会夺得银牌后再度登上领奖台，而这支夺冠的队伍中有不少球员都操着一口加泰罗尼亚口音。在西班牙队通往诺坎普的冠军之路上，最佳球员是来自巴塞罗那本地的一位忙碌的年轻小伙，他的名字是何塞普·瓜迪奥拉，同样效力于巴萨。虽然缺少炫目的技术，但作为"节拍器"的瓜迪奥拉却是克鲁伊夫的足球理念在场上的化身，他用自己的理解诠释着克鲁伊夫那简单而极具毁灭性的信条：控球、传球。"瓜迪奥拉就是球队在场上的传导器，所有事情都通过他来发生，"他在巴萨的队友阿尔伯特·费雷尔（Albert Ferrer）后来说道，"别人看不到的传球线路，他能看到。"

　　然而，并非克鲁伊夫的所有教诲都能被完美地采纳执行。在成年队层面，他对于荷兰球员有着一种奇怪的执迷。当这名荷兰球员是罗纳德·科曼（Ronald Koeman）时，这种执迷表现完全没有问题，这位传奇的防守型中场本身就位列"巴萨梦之队"之中。然而到了 20 世纪末期，巴萨几乎会看中每一位穿着橙色球衣的国脚，但这种对荷兰球员的执迷，作用已大不如前。事实上，这恰恰是让当时低迷的巴萨雪上加霜的又一原因。这支老气横秋的球队亟需推倒重建，像罗纳尔迪尼奥这样的重磅转会行动确实是必要的短期方案，然而若想寻求俱乐部的长治久安，还需要从自己内部寻找答案：他们需要好好开发一下拉玛西亚的球员生产线。

## "87 一代"加冕之战

　　1986 年夏天的西班牙里奥哈葡萄酒里是否有什么秘方，我们可能永远也不知道。但事实就是，1987 年出生的那批西班牙球员和梅西在巴萨不期而遇，这件事在接下来的 10 年时间里都为人所津津乐道。他们的球队被称为"87 一代"（Generación 87），听起来和梅西在纽维尔老男孩时的那支"87 机器"（The Machine of 87）很像。不同之处在于，在巴萨，梅西的身边环绕着其他同样处在成长中的世界级球星。球队中有 3 个男孩当时已经崭露头角：未来的世界杯冠军法布雷加斯、未来的巴萨队长杰拉德·皮克（Gerard Piqué），以及在门前像梅西一样恐怖的本土前锋维克托·巴斯克斯（Víctor Vázquez）。4 人明显都将在未来取得成功，只是巴斯克斯的发展最终不及预期，在他 18 岁那年，一次灾难性的膝伤击垮了他的职业生涯。

令人惊叹的是，作为几个 13 岁上下的孩子，他们对于足球的理解，是很多在顶级赛场上打拼了 10 年的球员都未曾领会的。无须思考，这些小球员就知道如何用复杂的模式传球，如何移动到畅通的传球路线上，以及如何在场上制造人数上的优势。他们能够持续控球，即使罕见地丢掉球权，也能很快抢回来，而且你似乎永远听不到他们头球的声音。这些小不点踢球干净利落，能够在最狭小的空间内让足球流转自如。实际上，只要能让对手无法接近你，你就不需要有一个大身板儿。

最初的几堂训练课上，巴萨的孩子们就能看出来，梅西和他们所学的足球是完全不同的"版本"。那种被称为 Tiki-Taka[①]的快速短传并不能使一名阿根廷球员成为足球场上的英雄。从首都布宜诺斯艾利斯到梅西的家乡罗萨里奥，在阿根廷长大的孩子们崇拜的都是近距离控球以及令人眼花缭乱的盘带。如果巴西声称自己的足球是桑巴的味道，那么阿根廷足球就是用来引诱对手后卫的探戈，能让对手付出自己的脚踝作为代价。在 1986 年世界杯对阵英格兰的 1/4 决赛中，马拉多纳踢进的第二个球就是对阿根廷足球技术的经典诠释。在那场

---

①西班牙语，最早被用来形容足球战术，实际上是象声词，用来形容球员们在场上快速的短传。——编者注

比赛中，他先是骗过裁判用手为阿根廷首开纪录。距离"上帝之手"只过了4分钟，他就用舞姿一般的动作连续过掉了4名英格兰球员，在将门将也晃过之后，马拉多纳踢入了这记载入史册的"连过5人"球。来到加泰罗尼亚之前，梅西在自己幼年的成长阶段一直在不断复制这个进球。

"在巴萨，我们更像是团队型球员，传球、来回转移，为每一位队友创造机会，"巴斯克斯说，"但是这些梅西都可以自己完成，第一次看到他踢球，我就像被震住了一样。"

当时，就连经验丰富的青年队教练鲁道夫·博雷利（Rodolfo Borrell）也不敢相信自己的眼睛。一堂训练课上，他给法布雷加斯布置了一个不可能完成的任务："试着阻止梅西，就算踢到他的腿也没事。"接到指示的法布雷加斯最终差点把梅西的腿扫断，然而梅西爬起来，一声没吭，他知道他已经证明了自己。"我们自认为已经是超凡的球员，觉得自己已经踢得很好，"巴斯克斯说，"但这个家伙拥有我们都不具备的能力。"

在巴萨，不同年龄段的孩子们经常互相切磋球技。梅西和他的朋友们会把整个周末的时间花在观看其他各支巴萨球队的比赛上，从最小的少年队到诺坎普一线队的比赛，他们都尽力去看。很快，"87一代"的比赛也开始吸引观众来"捧场"，关于他们的传说迅速传遍了俱乐部，甚至传到了俱乐部之外，使得教练、家长，甚至对手的家长都要过来看一下这里究竟发生了什么。

随着"87一代"的球员们开始在欧洲四处征战一些高级别赛事，他们也感受到了自己身上所聚焦的关注度。他们是拉玛西亚球员，没有人像他们一样踢球，也没有人能够容忍他们。伴着虚晃和细微的假动作，梅西的每一次奔袭都如一闪而过的近景魔术，他的动作如此迅捷，以至于对手根本来不及做出反应。而当对手不可避免地放弃应对之后，他们就会改变战术，把对梅西拳打脚踢作为新的防守策略。即便如此，梅西极低的重心也往往能够使他赶在对手笨拙地铲向自己脚踝之前就改变方向扬长而去。虽然这只是青少年比赛，但对手用来阻止梅西所使出的招数，和多年之后那支伟大的巴萨球队在西甲和欧冠中遇到的招数如出一辙。绝望的对手们收紧防线，在禁区线附近堆满防守球员，然后把微乎其微的希望寄托在反击上。但这没有用，巴斯克斯说："我们还是会摧毁他们的防守，我们非常厉害，传导球的速度非常快，因为青年队球员的身体条件还不足以完成追赶。"

"我们是比赛的主宰，"法布雷加斯说，"人们说我们是拉玛西亚历史上的最佳球队。我不知道这是否正确，但我唯一记得的就是我们总是赢家且痴迷于胜利。"

在比赛中，一旦"87 一代"的孩子们取得领先地位，这些小球员反而会迅速大举压上、攻势如潮。事实上，这是教练对他们的强制要求。"如果你们能进 10 个，那就进 10 个，"教练告诉他们，"但是如果你们能进 12 个，那就进 12 个。绝不要停下进球的脚步，因为那是对对手的一种不尊重。"

和朋友们一起纵享足球的快乐，同时把对手打得满地找牙，如果你觉得两者不可兼得，那就对了。梅西和他的队友们并非对给对手造成的伤害和打击无动于衷，巴斯克斯仍记得在一场客场比赛中，他们半场就取得了 15∶0 的领先成绩，中场休息的更衣室里，他们被教练要求"再进 15 个球"。但当他们闲庭信步般地回到球场之后，发现自己实在不忍心再对对手穷追猛打。"你能看到那些可怜的家伙面如死灰，"巴斯克斯说，"就好像在说，'我们再也不想踢球了'。"于是梅西他们决定再随便进几个球装装样子，然后就悄悄放放水。

那场比赛最终的比分是 20∶0。然而一场大胜换来的唯一"奖励"却是一场严厉的责备，教练要求他们全情投入，并告诉他们让其他孩子哭鼻子是没问题的，他们被好好上了一课。

这种责备梅西用不着听第二遍。"87一代"中，每一个和他打过PS游戏的孩子都清楚，在小小的身躯下，有一头极其好斗、大声嘶吼着的怪兽深藏其中。

在众多大获全胜的比赛之中，巴斯克斯记得，有一次自己在场上已经进了10个球，梅西当时进了9个。比赛时间一分一秒地过去，他们的进球数达到了20个以上，每个巴萨球员都很清楚谁进了几个球。在场上，队友们明显能感觉到梅西还憋着一肚子怒火，都说："快看，快看，他还要再进一个球。"

果然，梅西又进了2个，最后一共进了11个球。

然而，独进11球的精彩表现远非梅西在拉玛西亚最值得纪念的时刻。这个时刻发生在一场加泰罗尼亚杯决赛中，至今仍在巴萨广为传颂，人们甚至给这场比赛起了一个像电影一样的名字：假面之战（El Partido de la Máscara）。

在这场决赛中，他们不可避免地遇到了皇家西班牙人足球俱乐部（简称西班牙人），这是一家建队历史稍短一些的巴萨本地俱乐部，拉玛西亚的孩子们每周都在和西班牙人交手。8天之前，两支球队刚刚在本赛季最后一场联赛中碰面，巴萨赢得很轻松，但是却付出了梅西颧骨受伤的代价。没想到很快又有一名对方球员无法跟上梅西灵活的盘带和变向，最终觉得还是直接把他撞翻更容易做到，梅西也因此再次成了受害者。这一次来自对手的撞击非常猛烈，他当场失去了意识，而这些对于西班牙人来说已经司空见惯。"我们对他们感到非常抱歉，因为7年多的时间里我们一直在场上打败他们，"巴斯克斯说，"我们总是在赢、赢、赢。"有一次西班牙人终于拼得一场胜利之后，他补充道："他们的庆祝规模就好像赢得了欧冠冠军一样。"

然而，这场加泰罗尼亚杯决赛为巴萨翻盘提供了机会，颧骨受伤的梅西至少应该休战 15 天，他整周的训练都没能参加，只能把时间花在生闷气上。决赛之前的那个周五，梅西实在忍不下去，他告诉当时的球队教练阿莱士·加西亚（Álex García）自己想要参加那场比赛。加西亚问他是否已经下定决心，因为如果梅西并不害怕再次受伤的话，或许有一种办法可以让他登场参赛。实际上，不用问梅西加西亚也已经知道了答案：只要有机会，梅西就会参加每一场比赛。

巧合的是，一名同样毕业于拉玛西亚的后卫卡莱斯·普约尔（Carles Puyol）在本赛季早些时候也遭遇了面部受伤。多亏了一张塑料面具，尽管它看起来像是佐罗电影里还没上色的道具，但他戴上之后能够继续代表一线队上场比赛。幸运的是这张面具还留在俱乐部内。唯一的困难在于，普约尔的头很大，而梅西的头却，呃……跟他的身板儿一样小。比赛当天，他把这个奇怪的塑料玩意儿安在了自己脸上，结果发现自己就好像戴上了一个眼罩。

所以，从比赛一开始，梅西就一直在和这个面具较劲。他向队友抱怨自己什么都看不到，因为这该死的东西一直在往下滑，而且面具还让他出了一脑门子汗。10 分钟不到，梅西就受够了这张面具，把它从脸上彻底扯了下来，直接扔到了板凳席上，刹那间，他的世界恢复正常了。当教练们终于回过神来，在半场时出于安全考虑把他替换下场时，巴萨已经取得了 3∶1 的领先成绩。梅西攻入了前两个球，并助攻了第三个。直到今天，看过这场"87 一代"加冕之战的人们都相信，自己当时见证了奇迹的诞生。

"他完全是另一种球员，"当时在场上的巴斯克斯说，"那种非比寻常的球员。"

　　数量庞大的球探们同样对此一清二楚。球探们一个接一个地造访巴塞罗那，从"87一代"里摘走一颗颗新星。小球员们明白，在过去几年中的某个时间节点，他们已经在不知不觉中进入了一场豪赌。他们挺过了每一轮淘汰，正在接近成年。突然间，进入一线队似乎成了近在眼前的可能，而童年期间的朋友此时却成了竞争一线队席位的对手。

　　教练们也在让这样的竞争愈演愈烈，有一些球员被告知他们在这里的足球之路已经走到尽头。"也许你能跻身一线队，也许你不能，但你至少要做好脱颖而出的准备，"巴斯克斯说，"一旦得到机会，你必须马上做好准备，因为进入一线队之后就再无欢乐可言，你必须不断地赢、赢、赢。"

　　对于这批杰出的"87一代"来说，随着他们临近"毕业"，一个事实变得愈发清晰：他们中并非所有人都能升入巴萨一线队。法布雷加斯环顾四周，一线队里，在他的位置上还有年长他几岁的米克尔·阿尔特塔（Mikel Arteta）和安德烈斯·伊涅斯塔（Andrés Iniesta）等球员。

　　"拉玛西亚有无数天赋异禀的孩子，但有多少人能升入一线队？寥寥无几，"法布雷加斯说，"而且他们都将在我之前得到进入一线队的机会。"

　　因此，一旦有合适的邀约递到手中，法布雷加斯都不会拒绝，阿尔塞纳·温格（Arsène Wenger）执教的阿森纳正是在此时乘虚而入。错失C罗之后，温格并不打算在法布雷加斯身上重蹈覆辙。假面之战的几周之后，法布雷加斯就做出了令很多人心碎的决定，他将离开自己唯一熟知的俱乐部，转会去往英格兰。

　　一年之后，皮克也做出了和法布雷加斯一样的选择，在察觉到自己在几名中后卫中发展迟滞之后，他抓住了加盟曼联的机会，来到弗格森麾下效力。这些球员想要离开并不令人感到惊讶，因为正是巴萨让他们离开的。梅西周围也环伺着一些油嘴滑舌的骗子，但俱乐部非常清楚要让他们远离梅西。和皮克及法布雷加斯不同，梅西没有另谋高就的理由。他和拉玛西亚所培养的任何一位球员都不同，因此，他通往巴萨一线队的道路没有丝毫阻碍。

假面之战刚刚过去了半年，巴萨前往葡萄牙参加一场赛季中期的表演赛，对手是由前巴萨助教穆里尼奥执教的波尔图。比赛本身无足挂齿，唯一值得纪念的是在比赛的第七十一分钟，客队换人调整后，梅西迎来了自己在巴萨一线队的首秀。

而当时，梅西的年龄只有 16 岁 4 个月零 23 天。巴萨将他免费签下，并当作自己的孩子一样培养。

MESSI
vs.
RONALDO

## 第 3 章

## 经纪人豪尔赫

　　虽然都叫豪尔赫，但是作为分别将 C 罗和梅西从儿时的俱乐部带到欧洲足球殿堂的领路人，豪尔赫·门德斯和豪尔赫·梅西却是完全不同的两种人。虽然两位豪尔赫先生原本都没打算当足球经纪人，也未曾想过要全情投入这种数亿美元的谈判中，但他们中有一位确实总是做着财富与名望的美梦。

　　如果说门德斯是纯粹由野心形成的产物，那么老梅西则在用他的前半生追求一些更加谦逊务实的目标。作为一名平平无奇的球员，他靠着一家冶炼工厂的主管工作养活家里的 4 个孩子，也在罗萨里奥当地一家叫作格兰多利的足球俱乐部当青年队教练。久而久之，他渐渐将这些事情结合在一起，让自己的生活完全围绕着工作、足球和家庭展开。老梅西之所以开始展望罗萨里奥之外的职业足球的广阔天地，完全是因为格兰多利的最佳球员恰好是自己的儿子。

　　当"父亲豪尔赫"变成了"临时经纪人豪尔赫"，老梅西的计划是只拥有儿子一个客户就够了。欠缺足球经纪人方面的经验并不意味着他不会偷奸耍滑，在他乞求纽维尔老男孩为儿子支付注射生长激素的治疗费用时，巴萨对梅西的兴趣尚处于萌芽阶段。于是老梅西给儿子安排了一场在河床俱乐部的试训，这家位于布宜诺斯艾利斯的球队是阿根廷两家最著名的俱乐部之一，另一名未来的阿根廷国脚冈萨洛·伊瓜因（Gonzalo Higuaín）当时就在队中。虽然这场试训最后无疾而终，但已经足够警告巴萨：其他球队对梅西的兴趣日益高涨。

老梅西的施压战术最终大获成功，但这种施压战术还没有结束。为了让梅西能够在拉玛西亚梯队序列中更好地进步，老梅西举家搬到了巴塞罗那。安顿下来后，老梅西发现儿子是整个家族中唯一对来到巴塞罗那感到快乐的家庭成员。梅西可以和朋友们沐浴在阳光下踢一整天球，而家里的其他人只能在距离家乡罗萨里奥一万多千米之外的大洋彼岸看着电视，他们不仅厌倦了这样的生活，也难免触发羁旅之思。老梅西需要确保这一切的牺牲都是值得的，因此他故技重施，每当他感觉自己的儿子没有被巴萨合理地对待的时候（通常是没有如他所愿在合同中改善梅西的待遇），他最惯用的威胁总是会浓缩成这两个字：皇马。照顾好我的儿子，不然我就让皇马来照顾。不得不说，这种威胁手段有些赤裸裸，但当这位父亲弄明白经纪人工作的精髓其实就是制衡之术后，他每次都能如愿。

葡萄牙的那位豪尔赫却清楚，处理这些事情还需要更具艺术性。门德斯更像是一个天生的销售员，无论是商讨球员合约还是签订代言协议，对他而言，所使用的技巧和自己小时候在葡萄牙海滩上学来用于兜售太阳帽和沙滩玩具的伎俩异曲同工。门德斯来自里斯本的一个中产家庭，绰号卡巴纳斯（有货亭、货摊之意）的他一直怀揣成为职业球员的梦想，或者至少能距离这项运动越近越好。尽管上帝没有赋予他足够的踢球天赋，但门德斯却可以用奔波和忙碌作为后天的弥补。

　　高中毕业后不久，门德斯就加入了工作大军之中，来到葡萄牙北部的维亚纳堡投奔自己的哥哥。在那里，他兴致勃勃地投身于一门同样涉及让资产来回倒手以及识别超级明星的生意，不过和足球经纪人有所不同的是，这门生意需要大量的倒带工作，原来他开了一家录像店。门德斯的录像店叫作"苏梅音像"，以泰国一座梦幻般的离岸岛屿命名，至少在门德斯看来，这能使他的店在同行竞争中获得至关重要的优势。录像店的生意同时也涉及便捷停车的业务，让客户们不用走路回家实际上是一件好事。根据他的合作伙伴回忆，门德斯总能成功向客户推销掉他们既拿不了也看不完的家庭录像带。"他和客户讲话的方式里面有点学问，"安东尼奥·阿尔贝托（Antonio Alberto）在门德斯的回忆录里说道，"绝大多数人只是想过来租一部电影，走的时候却往往会带上 5 部，而他们 24 小时之后就得把这些录像带还回来！"

　　开录像店的同时，门德斯还在葡萄牙第三级别联赛的一家小型半职业足球俱乐部 UD 拉涅济什踢边后卫。当队友的月薪还在 150 美元到 200 美元之间徘徊时，他就设法为自己争取到了超过 1 000 美元的月薪。多出来的那部分倒不是归功于他在场上的球技，而是他为球场拉广告的能力。球队的本地赞助商列表里，苏梅音像也自然而然地位列其中。

　　门德斯的事业刚刚起步，在他目光瞄向的地方，总能捕获到新的客户。开录像店时，他抓住了那些乐于坐在家里享受晚间时光的人们，而他经营的下一门生意则瞄准了那些喜欢在外面寻欢作乐的人。这一回，他投资了一座海滩上的小型综合体，在那儿开了一家"海关夜总会"。在这里，他第一次遇到了自己真正的足球客户，一名长着方下巴的年轻门将努诺·埃斯皮里托·桑托（Nuno Espírito Santo）。

　　当时，桑托希望能从吉马良斯队转会去一家更大的俱乐部，他总能见到门德斯在海关夜总会的吧台后面就把人们的夜生活安排得妥妥当当。因此，他希望这位新朋友也能帮他实现转会愿望。于是，在 1996 年的夏天，门德斯在作为一名音像店老板、夜总会经理、第三级别联赛的边后卫之外，又多了一个足球经纪人的身份。没用多长时间他就已经领会到，这是一项最需要四处奔波忙碌的工作，而且，这里的规则往往是由像他一样神经敏感、"油箱总是加满油"的经纪人来制定的。他似乎把全部时间都用在了开车行驶在高速公路上，不仅在葡萄牙全国各地飞驰，甚至在西班牙和葡萄牙之间频繁往返，亲自会见不同的俱乐部。当他以为自己已经让桑托转会波尔图达成协议时，吉马良斯队却开始从中作梗，俱乐部主席坚称：桑托哪儿都不能去。

没办法，门德斯继续为桑托寻找下家，争取更高的报价。很快，他又谈妥了西甲球队拉科鲁尼亚的一笔交易。为了谈成这笔转会交易，门德斯几乎每天都要驱车 600 多千米，往返于自己家和西班牙北部地区之间，不过吉马良斯仍然毫无所动。此时此刻，门德斯和桑托决定采取更激进的手段，他们的解决方案很简单——玩消失。在 1996 年亚特兰大奥运会之后，桑托不仅没有出现在吉马良斯的季前训练中，甚至没有出现在任何人能够找到他的地方。从俱乐部的角度来看，他们的门将从地球表面消失了。

桑托在地球藏身的位置有两处，他要么隐藏在门德斯位于里斯本的亲戚当中，要么出没于拉科鲁尼亚的一处秘密地点。在长达 3 个月的时间里，桑托一直努力使自己保持着职业球员的体型和状态，等待着有其他俱乐部抛来橄榄枝。他每天坚持跑步，在沙滩上进行锻炼，为了帮他完成训练，门德斯甚至自学成为一名临时的守门员教练。伊比利亚半岛（Iberian）的媒体一直在问："桑托在哪儿？"不过门德斯很乐意吊着这些媒体的胃口。这出完整的肥皂剧在 1996 年 10 月才终于落下帷幕，此时新赛季已经开始了一段时间，吉马良斯同意将桑托放走，但求赶紧摆脱桑托和门德斯这两个眼中钉、肉中刺。

为此，门德斯也花了 3 个月的时间、成百上千加仑的汽油以及一些轻微的绑架手段，但他终于完成了这笔转会交易。

　　后面的一些转会操作就不再需要这么多间谍般的手段了。通过将本土的足球希望之星横扫一空，加上对于盲动的欧洲足球转会市场的准确把控，他得以建立一个自己的葡萄牙足球"海外打工团"。门德斯意识到，国际足球对于转会的依赖意味着，赚钱的真正空间并不在于为自己的客户争取一份天价薪水，而在于让他们尽可能频繁地转会，进而从每一笔转会费中抽成。整件事就是一个关于信任的游戏，门德斯需要让球员们相信自己未来能成为超级巨星，门德斯也需要让俱乐部主席们确信，他们所做的并不只是在自己球队的阵容中开个口子给门德斯的球员腾地方，而是在建立一条希望之星的传送带。在门德斯将C罗带到曼联之后的几年里，他又将另外两位在葡萄牙踢球的球员运送到弗格森的队里。其中一个是纳尼（Nani），一位同样成长于里斯本竞技的边锋；另一位是叫作安德森（Anderson）的巴西中场球员，这份富得流油的新合同让他太过激动，他在自己的两个手腕上都戴上了花里胡哨的名表。通过和这些老主顾们打交道，门德斯正在重新定义足球经纪人的工作，从一名"中介经纪人"悄悄变为一名"总经理经纪人"。20世纪90年代后期，手机开始在全球广泛使用，从那时起门德斯就至少随身带着两部手机。而当蓝牙科技能够真正意义上把每一位客户、每一家俱乐部的信息都塞进他的耳道中时，他又急不可耐地成为这项新技术的拥趸。

　　"你无法想象我的生活。"门德斯喜欢这样对别人说。

　　进入21世纪第二个10年，尽管门德斯"马厩"里的球员和教练员的数目迎来飞涨，但C罗始终是他最青睐的一个。门德斯曾允诺他未来的璀璨星途，也把他带到了世界上最大的俱乐部之一。允诺给C罗的议程中的下一项就是为C罗构建一个商业帝国，然而唯一的问题在于，关于和大品牌签代言协议这方面，豪尔赫·门德斯和豪尔赫·梅西一样所知甚少。这个领域不再是他们所熟悉的录像店或者金属冶炼厂，但这并没有阻挡住他们尝试将其中关窍弄清理顺的决心。两位豪尔赫先生都知道，所有足球帝国都始建于同样的基础之上，那就是要先给自己的男孩拿到一份球鞋合同。

## 阿迪达斯与耐克的足球鞋生意

从人们最早有关于足球鞋的记忆开始，足球鞋的市场就被一对交战中的家族掌控，他们来自一座宁静的巴伐利亚小镇黑措根奥拉赫。流经小镇中心的奥拉赫河的一侧居住着阿道夫·"阿迪"·达斯勒（Adolf "Adi" Dassler）领导的家族，这位极具革新精神的补鞋匠对运动鞋进行了颠覆性的实验，并从自己名字中挑出"Adidas"（阿迪达斯）这几个字母，把这个名字添加到实验成果上。奥拉赫河另外一侧则生活着阿迪的侄子和侄女们，他们由阿迪的哥哥鲁道夫·达斯勒（Rudolf Dassler）所教导，1948 年两家闹掰之后，他们创立了阿迪达斯的竞争品牌彪马（Puma）。

20 世纪 20 年代，两兄弟开始涉足田径跑鞋和足球球鞋的生产制造，当时的他们和睦相处、心无芥蒂。只不过，他们最初做出来的笨重球鞋与其说是为了用于奔跑，倒不如说更适合给球场耕地。在那"浸泡"在胶水里的生产车间内，执着的阿迪花了多年时间孜孜不倦地改良着自己的产品，努力设计出最轻便、最耐用的运动鞋，而在学习了真正的制鞋技术之后，他的产品质量也实现了迅猛的提升。运动员之中流传着这样一种说法，达斯勒兄弟的跑鞋或许是一种秘密武器。他们没有给自己的鞋打太多广告，而且在 1936 年，一位来自美国俄亥俄州的短跑运动员也让他们更坚信他们根本无须为自己的鞋做广告。那一年，当杰西·欧文斯（Jesse Owens）点亮了柏林奥运会并激怒了希特勒时，他脚下所穿的跑鞋正是达斯勒兄弟的产品。

球鞋本身就是自己最好的代言人，这一点达斯勒兄弟比绝大部分人都要更早领悟，他们只需要让足够多的运动员先穿上自己的鞋。为了实现这一目标，他们会采取任何有必要的方式。他们在世界各地培训经销商，不断给予他们股份。当时，奥运会仍然奉行业余主义的至高信条，但球鞋代言领域的规则却和现在大同小异，也就是说几乎没有规则。他们的鞋一大袋一大袋地被买走，两人将一大沓一大沓付款的现金收入囊中，当体育界商业在第二次世界大战后百废待兴时，兄弟俩已经抢占到了最佳位置。

直到那时，他们才真正认真地尝试向足球领域进军。20 世纪 40 年代后期，二人分家之后，鲁道夫的彪马曾凭借一定的专业性在初期占据了优势，但新得名的阿迪达斯公司则与西德国家队建立起了联系，并拥有了一项重大的新发明：可拆卸鞋钉。1954 年的一天下午，如果伯尔尼的范可多夫体育场没有降下大雨，或许阿迪永远没有机会向大家展示这项发明。1954 年瑞士世界杯决赛是改写足球鞋发展历史进程的一天，对阵的双方是西德队和匈牙利队。与赛前并不被看好的德国人相比，这支匈牙利队由一群技艺精湛的大师级球员组成，被誉为"神奇的马扎尔人"（Magical Magyars）。他们比德国球员速度更快，身手更加敏捷，战术配合得也更加精细。然而随着比赛的进行，突如其来的雨水浸透了整个球场。根据芭芭拉·斯米特（Barbara Smit）记述的公司历史中的描述，就在此时，西德主教练塞普·赫贝格尔（Sepp Herberger）指示阿迪给本方球员的球鞋换上长钉。

"阿迪，把鞋钉拧上去！"赫贝格尔告诉他。

在那之前，阿迪已经意识到自己的鞋需要更具辨识度，从而能够在定格体育赛场制胜瞬间的照片中更加醒目。为此，他把鞋身上作为支撑结构的皮革条染成了另一种颜色。回到决赛场，换上了长钉球鞋的一方站稳了脚跟，以 3∶2 的成绩逆转了匈牙利队夺得世界杯冠军，他们脚下的阿迪达斯战靴不仅因鞋底的新科技名震天下，鞋身一侧的三道清晰白杠同样深深印刻在人们的脑海中。

此后，足球界中的大部分商业代言很快落入两个阵营中。达斯勒两兄弟、他们各自的家族分支，以及各自的代理人军团之间开始了一场旷日持久的"军备竞赛"，这场军备竞赛席卷了世界的每一个大洲，并且在 4 年一度的世界杯临近之时达到狂热的巅峰。为了确保让一位超级球星穿上自己的鞋子，他们不惜把这位球星所在的整支球队签下来。与此同时，他们的产品类型也扩展到服装、足球，以及球衣上来，让这项全世界最流行的体育运动同样成了全世界最流行的广告板。当彪马挑选了克鲁伊夫作为代言人之后，阿迪达斯便签下了德国的弗朗茨·贝肯鲍尔（Franz Beckenbauer），这使他们都付出了高昂的代价。进入 20 世纪 60 年代，他们的竞价直线上升并失去控制，以至于双方观点甚至取得了一致（也有人说是共谋），将一名特定的球员列入禁止签约的名单，不然，一场火力全开的竞价战争对双方而言都太过得不偿失。当时，两个家族已经分别由互为堂兄弟的霍斯特（Horst）和阿尔明·达斯勒（Armin Dassler）领导，在临时的休战状态下，他们达成了罕见的和解，都承诺不会对这名特定的球员报价，这份约定也被称为"贝利条约"。

不过，仅仅一次握手言和在两个家族长达数十年的宿怨面前根本不值一提。1970 年世界杯前夕，凭借着一位德国记者和巴西国家队的关系，彪马打算冒险一试。他们请贝利穿着彪马球鞋参加本届世界杯，愿意为此向这位世界上最知名的球星支付 25 000 美元。而且，在之后的 4 年里，只要贝利穿着彪马球鞋踢球，他们愿意每年继续提供给他 25 000 美元。在这基础上，彪马还为贝利设计了签名球鞋，将他流畅的黑笔签名印在了球鞋一侧标志性的宽条皮革上。每卖出一双签名球鞋，贝利都能从中获得 10% 的忠诚奖金。这些款项全部用现金支付，贝利把它们随意地扔进了一个保险箱里。

就推销球鞋而言，足球运动里再也找不到比贝利更大牌的球星了。然而正是在那段时间前后，阿迪达斯悟出了如何能够巩固自己在足球界地位的方法，这也是彪马难以做到的一种方法。阿迪达斯发现，自己所需要的已经超越了任何一支球队或是一名球员的范畴，他们真正需要的是一家机构。20世纪70年代，阿迪达斯在苏黎世的一家小办公室里找到了一个乐意合作的伙伴，然后他们开始购买国际足联和世界杯的市场营销权。大楼里，这笔交易最大的推动者是一位头发稀疏、有一种油腻幽默感的前浪琴高管布拉特。当时，他正努力向世界足球的顶端攀登，未来的日子里，他也会确保阿迪达斯在这段征途中常伴左右。作为双方诸多长期合作协议之一，阿迪达斯为1970年世界杯生产比赛用球，自此再没将这项业务停下来。对于成长在20世纪80年代到90年代的球员们来说，阿迪达斯就是唯一堪称这项殿堂级足球赛事代名词的体育品牌。

自那之后，达斯勒兄弟二人终其一生再未达成和解。1974年，鲁道夫率先离世，4年之后，阿迪也与世长辞。他们被葬在了黑措根奥拉赫公墓两个互相对立的角落里。

不过，达斯勒兄弟在生前都未能亲眼见到，在距离巴伐利亚8 000多千米之外的地方，一个新的竞争对手正在崛起。一位名叫比尔·鲍尔曼（Bill Bowerman）的田径教练，和他那位在货车里卖运动鞋起家的学生菲尔·奈特（Phil Knight），共同创立了耐克这个品牌。耐克当时已经在跑步、美式橄榄球、篮球以及网球等项目中成为一股不可小觑的力量。不过在其他运动领域，达斯勒的后人们还没感受到耐克对他们的威胁。当时，耐克已经统治了美国各职业体育联盟，并于1984年创立"空中飞人"（Air Jordan）品牌，掀起了一场体育市场营销革命。但当时足球在那里仍是一个少数人的运动，耐克并不打算进军足球领域。

没想到1994年，足球运动主动找上了耐克。世界杯比赛首次来到北美大地，全部比赛分散在美国的 9 个城市进行。作为美国本土体育服装生产行业的领头羊，耐克不能再对这项全世界最受欢迎的体育运动视而不见了。不过，现在再想从生产各队球衣的生意里分一杯羹为时已晚，因此他们计划在大赛落幕之后再激起水花。当时，阿迪达斯为 24 支世界杯参赛队之中的 10 支球队提供球衣装备，剩余球队则被迪亚多纳（Diadora）、乐途（Lotto）、茵宝（Umbro），以及一些美国本土品牌瓜分。耐克此时只能选择退避三舍，等待着属于自己的时机，从而在全球体育市场第七名的位置上一飞冲天。"当时的感觉是，人们并没有真正把我们当作一个足球品牌来对待。"一位耐克高管回忆道。

1994 年的那个夏天，世界杯观众人数、门票收入等多项纪录都被彻底打破。新组建的美国职业足球大联盟（MLS）也即将迎来揭幕战，激起了万众的期待与激情。当足球的《竞赛规则》（laws of the game）诞生于伦敦一家酒吧的两个世纪后，这项运动似乎终于在北美洲找到了立足点，而耐克要做的就是确保在这个立足点贴上自己标志性的"大勾"标志。"耐克对于足球这项全世界最流行的运动一无所知"的观念在当时深入人心。1995 年年底，一位名叫杰利·赫尔姆（Jelly Helm）的年轻广告人和几位同事挤在俄勒冈的一座办公大楼里，扭转这个刻板观念的任务落在他们的头上。的确，他们对足球几乎一窍不通，但他们对卖鞋了如指掌。他们决定向一群足球界的"销售人员"求助，请这群人来震撼整个足球市场。

过去几年中，这群人比其他所有人推销出的球鞋都要多，他们就是全明星队。"我们曾经在波特兰看过 1992 年那支美国男篮梦之队现场打球，"赫尔姆说，"有迈克尔·乔丹、伯德，还有"魔术师"埃尔文·约翰逊（Earvin Johnson），我们知道，如果能组建一支全明星球队，欧洲的孩子们会无比激动。"但实现这个构想有一个小问题：欧洲足坛压根就没有全明星队，但这远不足以阻止耐克的计划。

为了让足球全明星队的愿景成为现实，耐克同意砸钱来打造自己有史以来最昂贵的商业广告。很快，足球世界里一些最大牌的明星穿着耐克的球鞋，乘坐包机纷至沓来，这其中包括葡萄牙边锋菲戈、意大利国家队队长保罗·马尔蒂尼（Paolo Maldini）、墨西哥门将豪尔赫·坎波斯（Jorge Campos）等球星。令人感到有些奇怪的是，矮壮的瑞典中场球员托马斯·布洛林（Tomas Brolin）也位列其中，不过距那时不到 2 年，他就会挂靴退役，转行成为一名真空吸尘器的金牌销售。现在，这支全明星队还缺少一个对手，于是耐克聘请了电影《阿波罗 13 号》（Apollo 13）的特效团队，创造了一支不死的足球恶魔军队，由魔鬼撒旦担任球员兼教练。这则广告在后来被称为《善良与邪恶的对决》（Good vs. Evil）。

耐克的广告大片引发了激烈的反响。国际足联谴责了这则广告，丹麦也禁止它在电影院播放，但它随后却在戛纳电影节上获得赞誉。广告首次播出后不到半年，耐克就与巴西国家队签订了一份为期 10 年价值 4 亿美元的合同，成为后者的官方赞助商。在人们知道什么是"搅局者"之前，耐克就已经成了足球产业的搅局者。

实际上，耐克自己对应该如何"搅局"足球商界是有着大体的思路的。如果说阿迪达斯的发展围绕着足球运动的传统方式展开，那么耐克几乎是将最耀眼、最火热的球星置于自己的宇宙中央，即使其中有些球星经常以发飙相威胁。第一位大牌球员是一位叫作埃里克·坎通纳（Eric Cantona）的超新星。才华横溢的坎通纳具备高卢人罕有的天赋，1992 年来到英格兰之后，他又教育这里的人们，球衣的领子就是要竖起来。在耐克与巴西队签约之前，坎通纳脚上就已经穿着耐克球鞋了。他穿着它们踏上曼联的训练场，激励加里·内维尔（Gary Neville）、贝克汉姆、保罗·斯科尔斯（Paul Scholes）等年轻一代球员更加刻苦训练；他也穿着它们赢得了 4 次英超冠军、捧起了两座足总杯冠军奖杯；《善良与邪恶的对决》广告里，当坎通纳攻入最后的制胜球时，他脚上穿的当然也是耐克球鞋。1995 年 1 月的某天，坎通纳以一记功夫飞腿踹向一名在场边起哄的水晶宫足球俱乐部（简称水晶宫）球迷，在这位球迷两眼一黑之前，最后映入他眼帘的正是飞向自己脸颊的耐克大勾标志。

1997 年，耐克公司所有体育运动的市场份额骤降，公司宣布当年的亏损高达 4 000 万美元。因此在同一年，坎通纳突然宣布退役，这对于正处于上升势头的耐克足球部门来说并非理想的局面。幸运的是，在足球运动的前线阵地，耐克的花名册里还有很多像坎通纳一样走路大摇大摆的前锋作为候补。耐克足球部门需要能够炸裂银屏的前卫球星，为此他们不惜周游足球界，以尽可能快的速度将符合条件的球星"一网打尽"。一位耐克高管透露，公司对于市场群体的定义，已经从"为足球而疯狂的孩子"悄然演变为"痴迷于足球的青少年"。这样的青少年对过去的一切都毫不在意，球鞋不需要是全黑色，而球衣也不用穿起来像垃圾袋一样宽松。

在美国，当时的耐克为美国女足国家队设计了一款真正贴合女性体型的球衣，这身球衣让整支球队看上去更加机敏灵活，甚至在比赛开始之前就显得比其他所有对手都更职业。在北伦敦，耐克签下了阿森纳射手伊恩·赖特（Ian Wright），赖特在攻破对手城门时总会流露出一种玩世不恭般的冷酷。他们还从巴西仔细挑选了一位奔跑起来快如闪电同时牙缝很大的前锋——罗纳尔多·路易斯·纳扎里奥·德·利马（Ronaldo Luís Nazário de Lima），也就是大罗。自从离开南美洲之后，这位巴西的罗纳尔多在 1994 年到 1998 年期间以每赛季34 个进球的高效成绩点亮了荷兰、西班牙和意大利的足球联赛。对于耐克来说，可以运用那种在美国体育帝国行之有效但却从未在足球领域尝试过的手段来围绕罗纳尔多做文章，这种手段就是签名球鞋。坎通纳虽然行事古怪，但他在绝大部分比赛中都穿着一侧印有标识的经典黑色球鞋。而在 1998 年世界杯中，罗纳尔多将穿着那双银蓝两色相间的水星 R9（R9 Mercurial）球鞋登上赛场。这双鞋同时也是他通往由一些耐克运动员组成的小型俱乐部大门的钥匙。

1984 年耐克推出自己的第一代"空中飞人"篮球鞋之后，迈克尔·乔丹成了这个俱乐部的第一位成员，而俱乐部最新接纳的成员则是一位圆滑的年轻高尔夫球手泰格·伍兹（Tiger Woods），这个名字让他看上去就是为广告板而生（Woods 意为木材、树林）。这个小俱乐部的成员都拥有自己的耐克签名鞋，对于这些运动员来说，这不仅是成为全球体育偶像的证明，也能为他们带来大量的经济收益。运动员们并非免费奉上自己的签名，而是要在卖出的每一双签名鞋中抽取一定比例的忠诚奖金，根据一位耐克管理人员回忆，这一比例在当时维持在 7% 左右。签名鞋的忠诚奖金加上国际米兰足球俱乐部（简称国际米兰）开出的工资，足以使罗纳尔多成了当时世界上收入最高的足球运动员。

此时此刻，阿迪达斯海报上的经典人物同样使他们收获颇丰。在阿迪达斯旗下，贝克汉姆的市场潜力改写了足球市场竞争的走向，这不仅是出于他与日俱增的知名度，也要归功于他与维多利亚·亚当斯（Victoria Adams）的恋情，后者有一个更加知名的称号——"高贵辣妹"。"贝克汉姆是真正让一切发生的人。"阿迪达斯当时的足球部门主管蒂埃里·魏尔（Thierry Weil）说。

耐克进军足球领域的举动取得了成功。他们需要开始在全世界的广阔范围内仔细搜寻潜在的品牌"推销员"。品牌把目光仅仅局限在大学篮球和橄榄球的比赛活动中、为参加奥运选拔的运动员递上自己的球鞋，这样的时代早已过去。如今，下一位超级明星很可能就待在巴西的一个村庄，或者利物浦的一幢房子里，等待他们发掘。正如足球俱乐部正在想方设法布下一张史上覆盖面最大的球员搜索网一样，耐克同样仰仗于自己的球探网络、关系密切的教练、足球经纪人，以及任何一位愿意偷偷用情报换取一些运动服或者一笔猎头费的人。

葡萄牙是耐克十分中意的"狩猎场"。耐克和葡萄牙国家队建立了长期合作，更为重要的是，他们与来自全国各地的足球观察者们都保持着密切的关系。这种联系已经为他们带来了中场球员曼努埃尔·鲁伊科斯塔（Manuel Rui Costa）和菲戈。当时，C罗在里斯本竞技的合同进入最后一年，半个欧洲足球界都在争取吸引他的注意，那时他加入了一支队伍，与之相处的时间将比今后他所效力过的所有球队都要更长。2003年，C罗和耐克正式牵手。而在当时，梅西也已经"上了耐克的船"，他的父亲已经开始意识到，父子二人的姓氏很快就将体现价值。

耐克开始涉足足球商业还不到10年，就拥有了未来足以使他们彻底制霸足球运动的两支"潜力股"。凭借着敏锐的判断力、精准的时机把控能力，以及一点点运气，耐克发掘了两名能够定义一个完整时代的球员，并在他们的职业生涯开端就把这两位超级巨星和自己标志性的大勾牢牢绑定在一起。后来，他们用同样的方式签下了网球巨星罗杰·费德勒（Roger Federer）和拉斐尔·纳达尔（Rafael Nadal），以及NBA巨星勒布朗·詹姆斯（LeBron James）和凯文·杜兰特（Kevin Durant）。耐克公司总能成功将体育界能够引发争论的球员双方都招入帐下，只不过这一回轮到了足球这项世界第一运动。数十亿眼球都注视着梅西和C罗的一举一动，而他们恰恰同归耐克旗下。

没想到接下来，耐克却失去了C罗和梅西中的一个人。

## 耐克的失误

关于梅西是如何从耐克旗下偷偷溜走的，位于比弗顿的耐克总部内部从未给出过官方的说法。"成功有很多父亲，"一位前管理人员谈及此事时说道，"但失败却是个没人认领的可怜虫。"

而在这起事件中，引发问题的确实是一位父亲。起初，让儿子穿着巴萨一直以来提供的同一套耐克装备在场上驰骋，老梅西已经非常心满意足。当时，耐克公司的全部活动都围绕着罗纳尔迪奥展开，随着 2006 年世界杯的临近，他们决定也将梅西置于那条发展轨道上。2005 年，耐克拍摄了一则足球广告，由一些孩子在巴塞罗那街头表演足球花样动作的片段剪辑而成，其中有两个孩子在沙滩上用杂耍般的动作颠球；另一个孩子在足球市场里成功让自己成了讨厌鬼；还有一个孩子在农田里射出"圆月弯刀"，足球划出一道诡异的弧线正中一个稻草人的脑袋。这群孩子当中，有的人已经是拉玛西亚里的天才少年，另一些则从未达到这一成就。在这段一分钟左右的广告中，每个孩子都面向镜头说出了自己的名字。其中有一个从阳台上突然冒出来，向全世界大声做着自我介绍。这位名叫乔纳森·多斯桑托斯（Jonathan dos Santos）的孩子未来成了一名墨西哥国脚，然而绝大多数孩子在广告播出之前就已经被遗忘。

这则广告的尾声，昏暗的训练场上，一个头发蓬乱的年轻人射出一脚任意球，皮球越过几个假人组成的人墙后直挂 23 米之外的球门上角。他双眼直视镜头，向整个足球界发出强音。

"记住我的名字，"他说，"莱奥·梅西。"

广告里的梅西从头到脚都穿着耐克。

那一年，梅西刚满 18 岁。同样在那一年，每一个足球界内人士也都意识到，梅西已经成了一名不可被人忽视的球员。2005 年夏天，他在国际足联世青赛（国际足联 U20 世界杯）上大放异彩，不仅带领阿根廷队捧起了冠军奖杯，更是在每一场淘汰赛中都成功进球，其中就包括在以 2∶1 的成绩击败尼日利亚的决赛中独进两个点球。梅西点亮了这届荷兰世青赛的同时，也将本届赛事的金靴奖带回了家。而他带领阿根廷队捧起了冠军奖杯，更是让马拉多纳欣喜若狂，虽然让这位足球界最容易激动的人又一次兴奋过度并不是什么难事。

"梅西将是我的接班人。"马拉多纳宣布。在此之前,他已经先后选定过阿列尔·奥特加(Ariel Ortega)和安德烈斯·达历桑德罗(Andrés d'Alessandro)担任这一"职位",马拉多纳认为:"梅西将成为下一个球王。"

马拉多纳这次的宣告与以往的区别在于,足球界的有识之士们也与马拉多纳的看法一致。从巴塞罗那到比弗顿,每个人都清楚梅西的下一个舞台将是2006 年德国世界杯赛场。尽管届时梅西将身着阿根廷国家队的阿迪达斯球衣登场,但耐克也打算在本届世界杯上倾尽全力。自耐克进军足球市场以来,本届世界杯身着耐克球衣的球队数量将首次超过身着阿迪达斯和彪马的球队数。彪马当时也在主打国家队球衣,但从未认真尝试与梅西或者 C 罗签约。耐克为本届世界杯策划的活动口号为"Joga Bonito",葡萄牙语意为"美丽足球"。耐克坐拥着一群超凡的盘带大师,加上有飘逸灵动、闲庭信步般的罗纳尔迪尼奥作为引领,使得这个点子看起来非常明智,耐克的广告也将再一次吸引全世界的目光。

因此,距离 2006 年德国世界杯还有一年多的时间,耐克就开始在全欧洲展开球星的拍摄工作。公司为梅西在巴萨安排了一次专业摄影,请他展示自己技能库里的十八般武艺,从每一个角度反复拍摄。虽然并不清楚耐克具体打算如何使用这些素材,但是凭借此前巴西队"大闹机场"及各路超级巨星的"铁笼之战"等一连串经典广告,这支极具创造力的团队已经使耐克在阿迪达斯面前占据了明显的优势,耐克工作人员清楚自己能够将梅西的全部素材都妥善利用。直到 2006 年初的一天,耐克工作人员接到一通电话,要求他们把关于梅西的拍摄内容全部删除。对方表示梅西不会出现在任何耐克的推广材料中,因为梅西已经不再是耐克赞助的球员,他现在由阿迪达斯赞助。

耐克的工作人员简直不敢相信自己的耳朵。自家公司从梅西 14 岁起就一直在为他提供球鞋,并且是他成为职业球员后效力过的唯一一支球队的赞助商，如果说哪位球员最适合终生与耐克的大勾标志绑定在一起，梅西绝对是天生的候选人。

究竟是什么原因导致梅西转投阿迪达斯，一直有多种不同的说法。但真相是，这是由诸多因素共同促成的结果，而这些因素的背后全部由梅西的父亲一手操控，在他看来，耐克并没有合理妥善地对待自己的儿子。根据一位耐克前高管的讲述，为了改变在竞争中的处境，阿迪达斯给梅西阵营的报价不断加码，而身在俄勒冈的耐克的工作人员决定不再为一个十几岁的孩子和对手开战。耐克在美国的团队堪称三心二意的典范，每当他们在电视上瞥到一位天才球员，就会打电话给欧洲的团队说，"咱们要得到这个家伙"。

但在当时，处于梅西和 C 罗地位的球员每年只能从耐克这里拿到几十万美元，想要和阿迪达斯开出的百万美元级报价竞争，他们就必须在原有的合同后面加个零，这在耐克的人看来是不值的。更何况，当时老梅西也根本没心情接受耐克的报价。另一位与梅西阵营相熟的人士回忆，老梅西"失心疯"般的表现源于一个看上去无伤大雅的请求，他只是想要更多的耐克服装赞助，结果耐克的伊比利亚分部和南美分部都没有及时对此予以回应，而这已经足以毁掉双方之间的关系。

不管怎样，梅西父子都已经下定决心转签阿迪达斯，但耐克也没打算不战而降。随着梅西跻身巴萨一线队阵容，耐克对他多年的投资眼看着就要获得回报，至少在这家公司看来，他们和梅西之间还有一份在未来多年都会生效的合同。"耐克和梅西之间还存在一份具有约束力的协定。"当时，耐克公司的一位发言人告诉记者们，公司准备采取"一切必要的手段"确保这份协定继续得到执行。

老梅西对此的回应，简而言之就是让耐克官方"把协议拿出来"，这场争端应该在"该解决它的场合"来解决，老梅西指的场合是西班牙法院，但似乎也没排除在后巷用拳头解决问题的可能性。

对于耐克官方来说，最大的问题就是其实并没有这样的一份合同，这份具有法律意义的约束性协议从未存在。实际上，当时公司和梅西阵营之间签订的更像是一份意向书。西班牙法官花了几个月的时间终于裁定，这份意向书还不如打印它的传真纸值钱。2006 年 2 月 1 日，在巴萨主场对阵皇家萨拉戈萨足球俱乐部（简称萨拉戈萨）的一场西班牙国王杯（Copa del Rey）比赛中，梅西踏入诺坎普大球场时脚上穿的正是一双阿迪达斯 F50 战靴。不过，虽然他在比赛中进了球，但首个由阿迪达斯球鞋攻入的进球还要再等等，因为打破萨拉戈萨大门的进球是一个头球。

在黑措根奥拉赫的阿迪达斯总部，公司高管可谓欣喜若狂，至少绝大多数人是如此。总部内的一些人私下仍然感到担忧，尽管他们签下了全世界最具才华的足球运动员之一，但这位"推销员"身上的人格魅力更像是一位默片明星。当年在拉玛西亚差点被队友们认为是哑巴的孩子，如今成长为一位几乎是哑巴的 18 岁青年，一点儿也不像是一名运动员。没人管的时候，他就用比萨和可乐填饱肚子。他的球衣穿上去像袍子一样大，就好像是借来的。此外，他甚至都不知道球队的健身房在哪儿。

不过，对于阿迪达斯的公司高层来说，挖来梅西具有无比重大的意义，同年 5 月，阿迪达斯首席执行官赫伯特·海纳（Herbert Hainer）甚至在公司第一季度的收益报告中着重强调了这一点。"我只是想说，我们的足球事务中呈现出了几处额外的积极表现，"他说，"这份积极表现的榜单中包括令人难以置信的新款足球销售数据（售出 1 500 万个）和最新版阿迪达斯足球鞋的销售数据（上市第一年就售出 75 万双），而高居榜单首位的正是签下了不到 21 岁的世界最佳球员……很多人说这位来自阿根廷的小伙子有潜力成为下一个马拉多纳。"

## 一年半改了 3 次的合约

整个欧洲的人都对梅西的潜力深表认同，特别是西班牙，在这里，其他任何一家俱乐部最不愿看到的就是一支蒸蒸日上的巴萨。在招惹下一位马拉多纳的尝试中，最狂妄大胆的一次挑衅来自拉科鲁尼亚。

21 世纪初，在巴萨沉沦的几年间，这支球队趁机在西甲的积分榜上游为自己开辟出一席之地，并赢得了俱乐部近百年历史中的首个联赛冠军。现在，他们喋喋不休地抱怨梅西在 2005—2006 赛季中西甲的注册时间已经超过了 8 月 31 日的注册截止日，各队的大名单在那之后都不允许再作调整。不巧，巴萨的同城对手西班牙人也加入了抱怨梅西的大军中。巴萨主席拉波尔塔怀疑有人——也就是皇马，在幕后操纵着这一切。"所有人都在与巴萨为敌。"他愤怒地说。

这里的"所有人"应当不包括皇家西班牙足球协会，正是他们裁定梅西的注册合法合规，拒绝对他禁赛。不过在这之前，拉波尔塔早已对规避各种麻烦习以为常。2005 年，西甲刚一开始就对每家俱乐部能够注册的非欧盟球员人数施加更严格的限制，拉波尔塔马上就安排梅西父子获取西班牙护照。如果没能成功，西班牙人已准备好租借梅西一个赛季，巴萨可以借此时间重新调整大名单，为梅西腾出来一个非欧盟球员名额。

当时，荷兰的埃因霍温俱乐部和意大利豪门球队尤文图斯也在打着同样的算盘。尤文图斯在赛季开始前的一场友谊赛中被梅西"大卸八块"之后，这家位于都灵的俱乐部收到风声，或许西班牙足协能够为他们创造机会。只看梅西踢了 25 分钟，尤文图斯主教练法比奥·卡佩罗（Fabio Capello）就尝试把他租借过来，可惜未能如愿。所有争夺梅西的大军中，最认真的报价来自国

际米兰，这家位于米兰的足球俱乐部主席是意大利石油大亨马西莫·莫拉蒂
（Massimo Moratti），他几乎会爱上自己遇见的每一位左脚球员，当然更为梅
西所倾倒。"如果能签下梅西，花多少钱我都愿意。"他对意大利媒体说。

以上这些都是让拉波尔塔感到极度头疼的原因。他的电话就没有闲下来
过，完全被移民律师和梅西的潜在追求者们的紧急呼叫所占据。不过像往常一
样，打给拉波尔塔次数最多的还是梅西的父亲，这些俱乐部对儿子的报价在他
听起来就是悦耳动听的音乐。2005 年夏天，老梅西刚刚为儿子签下了一纸新
约，才过了 3 个月，他就察觉到了一个可以让现在的局面变得更加美好的机会。
他只需要让拉波尔塔知道：自己的儿子已经打包好去米兰的行李了。

为此，拉波尔塔不得不快速行动，通过两场紧急会议，他已经尽全力安抚
梅西父子，让他们确信莱奥的家肯定在巴塞罗那。但当他们终于拿到西班牙护
照之后，老梅西的下一计也接踵而至，于是在短短一年半的时间里，梅西的合
同已经改了 3 次。

"这一切都发生得非常快。"已经是西班牙公民的梅西说，在申请护照过
程中，他也拒绝了代表西班牙国家队征战的机会。"我签了字，我宣誓效忠，
然后一切就都结束了。"

拉波尔塔在管理上的"两步走"战略已经足以把梅西留在球队中，把他派
上场的任务就交给了一位天赋异禀的前荷兰国家队中场球员。拉波尔塔有一个
将巴萨与克鲁伊夫缔造的辉煌过往重新连接起来的宏大战略，作为其中的一部
分，2003 年，里杰卡尔德被他任命为球队主教练。

里杰卡尔德在自己的球员时期，也像克鲁伊夫一样洞观全场，像克鲁伊夫
一样转移足球，他甚至还像克鲁伊夫一样在场上争论，有时候争论的对手正是

克鲁伊夫本人。20 世纪 80 年代的绝大部分时间里，里杰卡尔德都在阿贾克斯为自己这位荷兰同胞效力，直到 1987 年的某一天，里杰卡尔德在一堂训练课上情绪彻底失控，他受够了克鲁伊夫一直以来喋喋不休的嘲弄，暴怒着离开了训练场，发誓再也不会为阿贾克斯踢球。克鲁伊夫很愿意帮他遵守自己的誓言，里杰卡尔德随即被先后租借到里斯本竞技和萨拉戈萨，最后来到 AC 米兰落脚。

　　如今，里杰卡尔德踏上了自己第一个主流俱乐部的执教岗位，他的任务是从克鲁伊夫中断的地方继续带领球队前行。他逐渐让拉玛西亚的孩子们融入了球队，开启了让巴萨重新找回自我的进程。哈维（Xavi）和伊涅斯塔等中场球员，以及后卫普约尔和门将维克托·巴尔德斯（Víctor Valdés）都是纯正的巴萨人，红蓝就是他们皮肤印染的颜色。从 2004—2005 赛季开始，里杰卡尔德将他们与罗纳尔迪尼奥、萨穆埃尔·埃托奥（Samuel Eto'o）以及德科（Deco）等经验更丰富的球员混合在一起，俱乐部开始认真地向 1999 年以来的首座西甲冠军奖杯发起冲击。

　　回到当时，梅西仍然每周跟随一线队训练，然后代表青年队参加比赛。实际上，整个赛季期间，梅西只为巴萨在西甲中出场了 84 分钟，而且绝大多数还是在球队大比分领先之后的比赛尾声短暂出场，完全可以忽略。不过，这 84 分钟的最后 4 分钟却值得大书特书。当时，巴萨正 1∶0 领先于积分榜靠后的阿尔瓦塞特足球俱乐部（简称阿尔瓦塞特），梅西替补登场换下埃托奥，很快他就在周边无人盯防的情况下用左脚轻轻将球挑入网窝，收获了自己在巴萨一线队的首个正式比赛进球。在还差几个月才满 18 周岁的情况下，梅西成了俱乐部历史上最年轻的进球者。当裁判以越位为由吹哨取消了这个进球之后，梅西没有气馁，并在几分钟之后又重演了一次进球：再一次精巧地把球挑过门将头顶破门之后，梅西跃上了罗纳尔迪尼奥的臂弯。然而里杰卡尔德却只把这个进球当作自己英明神武的又一个证明。"这是派上梅西等年轻球员的正确时间。"他对记者说。

巴塞罗那的体育报纸每次都会专门用几十个版面报道巴萨的每场比赛，此外，还在版面中间保留了一处专门用来吹捧梅西的空间。他们已经连篇累牍地报道了梅西好几年，却很少如此近距离地欣赏他的表演。"巴萨的西甲冠军已经板上钉钉，梅西现在会察觉，这座冠军奖杯将属于他自己。"《世界体育报》（ *Mundo Deportivo* ）在当时赛后的第二天写道。

然而梅西并不这么认为，总是抱怨儿子没有获得足够出场时间的老梅西当然更不会认同这种说法。接下来的 2005—2006 赛季，在找到能够最大程度地发挥梅西作用的位置之后，里杰卡尔德增加了梅西的上场时间，使他的出场记录提升到 20 多场。在战术几乎无关紧要的青年队比赛中，梅西就像一把充满攻击性的瑞士军刀，能够用来划破对手的防线。但是，现在的一线队阵容显得更加拥挤。习惯在中路做文章的罗纳尔迪尼奥担当着进攻组织的首要角色，埃托奥的中锋位置同样不可撼动，因此里杰卡尔德更多地尝试让梅西踢右边锋的位置，但梅西在这个位置总是被对方后卫踢得伤痕累累。而当赛程表上的重磅比赛来临时，里杰卡尔德仍然觉得最适合梅西的位置还是替补席。

有一个意外发生在 2006 年 2 月的欧冠 1/8 决赛首回合比赛中，当时巴萨做客伦敦的斯坦福桥体育场挑战切尔西足球俱乐部（简称切尔西），切尔西赛前的球探报告用"非常依赖左脚"来形容梅西。但在那一晚，巴萨取得了 2∶1 的客场胜利，梅西的飞奔速度则让切尔西的边后卫筋疲力尽，这也招来了切尔西主教练穆里尼奥的怒吼，穆里尼奥指责梅西通过频繁的倒地致使自己的后卫被红牌罚下。

"欺骗用加泰罗尼亚语怎么说？"穆里尼奥问道，其实他能说一口流利的加泰罗尼亚语。

　　两周后在巴塞罗那进行的次回合比赛中，首发出战的梅西对对手的威胁程度丝毫未减，俱乐部也顺利拿到了 1/4 决赛的入场券。然而糟糕的是，梅西在那场比赛中只踢了 25 分钟，因为他发现自己大腿后侧的腘绳肌上有一道 5 厘米的撕裂伤，不得不被瑞典前锋亨里克·拉尔森（Henrik Larsson）替换下场。离开赛场时的梅西流下了泪水，这场同切尔西的第二回合较量成了他本赛季的最后一场比赛。

　　接下来的几周，失去了梅西的巴萨仍一路高歌猛进，在夺得西甲冠军的同时也闯入了 2005—2006 赛季的欧冠决赛，将在巴黎与阿森纳争夺冠军。此时的梅西正在生闷气，数着自己哪天才能伤愈复出。在他心里，如果没能上场，那么巴萨在场上收获的一切都不属于自己。欧冠决赛当晚，巴萨在法兰西大球场捧起了俱乐部史上第二座欧冠冠军奖杯，同时也是球队自 1992 年 "巴萨梦之队" 后首次登上欧洲之巅，即便如此，梅西仍然觉得自己不过是一个看客。他坐在替补席上，看着顶替自己的拉尔森在下半场助攻了巴萨的全部两个进球，帮助球队以 2∶1 的成绩逆转取胜。终场哨响的那一刻，梅西觉得自己已经看够了，这一晚终于结束了，在颁奖仪式举行之前，他就从球员通道扬长而去。

　　当队友们还在领取奖牌时，梅西已经将目光瞄向了他所能掌控的更加远大的目标，比如 2006 年及以后的世界杯比赛。在里杰卡尔德察觉之前，在阿根廷队察觉之前，当然更在耐克察觉之前，梅西就已经意识到，自己的时代即将来临。他感觉自己的职业生涯即将迎来爆发，而当这一时刻来临，那些之前一直在观望梅西的能力而优柔寡断了太长时间的人们只剩下一种方式聊以自慰。

　　"我们总是说，" 一位耐克高管回忆，"如果梅西更有个性一些，他给我们造成的麻烦将无法想象。"

MESSI
vs.
RONALDO

第4章

# 游戏里的球员

2006年世界杯比赛即将打响第一枪，而当阿根廷队抵达德国，踏上迎接他们的红毯时，全队几乎没人能正确读出这个地方的名字。6月初，他们驻扎在了阿迪达斯位于巴伐利亚州的总部园区里，那里为他们准备了全新装修的房间以及精心修剪的训练场地。下榻酒店的工作人员"阵容"也十分齐整，为了让队员们更加适应，至少有20名员工专门学习了西班牙语。酒店甚至将德国的羽绒被拿走，换上了阿根廷的天蓝色床单，电视机的节目菜单里也增加了3个西班牙频道。这一切布置似乎都在说：欢迎来到黑措根奥拉赫！这里是梅西在外征战大赛期间的家。

将这些设施翻新花了阿迪达斯3000万欧元，完全是为了给自己赞助的其中一支球队作为世界杯期间的大本营。共有16支球队将身披阿迪达斯球衣踏上2006年世界杯的赛场，其中包括法国队、西班牙队以及东道主德国队。但据阿迪达斯的高层透露，是阿根廷队最先表达了在这里驻扎的兴趣，为阿迪达斯最新一位海报人物以及他的国家队伙伴们锁定了这家五星级的黑措格公园酒店。巧合的是，作为阿迪达斯最重要的合作伙伴之一，国际足联的首席财务官胡利奥·格隆多纳（Julio Grondona）同时也是阿根廷足协主席。

大赛期间的训练营只不过是美化版的夏令营。在奢华的园区里，球员们在上午训练，在长餐桌前吃饭，当然还有各式各样的消遣娱乐活动，以避免这些精力旺盛的小伙子们在人生最重要的比赛期间惹出乱子。园区还有游泳池、乒乓球馆，以及一间光线舒缓、播放着新世纪音乐的"时光屋"。总之，球员们在阿迪·达斯勒球场上训练课期间，一切能够使丰富球员备战生活的设施应有尽有。黑措格公园酒店里，阿根廷球员一天天等待着对阵科特迪瓦①（Côte d'Ivoire）的世界杯首战早日到来，卡洛斯·特维斯（Carlos Tevez）大声放着昆比亚音乐，埃尔南·克雷斯波（Hernán Crespo）在打牌，胡安·罗曼·里克尔梅（Juan Román Riquelme）那里则被临时用作咖啡厅，老将们在那里慵懒地喝着马黛茶，对于阿根廷人来说，他们没了这种加咖啡因的苦茶就不行。这里也是这些老将谈论八卦的地方，几乎一直躲在房间里打 PS 游戏机的梅西也是他们拿来开玩笑的话题之一。这些老将们有时候觉得，与其说梅西是自己的队友，倒不如说他和自己的孩子们更有共同语言。

这些听上去有些"酸"的闲言碎语，的确代表了队友们的妒火。梅西所占据的报纸头条和他的发量一样多，要知道，他在 2005 年才刚刚迎来了自己的国家队首秀，在那场比赛中，他只登场了 25 秒就因为肘击一名匈牙利后卫被红牌罚下。不知怎的，梅西现在成了球队一系列阴谋论的"主人公"，随行记者团中的每一个人都想知道，这位才华横溢又有伤在身的小伙子，他的身体是否已经恢复到足以出场的状态。

---

①科特迪瓦国家男子足球队，2006 年德国世界杯是他们首次参加世界杯决赛周比赛。——编者注

梅西本人自然是确定自己能出场的。整个春天，他一直都辗转于巴塞罗那和罗萨里奥之间，悉心养护此前受伤的腘绳肌，唯一的信念就是为即将到来的世界杯做好准备。现在，他告诉记者，他感觉自己"非常完美"。

对此，一头银发的阿根廷队主教练何塞·佩克尔曼（José Pékerman）可没这么肯定。他的祖父是一名移民到南美洲的乌克兰籍犹太人，在给这个国家最重要的年轻球星们当"管家"之前，他还开过一段时间的出租车。作为阿根廷国家队多年来的主教练，佩克尔曼带领球队在 1995—2001 年 3 次捧起了两年一度的国际足联 U20 世界杯冠军奖杯，培养出整整一代能为阿根廷国家队效力的球员。当年他麾下的那批孩子如今已是国家队中的核心成员，此时正在德国喝着马黛茶。在他们看来，虽然十几岁的梅西已经获得阿迪达斯的商业赞助，但无论他健康与否，都还需要继续等待上场的机会。毕竟在阿根廷以 2∶1 的成绩击败科特迪瓦的世界杯首轮比赛上，梅西是坐在板凳上看完了全场。

对于阿根廷队来说，让球队陷入混乱的潜在危险一直存在，而且在每当马拉多纳威胁他们要来大本营探班的时候尤其明显。在汉堡进行的小组赛首场比赛中，他就没少在看台上吸引观众的眼球，球队在盖尔森基兴对阵塞尔维亚和黑山①的第二场比赛，他又打算在看台上重现自己的夸张表演，不过在此之前，马拉多纳先来到更衣室引发了一波观众的尖叫。归根结底，球王马拉多纳的目的是看到梅西上场。

佩克尔曼能感受到，迫使他屈服的压力从四面八方涌来，而且还在迅速增大。马拉多纳的声音或许可以先轻松忽略，反正他的嘴总是闲不下来，一直在

---

①全称为塞尔维亚和黑山国家联盟，简称塞黑，2006 年，塞黑解体为塞尔维亚共和国与黑山两个主权国家。——编者注

大谈特谈。但是老梅西对媒体说的那番言论着实让人火大，老梅西用他惯常的那种阴阳怪气的语气让所有人都知道梅西对于世界杯期间发生的状况并不满意。

"梅西很健康，能够上场，"老梅西说，"只要能上场踢球，他就高兴。"

对佩克尔曼来说雪上加霜的是，有传言说阿迪达斯也已经加入这场呼吁，为自己倍加看重的投资对象争取更多的上场时间，并且不断向佩克尔曼施压，坚决要求他将梅西排入首发阵容中。这则传言的威力实在太强，阿迪达斯不得不出面澄清，才得以为大本营四周保住仅剩的一丝安宁。"阿根廷队拥有世界上最好的教练，如何排兵布阵是他的工作。"公司发言人托马斯·范沙伊克（Thomas van Schaik）对记者说。他顺便补充道："首发顺位排在梅西之前的两位前锋克雷斯波和哈维尔·萨维奥拉（Javier Saviola）也都是阿迪达斯赞助的球员，第一场对阵科特迪瓦的比赛上，两个人都穿着阿迪达斯的球鞋进了球。"

此后一周，佩克尔曼最终还是屈服了，尽管只让步了一点点。对阵塞尔维亚和黑山的第二场小组赛进行到第75分钟，阿根廷队已经取得了3∶0的领先。此时阿根廷队开始换人，佩克尔曼喊了19号，这是梅西的号码。看台上，严重超重又汗流浃背的马拉多纳用自己的疯狂行动标记下这个时刻，就好像他坐在一座宗教复兴主义教堂的前排长椅上一样。梅西用一个进球和一次助攻回报了马拉多纳的信任，阿根廷队也以6∶0的最终比分轻取对手。

而这样的成绩已经足够让佩克尔曼原本面对的矛盾进一步升级。每当他面对一大堆媒体的麦克风时，他都不得不回答关于梅西的问题。是的，随着阿根廷队已经晋级16强，梅西会首发出战最后一场同荷兰队的小组赛。不，当时他不知道球队随后在淘汰赛中面对墨西哥队会排出怎样的首发阵容。最终，在对阵墨西哥的 1/8 决赛进行到常规时间还剩 6 分钟时，佩克尔曼将梅西换上场，为即将到来的加时赛派上这位体能充沛、拥有两条充满活力的小短腿的人。上场之后的梅西立即发挥了作用，他在右路撕开对手的防线，为左路的队友牵扯出了空当。加时赛上半场的第七分钟，他就参与到了阿根廷队制胜一球的进攻中。事实上，梅西和马克西·罗德里格斯（Maxi Rodríguez）这脚弧线优美的世界波之间的关系，就好比米开朗琪罗用来捣碎颜料的工具之于整座西斯廷大教堂一样牵强。不过，在这波攻势的初始阶段，梅西用一连串触球在 3 名防守球员之间闪展腾挪，这已经足够向所有人证明自己应该位列 1/4 决赛同德国队的首发阵容中。但"所有人"中，不包括佩克尔曼。

从阿根廷队揭开先发 11 人名单的那一刻起，梅西再一次成了人们谈论的主要话题。淘汰墨西哥队之后的第二晚，球队就用从国内运来的牛排为 19 岁的梅西和 28 岁的里克尔梅庆祝生日。小梅西终于开始融入老大哥们的圈子，而老大哥们也终于开始理解梅西对于球队的重要性。但是面对即将迎战的德国队，主教练还是优先选择了大赛经验丰富的球员，于是梅西继续坐在了板凳上。

比赛的前 80 分钟左右，佩克尔曼的选择似乎都是正确的。阿根廷在下半时早早取得 1：0 的领先，现在，佩克尔曼认为球队应当专注于守住胜利果实。他的第一个换人决定是被迫做出的，不得不将受伤的门将替换下场。第二个调整，他用更偏重防守的埃斯特万·坎比亚索（Esteban Cambiasso）换下了里克尔梅。在距离 90 分钟的常规时间还有 10 分钟左右时，佩克尔曼做出了第三个也是最后一个换人调整，他觉得现在终于该换前锋了，于是撤下了克雷斯波，但替补上场的球员却不是梅西。

佩克尔曼的做法让坐在替补席上的梅西感到恶心。虽然梅西没说一句话，但摄像机还是捕捉到了他将脚下那双阿迪达斯 F50 战靴一脚踢飞的画面，对于阿根廷球迷来说，这已经回答了他们想要知道的一切。

　　克雷斯波下场后刚刚一分钟，阿根廷队就被德国队扳平比分，并最终在点球大战中被淘汰出局。关于梅西的争论一直伴随着他们打道回府，佩克尔曼在球队登上离开赛场的大巴之前就宣布辞职，从而避开了这场口水战。不过，南美洲的报纸仍然喋喋不休地盘问了很长时间：梅西光脚坐在板凳上是在表达什么？阿根廷队是已经在浪费他的天赋了吗？以及，谁能带阿根廷队重回正轨？是否终于该马拉多纳出马？这位"半人半神"式的人物教得了战术吗？

　　在德国，世界杯的进程依然在快速推进，比赛不会为一支队伍的出局"哀悼"太长时间。阿根廷队淘汰后仅仅 24 小时，世界杯的聚光灯就已经打向了英格兰对阵葡萄牙的那场 1/4 决赛。本场比赛中，随着争议的不断发酵，葡萄牙队中这位最大牌的天才球员即将做出远比踢飞球靴更加过火的事情。

## "我要把自己的价值展示给所有人"

　　当时的 C 罗早已无须为自己的出场时间焦虑。自从 3 年前转会至曼联以来，他在俱乐部和国家队都站稳了脚跟，如今在两支球队中都已是举足轻重的一员。只要身体健康，C 罗就会首发。然而，在同英格兰比赛的几小时前，仍然存在一个问题：他的身体状态到底如何？

　　葡萄牙队此前在 1/8 决赛中淘汰了荷兰队，那场比赛刚刚进行到第七分钟，荷兰队后卫哈立德·博拉鲁兹（Khalid Bouhlarouz）就冲 C 罗伸出一脚，像耙子一样把他踹翻。这是一记凶猛又危险的犯规动作，博拉鲁兹的脚从 C 罗的胸口一直踹到了他的膝盖附近。足球运动中，博拉鲁兹的上抢是一种"下马威"，即有预谋地对对手阵中的最佳球员施加侵略动作，从而起到震慑对手的作用并借此弱化他在比赛中的发挥。在足球场之外的任何地方，这种行为都已达到了人身伤害的标准。当 C 罗终于无法坚持，在地上躺平的时候，他发现自己大腿上多了一道 7 厘米多的伤口，随后便不得不被替换下场。这个伤疤直到 2 年后依然肉眼可见。

在这场世界杯历史上最为野蛮暴力的比赛中，博拉鲁兹重伤 C 罗的行为在事后看来不过是小菜一碟。本场比赛一共产生了 16 张黄牌、4 张红牌，两支球队还在替补席附近发生了 2 次斗殴，也因此得名"纽伦堡战役"（Battle of Nuremberg）。取得胜利的葡萄牙队也付出了相当大的代价，此役被驱逐出场的德科和科斯蒂尼亚（Costinha）将在下一场被禁赛，再加上 C 罗受伤，对于葡萄牙队来说，一个非常现实的情况是他们的 4 名先发中场有 3 位都无法在对阵英格兰的 1/4 决赛中上场。

不过 C 罗压根没打算在板凳上旁观。他不会让这点儿伤就把自己阻挡在世界杯 1/4 决赛的大门之外。他要提醒全世界自己是一名多么优秀的球员，而这场比赛就是一个绝好的机会。

从 2003 年 8 月首次亮相英伦赛场的半小时出场开始，C 罗就一直在努力强调着让世人认识到他有多优秀。加盟曼联仅仅几天之后，他就在对阵博尔顿的比赛下半场替补登场，上演了自己的英超首秀。在这短短 29 分钟的上场时间里，C 罗创造了一个点球，并策动了曼联的其中一个进球。曼联传奇人物乔治·贝斯特（George Best）对此不吝溢美之词，称赞 C 罗大闹天宫般的表现是自己见过最令人激动的替补角色做出的最亮眼的表演。终场哨响，在 C 罗走下赛场之前，老特拉福德的主场球迷就已经在高呼他的名字了。

然而到了 2006 年世界杯的前一年，C 罗的境遇明显不如以前那般春风得意。事实上，这算得上是他人生中最困难的一段时期。2005 年 9 月，C 罗的父亲阿韦罗因肝功能衰竭去世，年仅 51 岁。C 罗父亲去世时，正值葡萄牙队在莫斯科客场挑战俄罗斯队的世界杯预选赛前夜，当时的葡萄牙队主教练路易斯·费利佩·斯科拉里（Luiz Felipe Scolari）在酒店里告知了 C 罗这个不幸的消息。他告诉 C 罗有一辆车已经在门口等着把他送到机场，这样他就能尽快赶回家。不过，C 罗表示自己哪儿也不去："我想要上场比赛，这就是我全部的想法。"他后来说："我要告诉所有人，自己是一名伟大的职业球员，会严肃认真地对待工作。"在同俄罗斯的比赛之后，C 罗飞回了马德拉群岛参加葬礼，3 天之后，他又回到曼联的训练场上。虽然 C 罗只是一名 20 岁的年轻球员，但他只错过了曼联的一场比赛。

接下来的那个月，C 罗被控诉在伦敦一家酒店里性侵一名女性，进而受到了英国警方的讯问。虽然警方最终没有提出正式指控，但是他遭到逮捕的新闻还是登上全世界的报纸。

没过多长时间，C 罗又多次非他所愿地登上了报纸头条，这次的过失倒没有之前那么严重。原来，在本赛季的欧冠中，曼联在最后一轮小组赛中负于里斯本竞技的老对手本菲卡，提前打道回府，这场丑陋的失利之后，C 罗被发现赛后向本菲卡的球迷竖中指。过了几周，C 罗又在曼联的训练场上和队友吕德·范·尼斯特鲁伊（Ruud van Nistelrooy）发生口角，后者对 C 罗执迷于踩单车的行为颇有微词，而他的表达方式显然没有以前的博洛尼那般儒雅。

"他应该在马戏团！不应该在球场！"范·尼斯特鲁伊大喊道，暴怒着离开了训练场。

在赛季余下的时间里，两人之间的关系不断恶化，尽管到了夏天曼联就赶紧把范·尼斯特鲁伊送去了皇马，但是在更衣室内，不和谐的声音仍旧环绕在 C 罗周围。

这些都导致曼联在 2005—2006 赛季的表现起伏不定，大家也有了一种苦恼的感觉：C 罗的职业生涯发展开始陷入停滞。毫无疑问，他仍然是全世界最令人激动的年轻球员之一，但他是否还是曼联更衣室内最令人激动的年轻球员需要存疑。这一切要"归咎于"2004 年来到球队的一个早熟少年，早在他到了获取驾照的法定年龄之前，欧洲顶级球队就对他垂涎已久，他就是鲁尼。

鲁尼只比 C 罗小 8 个月，但他看上去完全是另一个时期的球员，似乎以前那更加粗犷、暴力的足球运动时期更像是属于他的时代。四方的下巴、矮壮的体型、脸上还永远挂着怒吼的表情，这让鲁尼看上去更像一位拳击手而非一名足球运动员，事实上，他踢球的时候更像一名拳击手。强大的蛮力、狂放且具有侵略性的性格，以及足以抵抗一头犀牛撞击的臀部，共同造就了鲁尼所仰仗的踢球方式。如果说 C 罗像冬奥会上的速度滑冰选手一样优雅地从对手身边滑过，那么鲁尼的方式就是径直高速地冲过去，通常还会连带着踩到对手。在职业生涯的前 4 年，他那令人叹为观止的射门技术和同样令人叹为观止的暴脾气，一共为他带来了 42 个进球、32 张黄牌和 1 张红牌。鲁尼给人的感觉是，他就连出门遛狗都能吃一张牌。

尽管鲁尼和 C 罗有着种种不同，但无论是在训练场上还是在乒乓球桌上，两个人都有的一股狂热的好胜心将鲁尼和 C 罗连接在一起，也使他们在曼联的卡林顿（Carrington）训练基地结下了坚固的友谊。被合称为"鲁纳尔多"（Roonaldo）的他们总是每天早晨最先投入训练，他们也总能用丰富的活动给自己找乐子，让还在那里吃早饭的弗格森和奎罗斯惊叹不已。

牢固的友谊也让两人成了后卫们的噩梦。在场上，这种友谊的展现形式是二人之间的默契和相互理解，进而转化成一系列对手难以阻挡的进攻配合套路。显而易见的是，鲁尼和 C 罗的内心想法相通，这使得两人能够在场上顺利打出精妙的配合，在高速奔跑中互相传球、跑位，让对手疲于奔命，难以跟上足球的运转。

渐渐地，在球场上为这些配合完成最后一击的重任更多地落在鲁尼的肩上，他也开始成为曼联队内的真正球星。当 C 罗还深陷于各种个人风波时，鲁尼迎来了一个收获颇丰的赛季，16 个英超进球的成绩也创下了历史新高。2006 年世界杯开始的几周之前，他刚刚被英格兰职业球员协会评为年度最佳青年球员。C 罗同样在提名名单中，没能拿到这一颇具声望的奖项让他懊恼不已，他发现自己甚至指望不上队友的支持，因为鲁尼将自己的一票投给了阿森纳的法布雷加斯。

对于 C 罗而言，本届世界杯是他反败为胜的好机会。"很多球员都有能力成为世界杯的最佳球员，而我将努力成为其中一员，"C 罗在开幕前表露心迹，"我要把自己的价值展示给所有人。"世界杯是一场与鲁尼和英格兰队的生死战，还有什么比这更好的舞台呢？

## 来自英格兰的敌意

葡萄牙同英格兰的世界杯 1/4 决赛已经进行了一个多小时，傲赴沙尔克球场内的紧张氛围令人烦躁不安。无论是体育场内的 54 000 名现场球迷，还是附近一座赛马场里通过巨幅屏幕收看比赛的 4 万余名观众，都没有欣赏到一场激动人心的较量。

比赛一开始，两支球队就陷入了激烈而混乱的缠斗中，球员们因焦躁而导致的失误层出不穷，比赛也因此变得支离破碎。随着时间的推移，双方取得进球的可能性似乎越来越小，在这种谨小慎微的国家队比赛中，急需有超级球星挺身而出、打破僵局。

场上的鲁尼也深有同感。世界杯开赛前 8 周，鲁尼右脚遭遇骨折，通过加速治疗进程、违抗医疗建议，及时"伤愈"的他最终搭上了世界杯的末班车，却也彻底惹恼了俱乐部的主教练弗格森，弗格森希望他不参加本届世界杯，充分休息。不听劝阻的鲁尼来到德国之后，发现自己的身体状态并不足以参加比赛，更糟的是，他在 10 天前的训练中又拉伤了腹股沟，但因为害怕被送回家，他没有将这一情况告知队医。

现在，在自己职业生涯最重要的一场比赛中，鲁尼作为一名脚部酸痛又拉伤了腹股沟的球员，他在场上担任自己并不熟悉的单前锋角色，比赛的前 61 分钟都在前场孤立无援，只能虚张声势、收效甚微。在他已经丢失了六七次球权，终于迎来一次射门良机时，他又一脚抢空，结结实实地错过了这次机会。球场的封闭顶棚让场内的空气更加潮湿，汗如雨下的鲁尼就好像阳光下炙烤的午餐肉一样，酷热、疲倦，又有些沮丧，鲁尼觉得此时必须做点什么来改变战局，这通常意味着有人要挨打了。

接着，鲁尼回撤到中线附近的本方半场拿球，当他准备向前场推进时，葡萄牙后卫里卡多·卡瓦略（Ricardo Carvalho）从身后铲了他一脚，跌跌撞撞的鲁尼及时恢复平衡，赶在另一名葡萄牙后卫之前把球踢开。鲁尼刚刚重新把球护住，身后的卡瓦略马上又来了，这次瞄准的是他的脚踝，摔倒后的鲁尼赶忙爬起来，卡瓦略却死死拉住了他的胳膊，想要把他拽倒在地。鲁尼怎么也甩不掉卡瓦略的手，再加上身处世界杯 1/4 决赛的狂热氛围中，那一瞬间，他那火药桶般的暴脾气被彻底点燃，他用脚踩向了卡瓦略的要害部位。

这是一个毫无意义的暴力行为。但对于全世界数百万的观众以及英格兰人来说，接下来发生的事情才是最恶劣的。

当鲁尼和卡瓦略纠缠不休时，C 罗离他们的距离有将近 30 米远。整晚，他都毫无作为。出于对 C 罗的信任，斯科拉里本场比赛赋予了他更多自由，他对 C 罗解释这个角色时说："我认为一个足球运动员不应该像基督诞生场景中的母牛一样温顺，也不应该像玛丽一样只会说'是的'和'阿门'，我更希望你们每一个人都能参与到比赛中，在场上开口说话。"然而 C 罗却把教练的指示当耳旁风。当他终于不再表现得像一头温顺的母牛时，斯科拉里发现这并非自己理想中的情况。因为 C 罗飞速冲向鲁尼的"犯罪现场"，大声要求裁判采取行动。

C 罗要求裁判将他在曼联的队友红牌罚下，在英国广播公司（BBC）的评论员们看来，这等同于叛国行为。"他一下子就蹿到那儿，叽叽喳喳地叫裁判掏牌。"马克·劳伦森（Mark Lawrenson）唉声叹气地说。这个行为也让鲁尼非常沮丧，他朝 C 罗的胸口狠狠推了一把。英格兰人的情绪很快由失望转变为憎恶，作为一名前体育老师及一位业余诗人，本场比赛的阿根廷籍主裁判奥拉西奥·埃利松多（Horacio Elizondo）向鲁尼挥舞出一张红牌，将他逐出场外的同时也基本上扼杀掉了英格兰晋级半决赛的希望。

鲁尼不得不走下赛场。在进入球员通道之前，他用尽全力踢飞了一个水瓶。就在此时，电视转播镜头对准了正在从混乱现场中"撤离"的 C 罗，只见他看向葡萄牙的替补席，嘴角上掠过一丝微笑。然后，他眨了一下眼。

这个动作已说明一切，更让 BBC 直播间里的解说员情绪彻底失控。

"快看哪！"伊恩·赖特（Ian Wright）的淡定冷酷曾让他赢得了耐克的青睐，但此时此刻他听上去已经有些呼吸困难，"他刚才是眨眼了吗？"

"别告诉我这是真的。"阿兰·汉森（Alan Hansen）用他那口浓重的苏格兰口音呻吟道。

在后来的点球大战中，最后一个主罚的 C 罗深深地亲吻了一下足球，然后将它轰入了球门上角。这个制胜的点球将葡萄牙送进了世界杯半决赛，同时似乎也将 C 罗的名字永久地刻在了"英国最臭名昭著的人"这本花名册里，和他并列其中的还有开膛手杰克、诺丁汉郡长以及湿湿湿乐队（苏格兰著名乐队，早期以唱灵歌为主）。

可想而知，英国媒体在报道整个事件时的严肃口吻和报道篇幅非常"恰当得体"。"别让那个人再踏入我们国家半步！"《每日镜报》（*Daily Mirror*）高呼。"照 C 罗眼睛来一镖！"这是《太阳报》（*The Sun*）头版的通栏标题，还把他的脸印在了飞镖靶盘上。就连一向一本正经的《泰晤士报》（*Times of London*）也在全国上下歇斯底里般的情绪中无法自拔，暗示"C 罗的眨眼将对葡萄牙 150 亿美元产值的旅游业带来负面影响"。除了英国的天气，几乎所有事都归咎到了 C 罗身上。

这种愤慨并不仅限于英伦三岛[①]。葡萄牙负于法国的半决赛中，C 罗的每一次触球都会招致嘘声。《太阳报》和《每日镜报》报道这场比赛的标题完全相同："你不能再眨眼了！"网上发起了一项针对 C 罗的投票活动，意在阻止他被评为国际足联评出的本届世界杯最佳年轻球员，人们在互联网上因为 C 罗而分裂为针锋相对的两派，在此时已展现出早期的迹象。

最终，这个奖项被颁给了德国队的卢卡斯·波多尔斯基（Lukas Podolski），负责评奖的专家小组承认，C 罗的那次眨眼成了评选时考量的关键因素。"C 罗对鲁尼的行为或许为他累积了很多负分。"前德国队队长洛塔尔·马特乌斯（Lothar Matthäus）说。

---

[①]对"英国"或"大不列颠"的别称，是大不列颠及北爱尔兰联合王国的俗称。——编者注

C罗对个人奖项极为看重，至今仍收藏着自己从 6 岁起赢得的每一座奖杯。这件事成了压垮他的最后一根稻草，在场上被无情狂嘘是一回事，剥夺对他个人的认可就完全是另外一码事了。如果英格兰足球没有自己的容身之地，那么是时候对这里说再见了。葡萄牙输掉同德国的三四名决赛之后，C罗在一次采访中透露，自己渴望转会到西班牙的俱乐部。

门德斯马上着手操办，他同巴萨和皇马都展开了非正式的会谈，甚至已经和瓦伦西亚足球俱乐部（简称瓦伦西亚）谈好了一份合同。"我不会留在曼联了，"C罗说，"在发生了和鲁尼的那件事后，我没法继续待在这里了，再过几天，我的未来去向就会明确。"整件事中，唯一一位没有完全被愤怒情绪吞没的人，恰恰是鲁尼。

在 C罗罚入将英格兰队淘汰的最后一个点球之前，鲁尼独自一人坐在更衣室里，盯着刚刚被他砸烂的家具，此时的他已经做出决定：就让这件事过去。"换位思考，如果我是 C罗，我会做出和他一样的行为吗？很有可能，"鲁尼写道，"我会冲到裁判面前，确保他被红牌罚下吗？如果他该得那张红牌，如果这能帮助我们赢下比赛——我会的，毫无疑问。"他私下坦承，上半场时自己也曾试图让裁判对 C罗的假摔掏牌。

赛后的球员通道内，鲁尼率先尝试化解刚刚的不快。"我对你没有意见，"鲁尼对 C罗说，"享受比赛吧，祝你好运。咱们几周之后再见，到时候一起努力赢下联赛冠军。"又过了几个星期，弗格森也私下赶赴葡萄牙的阿尔加夫地区，他向 C罗保证，英格兰的敌意不会永远持续。1998 年世界杯上，贝克汉姆的冲冠一怒为他招致红牌，也导致英格兰被淘汰出局。弗格森陪着贝克汉姆挺过了后面的一切，在曼联，即使是"恶人"也总能"改过自新"。

季前训练的第一天，当 C罗回到曼联的时候，鲁尼用一个"眨眼"对他打了招呼。唯独这一次，弗格森的判断出现了错误。这件事已经过去了一年多，英格兰的各个球场还在矢志不渝地用嘘声"招待"C 罗。

8 月一个周三的夜晚，在一场曼联客场挑战朴次茅斯足球俱乐部（简称朴次茅斯）的比赛中，全场的辱骂声再度疾风骤雨般地倾泻在 C 罗身上。拖着沉重的脚步离开球场时，C 罗试图忽略掉这些像冰雹一样砸来的讥讽和口哨声，甚至在走到通往客队更衣室的球员通道时还挤出了一个疲惫的笑容。但是，无论他随曼联队前往哪里比赛，等待着他的都是人身攻击和污言秽语的洗礼，以及一首攻击性极强的、将他比作一只独眼老鼠的歌曲。英格兰球迷绝不会主动拒绝任何一个嘲讽别人的机会，即使现在距离世界杯已经足足过去了13 个月，C 罗仍旧是他们最喜欢的嘲讽对象。

不过这一次，主队球迷的尖酸刻薄并非只和 C 罗的那次眨眼有关，还在于他刚刚用头顶撞了一名本队球员。

事实上，说是顶撞也有些牵强。这场赛季之初，同朴次茅斯的联赛进入尾声阶段，曼联还在争取在客场绝杀对手。一次角球开出之前，C 罗与对手阵中盯防自己的苏格兰中场球员理查德·休斯（Richard Hughes）相撞。两个人很快面对面贴在了一起，几个轻微的推搡之后，看上去像是 C 罗碰到了休斯的脑袋侧面。与任何一名优秀的职业球员一样，休斯的反应就像被巡航导弹击中了一样。

多年之后，休斯将这起事件描述为自己职业生涯最高光的时刻。"我不是那种能进很多球的球员，所以我得记住一些其他的里程碑事件，"他说，"我会一直说，一个伟大的足球运动员拿头撞了我。"

并非所有人都如此宽宏大量。裁判直接向 C 罗出示了红牌，英足总（即英格兰足球总会）也因 C 罗这一暴力行为罚他禁赛 3 场。本场赛后，弗格森真正体验了一次情绪失控，他冲着休斯、冲着裁判，甚至冲着 C 罗怒吼：“是有人挑衅他！他被骗了！”弗格森已经气得冒烟。

几个月前，弗格森的球队刚刚结束了 3 年的联赛冠军荒的局面。2006—2007 赛季，随着 C 罗和鲁尼将世界杯上的不快抛之脑后，二人合力在各项赛事中豪取 41 个进球，也终于让弗格森围绕两位年轻人做出的重建球队的决定收获了令人激动万分的回报，然而 C 罗那一瞬间的头脑发热却为俱乐部的卫冕大业增添了阻碍。同朴次茅斯握手言和之后，曼联在将近 10 个赛季以来首次在联赛前两轮未尝胜绩。鲁尼此前已经因伤高挂免战牌，C 罗即将面临的停赛更是让俱乐部雪上加霜，尽管他坚称 3 场禁赛的处罚“荒唐而不公”。

这个格外严厉的处罚也改变了 C 罗的职业生涯进程。他的禁赛正好赶上了国家队比赛日的联赛间歇期，这样加起来他足足有一个月不会和曼联一线队一起训练。

当时的足球运动已经迎来了赛程过于密集的时代，大牌球星通常每周要打 3 场比赛，一年的比赛场次更是达到了 60 场左右，因此一个月没有俱乐部比赛无异于是一次带薪休假。他不用随队远赴客场比赛，也无须参加战术练习以及赛后的恢复性训练。很可能是人生中的第一次，C 罗可以完全自由地做自己想做的任何事情。

C 罗对曼彻斯特郊外的家早已厌倦。“这是一个大农场，里面有奶牛之类的东西。”他接受《时尚》杂志采访时如此形容。因此，他选择用自己最喜欢的休闲娱乐方式来放松，也就是给自己增加额外的训练。事实证明，这个决定是正确的，因为这将使 C 罗花很长时间和一个叫勒内·默伦斯丁（René Meulensteen）的人待在一起。

## 进球机器行动

关于默伦斯丁，不可否认的一点是，在他过往的执教履历中，没有任何迹象表明他有朝一日能够帮助一位历史最佳球员实现蜕变并释放出登峰造极的才能。

出生并成长在荷兰的默伦斯丁在球员时期是一位平平无奇的后卫，在几家半职业球队踢过球。当他发现自己明显无法成为一名顶级球员时，默伦斯丁在26 岁的年纪就选择了退役成为一名教练。又过了几年，默伦斯丁看上去也无法成为一名顶级教练了。他的简历中，最辉煌的执教经历也不过是在两家沙特阿拉伯俱乐部担任助理教练，以及带过一段时间的卡塔尔 U18 国家队。此时，他与主流联赛之间的距离，就如同从卡塔尔到曼彻斯特一样遥远。

然而，一次与曼联球探莱斯·克肖（Les Kershaw）的偶然相遇，使他的教练生涯出现了转机。这次邂逅为默伦斯丁带来了一份工作邀约：担任曼联 7 岁和 8 岁年龄段梯队的教练。在这个岗位上，默伦斯丁不仅要教授足球基础，照顾好小孩的任务同样重要。但这毕竟是一个开始。之后 5 年中，他先后晋升为曼联青训营和预备队的主教练。

2006 年，凭借这些经验，默伦斯丁成功为自己找到了第一份一线队主教练的工作，与丹麦的布隆德比俱乐部签下了一份为期 3 年的执教合约。不过，他在这里只坚持了半年，在他带队期间，布隆德比在 18 场丹麦足球超级联赛中只赢下来了 6 场。其间最令人印象深刻的莫过于他的一次荒诞的赛前讲话，默伦斯丁要求每一名球员选择一个动物代表另一个自我，然后，他派上了一套由一头大象、一只狐狸、一只长颈鹿、一只老虎，以及其他一些动物组成的首发阵容。"今天我们把一整座动物园派上了场。"布隆德比队长佩尔·尼尔森

（Per Nielsen）心想。事后看来，即使换成真正的动物上场，恐怕也很难比它们的人类"替身"踢得更糟，9 人应战的布隆德比队在本场比赛中以 0 : 4 的成绩输了。

前往布隆德比执教的职业生涯规划堪称灾难，但这不仅没有让渴望成为精英教练的默伦斯丁偃旗息鼓，反而铺就了他的晋升之路。6 个月后，默伦斯丁回到了老特拉福德，成为弗格森的其中一名助手。

要求球员选择动物作为第二自我，让这种行为的始作俑者默伦斯丁指导鲁尼、吉格斯和 C 罗这样的球员踢球，这是弗格森最新的创新手段。此时，这位曼联教练尚以对球员纪律要求极为严格而著称，中场休息时总想来一顿"吹风机"式的训话。但在他军事教官一般的外表下，跳动着一颗像首席执行官一样开明进步、深入思考的心。是弗格森最早开始采取阵容轮换、负荷管理的手段，也是他最先采取让中锋回撤、拉边，从而与中场球员实现串联的打法。现在，弗格森最新的关注点转移到了优化教练团队以及知人善任的艺术上来，他选择效仿美国职业橄榄球大联盟（NFL）的做法，打造一支由专家组成的教练阵容。

当时，从英式橄榄球到场地自行车，"边际收益"[1]的理论正在给英国体育界的其他运动带来革命性的影响。弗格森也希望运用这一理论将自己麾下的新科英超冠军变成欧洲之王。

因此，只要能带来细微的进步，再小的细节也需要集中精神对待，因为这一个个小的进步会迅速累积成更大的成功。二度担当弗格森助理教练的奎罗

───────────────

①增加一单位产品的销售所增加的收益，即最后一单位产品的售出所取得的收益。——编者注

斯是实际上的战术教练，被聘为球队表现教练的托尼·斯特拉德威克（Tony Strudwick）需要确保球员们处于巅峰的身体状态，而回归曼联的默伦斯丁则被任命为球队的技术教练。在 2007—2008 赛季开始之前，弗格森的教练团队大幅扩容，使得他们不得不重新配置老特拉福德的教练员座席。

如果说默伦斯丁重返曼联一事已经令人瞠目结舌，那么他的第一项主要任务听上去更加荒唐可笑：尝试丰富 C 罗的技术储备，这就像教美国赛车手小戴尔·厄恩哈特（Dale Earnhardt Jr.）如何开车一样班门弄斧。幸运的是，C 罗自己并不这么认为。

在他看来，这些年来他之所以能够在众多球员中显得出类拔萃，所依靠的并非天生的才能，而是他的职业道德。即使现在，在队中资深球员结束训练"打卡下班"后很久，昔日那个在里斯本街头红绿灯前与汽车赛跑的少年，仍旧在曼联训练场边缘的一行行树木间带球穿梭。对阵朴次茅斯中吃到的红牌是提示他的信号：不要休息，要花更多时间提升自己的能力。巧合的是，球队新的技术教练也认为，C 罗还可以在自己的一项技术上再好好下下功夫，这是一项足球运动中最古老同时也是最基础的技术：将足球踢入球网。

C 罗一直在进球，但是进球数一直没有达到教练们的预期。C 罗之所以对此一清二楚，是因为弗格森始终在提醒他这一点。自从 C 罗来到曼联，他和弗格森就开始打赌自己一个赛季能进多少球，赌注从 100 英镑开始，每赛季不断提升。第一个赛季，设定的进球目标是 10 个，C 罗输了。第二个赛季开始，目标提升到 15 球，他又连输了 2 个赛季。到了 C 罗加盟球队的第四个赛季，此时赌注已经提升至 400 英镑，他终于取得了突破，在 2 月就达到了 15 球大关，此时距离赛季结束还有足足 3 个月。弗格森已经尽全力去"要赖"，"点球不算数！"他在一次赛后采访中抱怨道。但是最终他还是不得不愿赌服输，C 罗总共攻入了 23 个进球，他觉得自己已经找到了赢得赌局的诀窍。

默伦斯丁并不满意 C 罗的进球数目。在 C 罗刚开始停赛的一堂训练课上，当默伦斯丁逼问 C 罗 2007—2008 赛季的进球目标时，他们的对话是这样的：

"你觉得自己这回能进多少个球？"

"30 个吧，" C 罗回答，"比上个赛季多 7 个。"

"OK，那更好。"默伦斯丁表示认同。

"你觉得呢？" C 罗反问。

"我觉得你应该进 40 个。"

"可那几乎是上赛季的 2 倍呀！"

"没错，"默伦斯丁反驳说，"那是因为你以前从来没有练习过射门。"

作为一名年轻的教练，影响默伦斯丁最深的是一位名叫维尔·策尔弗（Wiel Coerver）的荷兰同胞，策尔弗相信一名球员的技术能力并非来源于内在的天赋，而是需要在后天习得。换句话说，策尔弗的理念与克鲁伊夫正好相反，这种理念也让他在足球教练史上留下了自己的印记。默伦斯丁决定，在接下来的 4 周时间里，他要教会 C 罗如何真正地射门得分。

第一步，默伦斯丁需要"回炉重造" C 罗的射门方式。在他看来，C 罗之所以还没成为一个伟大的射手，原因在于他一门心思只想打入世界波一样的伟大进球。"看着我，上角！"默伦斯丁略带责备地说，"你总是想着爆射进球，但实际上轻轻一碰就已经足够破门。"

为了强调这一点，两人研究了坎通纳、范·尼斯特鲁伊、马克·休斯（Mark Hughes）和安迪·科尔（Andy Cole）等球员的进球录像，他们都在弗格森麾下成为伟大的前锋。头球破门、凌空抽射、轻推入网、倒挂金钩……成百上千个进球方式一个接一个地映入二人眼帘。这些高光片段全部放完之后，默伦斯丁转头问 C 罗看到了什么，"我看到了很多个进球。"他说。于是他们把录像倒回去又看了一遍，这次 C 罗终于看出了点儿名堂，"我现在知道了，"C 罗说，"绝大部分进球都只用了一两次触球完成，而且绝大多数进球都是从禁区里的不同角度打进的。"

既然 C 罗已经开窍，默伦斯丁可以开始着手解决实际问题了。他设计了一系列射门专项训练，帮助 C 罗提升自己在场上的位置感，并向他展示应该如何在禁区内的不同角度射门得分。默伦斯丁为球场和球门绘制了一幅地图，将不同射门分门别类。他将重点放在3个不同的球场区域：正对球门（区域1）、球门两侧（区域2），以及边路地带（区域3），球门也被划分为九宫格，两人开始逐一研究每一个区域破门得分的最佳方式。"正脚背射门、脚内侧、触球一到两次，"默伦斯丁回忆当时的情景说道，"你需要将射门得分培养成一种习惯，这是我们进行这些训练的原因。"

"完成"一词远不足以体现 C 罗对待训练的态度，更准确地说，他简直是在将这些训练技巧"狼吞虎咽"般地吸收。每天早上，当默伦斯丁抵达曼联的卡灵顿训练基地时，他都会发现 C 罗早已等在了自己的办公室门外。三两口灌下一杯茶，他就被 C 罗催着赶到训练场上，在那里，C 罗会一遍又一遍地完成射门训练。然后，默伦斯丁又得赶回办公室下载刚刚的训练录像，供 C 罗随后研究学习。两人在训练场上度过了大把时光，默伦斯丁估计，C 罗在这4周的时间里攻入了多达 5 000 脚射门。

每当二人结束射门训练之后，C 罗就会跑向"笼式足球"的铁笼，这是由铁链包围起来的一小块人造草皮球场，曼联球员通常在这里尝试练习一些新的技巧动作，丰富自己的"武器库"。C 罗却在这里卸下了自己的全部"武装"，只强化最基础的能力，不断重复触球、转身、射门动作。昔日那名来自里斯本、长着青春痘的"踩单车之王"，绝不会认出这是现在的自己。

　　"他对于射门的整体想法已经发生了变化，"默伦斯丁说，"以前是'我要打进赛季最佳进球'，现在则是'我要成为一个进球机器'，这成了他的使命。"

　　"进球机器行动"没用多长时间就结出硕果。尽管在解禁复出后的前两场比赛中颗粒无收，但C罗在第三场比赛为球队攻入了制胜一球。之后的 15 场英超比赛，C罗攻入了 18 个进球，其中有 17 个都来自禁区之内，他只用了一两次触球就破门得分。

　　C罗本赛季的第 30 个进球在 3 月来临，此时距离赛季落幕还有两个月。很明显，这样突飞猛进的水平并非简单地用运气好就能解释，C罗真正实现了自我的"升级"。现在，谁才是曼联更衣室内的最佳球员已经没有悬念，弗格森重新规划了球队的战术设置，使C罗能够给对手造成最大的杀伤力。

　　C罗无须固定在某一个位置上踢球，而是可以凭借着自己的直觉在场上自由游走。"他能够找到对手后防线上的薄弱环节，"曼联后卫加里·内维尔在报纸专栏上写道，"前 15 分钟，如果C罗不能在对手左后卫身上找到突破口的话，他就会去攻击对手的右后卫，如果还搞不定，那就再试试左中卫。在对手的后卫线上，他总能找到欠缺速度和力量、其他人不愿一对一防守的那个弱点。"本身也是世界级前锋的鲁尼和特维斯则被要求效仿C罗，并填补他留下的空当。

　　以前，C罗也经历过类似的转型。在他刚来曼联的时候，教练们觉得他应该更坚强一些。他总是轻易地摔倒在地，然后花大量时间在地上翻滚，试图让裁判吹罚对手犯规。作为弗格森的其中一名助理教练以及他的格拉斯哥老乡，沃尔特·史密斯（Walter Smith）想出了一个妙招，他在训练中不再对球员吹罚犯规，不管是上抢过晚的踢人、抬脚过高的抢截，还是十分危险的铲抢，统统大开绿灯。没过多久，C 罗就推开了弗格森办公室的大门，要求他对此做出解释。"老大，你们苏格兰人踢球没有犯规一说吗？"弗格森记得 C 罗是这么问的。"他掌握了足球运动的所有技巧花样，也想过掉每一个防守他的人，但现在他终于学到了，毫无疑问，他学到了应该怎样去传球。"弗格森说道。

与此同时，C 罗的体形达到了此前从未有过的健硕程度。几个赛季的时间里，他从一个修长结实的年轻人长成了一个超重量级的拳击手，他的大部分肌肉就像直接用大理石雕刻出来的一样。此时早已没人怀疑 C 罗能在曼联的"总统山"①占据一席之地，他让这个比喻显得更加合理。在曼联"7 号球衣拥有者"等一连串星光熠熠的名字中间，C 罗已经开辟出属于自己的一片天地。

C 罗曾经想过身披以前在里斯本竞技穿过的 28 号球衣，这个请求立即被弗格森驳回了。在曼联，7 号球衣颇具意义，弗格森对他解释，这是属于乔治·贝斯特、丹尼斯·劳（Denis Law）、坎通纳以及贝克汉姆的号码。28 号球衣？它的主人只不过是丹尼·希金博特姆（Danny Higginbotham）。

C 罗很快就喜欢上了他的新号码，没过多久，他就将这个承载着曼联历史的号码用在了自己的个人品牌上。2006 年，C 罗在家乡马德拉群岛开设了首家"CR7"②品牌的精品服装店。而在自己位于柴郡的豪宅里，他把"7"的号码刻在了壁橱、沙发、床上，以及游泳池底部的瓷砖上。一年之后，C 罗又以 15 万英镑的价格从一个苏格兰保险中介手中买下了"CR7"的个性化车牌给自己的那辆银色宾利，毕竟他已经觊觎这个车牌很久了。

---

① Mount Rushmore，即拉什莫尔山，雕刻有 4 座美国历史上著名的前总统头像。——编者注
② C 罗的英文名称缩写为 CR，加上在曼联期间穿 7 号球衣，所以被简称为 CR7 或 C7。
——编者注

　　即使已经达到了新的高度，C罗也仍在努力拓展自己的各项能力。和默伦斯丁一起完成的射门练习如今已经是他日常训练的一部分，同样成为训练日常的还有仰卧起坐、冰浴，以及花几个小时抹发胶。除此之外，他还花时间向奎罗斯和麦克·费兰（Mike Phelan）请教如何看懂他人的防守，进而通过预判来跑位创造机会。C罗已经证明了自己可以进球，现在他需要像一名射手一样思考。

　　2008年春天的一个早晨，在卡灵顿基地内的一堂训练课期间，默伦斯丁把C罗喊过来，打算测试一下他。因为直接让队友将球传到C罗脚下，从而可以启动并带球冲击，这并非默伦斯丁想看到的C罗，相反，他希望C罗能够拓宽视野，看到场上的全貌。偌大的球场，还有很多空间供他去给对手制造"威胁"：

　　　　"告诉我，克里斯（C罗的昵称），你的速度是快是慢？"
　　　　C罗看向默伦斯丁，就好像刚才他问的是西班牙离葡萄牙远不远的傻问题一样。"我的速度快得很！"他喊道。
　　　　"有多快？"默伦斯丁继续问，"和你的队友们比起来，你觉得自己是最快的吗？"
　　　　"我觉得是。"C罗答道。
　　　　"那你认为队里传球最好的人是谁？"
　　　　C罗又被问蒙了，过去10年间，凡是看过曼联比赛的人都知道，保罗·斯科尔斯能将球准确地踢中45米开外的一根牙签。"斯科尔斯。"他说。
　　　　"你觉得是不是你想让斯科尔斯传到哪儿，他就能传到哪儿呢？"
　　　　C罗点了点头。
　　　　"那我得接着问你，为什么你还总想自己带球呢？"默伦斯丁加重了语气，像一名愤怒的学校老师一样。"你刚跟我说你是球场上速度最快的人，而你的队友是斯科尔斯！他能把球传到任何一个你希望它去的地方。那么当对手压缩防线的时候，你为什么不直插他们身后，接到传球后直面球门，反而总是想要自己带球把人家都过掉呢？"

这一课，C 罗同样没花多长时间就完全领悟了。几天之后，一场同罗马足球俱乐部（简称罗马）之间至关重要的欧冠 1/4 决赛迎来首回合较量，斯科尔斯在禁区右侧边缘传出一记高球进入点球点附近。从电视转播的角度看，当斯科尔斯传出球的一瞬间，C 罗虽然还没有进入画面，但是他完美地把握了跑动的时机，猛冲进禁区，用一记雷霆般的头球将球砸入了球门下角。这是一个再经典不过的中锋式进球。

"又进了！"英格兰的电视播音员克莱夫·泰尔德斯利（Clive Tyldesley）还在惊呼时，C 罗已经被赶来庆祝的队友大军吞没，"同一个球员，同一个结局。"克莱夫说道。

现在，C 罗已经长成足球界最大的池塘里那条最大的鱼。英超冠军基本收入囊中之后，曼联将目光转向了一座更加闪耀的奖杯。

## 一场全世界将为之静止的比赛

体育界里，史诗级的对手戏总是悄然而至。伟大选手之间的碰撞最初经常从远离聚光灯的地方开始，而且在当时也无人问津。虽然这些对决在后来往往被人赋予了重要意义，但大家只不过是事后诸葛亮罢了。

2004 年，在迈阿密进行的纳斯达克 100（NASDAQ-100）公开赛上，当费德勒在第三轮被一位名叫拉斐尔·纳达尔的 17 岁西班牙少年淘汰时，第二天的报纸几乎都没有提及此事。而当伍兹和菲尔·米克尔森（Phil Mickelson）

首次在职业高尔夫赛场上相遇，两人都没能顺利晋级到最后 2 轮。

但是在 2008 年春天，当 C 罗和梅西即将首次同时踏上同一个球场，足球界早已准备好见证一个重大事件。这场"会面"的消息刚一释出，巴塞罗那当地的报纸就称其为"一场全世界将为之静止的比赛"。这是本赛季欧冠的一组半决赛，双方将在 6 天时间里交手 2 次。

虽然是两支球队之间的较量，但在赛前，大家关注的焦点都汇聚在两位球星之间的个人碰撞上。梅西不得不出面提醒各路媒体，球场上还有另外 20 双腿。"这不是 C 罗和我之间的个人较量。"他说。

的确，梅西原本应该是球队"神奇四侠"①中的一员，至少巴萨最初是这么设想的。然而此时，罗纳尔迪尼奥与俱乐部的关系已经破裂；蒂埃里·亨利（Thierry Henry）此前为曼联的另一个老对手阿森纳效力了 8 年，现在还在适应新的东家；而萨穆埃尔·埃托奥则因为赛季初的一次受伤而不得不休养 3 个月，至今仍在高挂免战牌。

总之，罗纳尔迪尼奥、亨利、埃托奥和梅西组成的巴萨版"神奇四侠"只在训练中集体亮相过，至今没有在正式比赛中以四人组合同时登场过哪怕 1 分钟。克鲁伊夫在专栏中略显尖刻地说："如果想看'神奇四侠'，奉劝你还是去电影院吧。"

就这样，一切焦点都落在了梅西头上。如今的他不只是巴萨培养出的青年才俊，而是已成长为一名能够创造奇迹的球员。2007 年 4 月，在对阵位于马

①漫威旗下的第一支超级英雄团队，由 4 名具有超能力的超级英雄组成。——编者注

德里的赫塔费足球俱乐部（简称赫塔费）时，梅西将这一点体现得淋漓尽致。

过去 25 年间的大部分时间里，每一位能够用盘带把后卫晃晕的小个子阿根廷球员都免不了被拿来与马拉多纳进行对比，但球王马拉多纳在 1986 年世界杯对阵英格兰时打入的那个"连过 5 人"球仍旧无人能及。这个进球被誉为"20 世纪最佳进球"，也深深蚀刻入阿根廷的传说之中。在足球界近乎宗教般的创造怀旧情怀中，这个进球至少每 4 年便被人们追忆一次，也是从文化角度衡量这份情怀是否依旧虔诚的试金石。因此，当梅西为巴萨上演了自己版本的"连过 5 人"进球时，全世界喜爱足球的人都为之痴狂了。

就像马拉多纳一样，梅西也带球狂奔了半个球场的距离；就像马拉多纳一样，梅西也过掉了 5 名防守队员；就像马拉多纳一样，梅西也在骗过了门将之后小角度破门得分。

这个进球始于哈维在本方半场的一脚传球，当时，这脚不到 5 米的短传看起来还和助攻毫不沾边。梅西右脚接到球，一眨眼的工夫，他左脚又迅速触球3 次，摆脱了两名防守球员。即使在没有停顿的全速奔跑中，梅西也能将足球控制在自己脚下不到半米的范围之内，而这种近距离的盘带技术正是由马拉多纳提升为一门高雅艺术的。在加泰罗尼亚电台解说本场比赛的华金·玛利亚·普亚尔（Joaquim Maria Puyal）陷入欣喜若狂的状态中："德科传给了哈维，哈维交给梅西，梅西，梅西，梅西，还是梅西，梅西，梅西……"连续 18 声梅西之后，则是不可避免的一连串："球进了！球进了！球进了！"

在哈维传球和足球应声入网之间，梅西在短短 16 秒的时间里带球狂奔了50 多米，其间只触球 13 次。

放在几年前，一个在国王杯半决赛对阵赫塔费的进球，很可能就无人问津。但在如今，短短几个小时之内，这个进球就引来整个足球界的高度关注。这要归功于 YouTube，那时"病毒"还只是一个医学词汇。

加泰罗尼亚的媒体很快给这个进球贴上了"21世纪最佳进球"的标签，尽管当时距过完21世纪还有93年，不过这听上去也并非夸大其词。除了同为阿根廷人以及背后身披的10号球衣之外，因为这个进球的出现，梅西和马拉多纳之间有了更强的关联。似乎是为了进一步证明这一点，几个月之后，梅西又攻入了一个让人非常容易联想到马拉多纳的诡异进球。在一场同西班牙人的比赛中，他用左手将足球拍进球门，攻入了扳平比分的一球。随着梅西即将与C罗在同一块球场上正面对决，球迷们有充分的理由期待一场重量级的表演。

整整一周，奎罗斯带领球队做的所有准备工作只有一个目标：阻止梅西进球。在无休止的战术训练中，他把健身房里的垫子铺到球场上，用来标记他希望后卫们防守时应该在的准确点位。奎罗斯想传递给大家的信息是：不要在意控球率，就让巴萨掌握着球权。这场比赛的胜负在于曼联如何去占据球场上的空间。"防守时注意保持阵型紧凑，我们一旦赢得球权，第一时间尽可能快地向前推进。"奎罗斯告诉队员们，然后就把球交到C罗脚下。

"我们从来没有如此重视细节，"加里·内维尔回忆，"我们演练了一遍又一遍，甚至用手来传球，一步一步地过战术。"

没想到，两回合的180分钟比赛中，最终只诞生了一个进球。这个进球来自曼联的斯科尔斯，在老特拉福德进行的次回合较量中，这位精准的传球手将球轰进了巴萨的球门上角。最后也就是这样了，梅西是制造了一定的威胁，但始终没能突破曼联防线的重重封锁。后卫韦斯·布朗（Wes Brown）对他寸步不离，不过中场休息时，他居然没跟着梅西一起回到巴萨的更衣室，也是个奇迹。

　　而在两回合的比赛中，C罗一反常态地非常安静，也没有人对梅西赢得了这场个人对决提出疑问。不过C罗并不在乎了，或者至少表现得并不在乎。曼联要去罗马参加欧冠决赛了，在那里，他们最终将通过点球大战击败切尔西赢得冠军。

　　至少在C罗看来，这个结果足以搞定一切。他迎来一个丰收的赛季，不仅脖子上多了一块欧冠冠军奖牌，在31场英超中豪取31个进球的表现也让他席卷了在英格兰能够赢得的全部奖项。几个月之后，C罗捧起了人生中的首座金球奖奖杯，毫无疑问，他认为自己就是全世界最佳球员。

　　似乎是为了佐证这一点，皇马向他抛来了橄榄枝。

## 来自皇马的橄榄枝

　　皇马引进超级球星的套路总是大同小异。首先，和俱乐部关系友好的体育媒体会开始为这笔潜在的转会交易造势。随后，会有足够多的所谓内幕泄露给圣地亚哥·伯纳乌大球场（简称伯纳乌）的球迷们。到那时，俱乐部主席会出面讲话，声称球星转会已经完成，或者接近完成，要么就是即将在未来完成。随后连续几周，一家专注于足球的日报会接连不断地为这笔转会"摇旗呐喊"，直到球员最终手持皇马的白色球衣正式亮相。这一招颇有些一箭双雕的意味，一旦行得通，就能给球员所在的俱乐部施加压力，迫使他们尽快将球员出手，只求自己能耳根清净。即使没奏效，这波攻势也足够冲昏球员的头脑，让他们认为自己毕生的唯一目标就是加盟皇马，甚至甘愿为此再等待一两个赛季。因此从某种意义上讲，这一招也取得了成功。

　　整个2007—2008赛季，对于C罗转会的造势和鼓吹一直在升温。原来，这一切背后的始作俑者名为拉蒙·卡尔德隆（Ramón Calderón）。2006 年，这位来自马德里的精英律师一跃当选为皇马主席。当时的皇马正在经历一段短暂的"寒冬"，在卡尔德隆上任之前，俱乐部已经连续 3 个赛季无缘西甲冠军，近 4 个赛季都未能闯入欧冠决赛。对于皇马来说，这已经足够称之为危机。卡尔德隆将自己塑造为带领俱乐部走出银河战舰一期时代的人物，寄希望于引进能够长期为俱乐部奋斗的新球员，为俱乐部奠定新的根基。然而卡尔德隆的问题在于，他的重磅转会行动总是功亏一篑。他曾尝试从 AC 米兰签下卡卡，也曾试图将法布雷加斯从阿森纳带来伯纳乌，但两名球员都没上钩。不过，这都比不上 2008 年的那出"乌龙"事件尴尬。当时，卡尔德隆以为自己将著名演员尼古拉斯·凯奇（Nicolas Cage）请到了伯纳乌的皇马更衣室，结果却发现自己请来的贵宾更像是一个骗子而并非《空中监狱》（Con Air）的男主角。这次不太有说服力的角色扮演实际上是一位意大利电视节目主持人的恶作剧。

本赛季进行到春天的时候，这位俱乐部主席开始寻找更靠谱的人。他打算用一切手段让球迷回到球场，并且让 C 罗穿上皇马的白色球衣。

过去一年间，卡尔德隆始终坚信 C 罗愿意转会离开曼联，他之所以这么笃定，是因为这就是门德斯告诉他的。2007 年夏天，卡尔德隆刚刚与门德斯做了一笔生意，签下了与 C 罗在里斯本竞技做过两周队友的葡萄牙后卫佩佩（Pepe）。正是在这笔转会交易的几次会面中，门德斯顺带提了一句，C 罗一直都非常仰慕皇马。"他愿意转会离开曼联，"这位经纪人十分坦率地说，"而马德里对他来说是个不错的机会。"卡尔德隆把这句话认真地记了下来。

从全球体育经济的角度出发，像 C 罗一样声名显赫的运动员，愿意离开全世界最卓越的体育赛事英超而转投西甲，多少令人有些费解。英超在球场上的表现最为强势，2005 至 2009 年，每年的欧冠决赛赛场上都至少有一支英超球队的身影。不仅如此，即使是英超中垫底的球队，所获得的奖金也能超过西甲前三名中的任何一名。

在"贫富差距"巨大的西甲中，皇马和巴萨与其他俱乐部的境遇有着天壤之别。此外，C 罗还用不着担心自己的资产负债状况。皇马能给 C 罗带来的是一条通往欧冠赛场丰功伟绩的路径，以及他尚在里斯本竞技的宿舍里便已开始谋划的职业生涯的新阶梯。

C 罗可能离开曼联的消息让弗格森和助理教练奎罗斯焦虑了好一阵子。两人私下也承认，整整 5 年已是他们能将 C 罗留在曼联的最长时间，而这 5 年俱乐部已经取得了非常理想的回报。但在公众面前，每当说到这个和皇马有关的话题时，弗格森就会彻底表现得像一个好斗的格拉斯哥人，"你不会真以为我们会和那帮暴徒签合同吧？天啊！"弗格森怒气冲冲地说，"我连病毒都不会卖给他们！"

实际上，就在 2007 年夏天，他才刚刚把一位名叫加比·海因策（Gabi Heinze）的阿根廷后卫卖给了皇马。实际上，弗格森清楚这笔转会交易只会进一步刺激皇马的购买欲，让马德里的俱乐部主管们意识到曼联愿意和他们做生意。到了当年 12 月，皇马解雇了球队的荷兰籍主教练贝恩德·舒斯特尔（Bernd Schuster），此时他执掌球队只有 17 个月。听闻此事之后，弗格森找到了他长期的老板兼"军师"，俱乐部首席执行官大卫·吉尔（David Gill），告诉他解雇舒斯特尔会使 C 罗转会一事升温。按照他的说法，皇马用来摆脱困境的手段只有两招，炒掉教练以及签下大牌球星，而他们现在一个教练都不剩了。

"我们需要无视这些（转会传闻），不能一直为此担惊受怕，"弗格森说，"我们应该专注于自身的公众形象和行为方式。当前这种情况可能会使我们愤怒。但这招对我们没用，我们清楚他们的把戏，不会受此影响。"

　　然而，这无法阻止马德里按弗格森所说的逻辑促成 C 罗的转会。弗格森最大破坏行动就是在最后时刻设计了一个反向交易。与之关系密切的人士透露，弗格森和门德斯一度想将 C 罗推销给巴萨。虽然失去 C 罗会让弗格森非常痛苦，但与其冒着让英超的竞争对手们浑水摸鱼的风险，还是把他送到其他西班牙俱乐部更好接受一些。

　　把 C 罗送到巴萨的计划很快告吹，因为 C 罗早已一门心思想转会去皇马。这个情况一传到卡尔德隆耳朵里，他马上就知道应该怎么做。"根据我的经验，当你中意的球员同时也真心想加盟你的球队，剩下的就是钱的问题，"卡尔德隆说，"我们要做的就是决定如何报价，并和球员所在的俱乐部达成一致。"

　　C 罗转会的长篇故事完完整整地报道在《马卡报》（MARCA）的头版。这家马德里的体育日报经常被指责报道皇马时缺少客观态度，就像《真理报》（Pravda）关于政治局的报道一样。关于这桩转会交易的情况，《马卡报》已经连篇累牍地跟进了好几个月。但到了 5 月中旬，当 C 罗即将踏上欧冠决赛赛场的时候，媒体的声浪达到了震耳欲聋的地步。

　　5 月 16 日，《马卡报》上一则引用 C 罗所说的"我很愿意去西班牙踢球"的新闻，真正拉开了这波报道狂潮的序幕。整整一周的头条报道过后，C 罗对于西班牙的喜爱在这份报纸上已经演化成"我的梦想就是为皇马踢球"。此时，弗格森已经公开谴责皇马再次试图骚扰 C 罗的做法。这当然是真的，日复一日、周复一周，《马卡报》一直在换着花样地告诉读者，C 罗的转会之日近在咫尺。然而到了 6 月 2 日，这份报纸才首次承认，这笔交易有可能并未板上钉钉，甚至不会马上敲定。"如果 C 罗没来，也不意味着失败"，卡尔德隆的这句话成了当天早上《马卡报》的头条内容。第二天，这份报纸就已经在鼓吹转会的 B 计划，不过刚过了 72 小时，他们又重启了 A 计划的报道。6 月 6 日，报纸的头版标题已经是 C 罗"完全同意了"。

从 5 月 20 日到 6 月 8 日的 19 天时间里，C 罗多达 17 次登上了《马卡报》的头版。直到纳达尔在法网决赛中残暴地直落三盘击败费德勒，实现了自己的法网四连冠，再加上西班牙队的 2008 年欧洲杯之旅正式开始，这才让 C 罗对于《马卡报》头版的垄断告一段落。但实际上这桩转会交易距离 C 罗 "完全同意" 还差着十万八千里。

弗格森不允许 C 罗转会去任何地方，《马卡报》称他 "有点像佛朗哥将军"。

C 罗的转会故事还远未到结束的时候。C 罗获得了一个意料之外的盟友，一位瑞士官僚用最不恰当的词语表达了自己对 C 罗最真挚的同情。作为皇马的荣誉会员，国际足联主席布拉特检视情况后声称，足球运动中有 "太多现代奴隶制" 的影子，这话可不能随便说，毕竟他口中的 "现代奴隶" 家里可停着不止一辆法拉利。更令人感到震惊的是，C 罗竟然对此深表赞同。7 月，他在接受一家葡萄牙电视台采访时说："国际足联主席所说的是正确的。"此时他一年的收入已达到 1 000 万美元。

不管是西班牙的小报标题还是关于契约奴隶制的荒唐指控，弗格森终于受够了这些噪声。仲夏来临之际，他决定和 C 罗谈一谈。于是，弗格森让奎罗斯在自己位于里斯本的老家促成一场会谈。虽然 C 罗直到最后时刻还试图临阵脱逃，号称自己要做体检，但奎罗斯此时向他施压，让他像个男人一样去对待这次会面，奎罗斯认为自己像父亲指导孩子时一样威严。

"当会面结束时，"他指导 C 罗说，"你需要找到一个双方都能接受的方案。"

这一头，弗格森和吉尔代表曼联飞往里斯本，那一边，门德斯也赶来力挺他的客户。但是当双方开始讨论实质性问题时，除弗格森和 C 罗之外的所有人都等在了客厅外面。奎罗斯将自己客厅的大门关上，两人开始了一个多小时的单聊。

弗格森向来都是一个直言不讳的人，他开门见山地说："皇马的管理者是一帮业余的人。"他向 C 罗解释，卡尔德隆和皇马在追逐球员过程中的表现极其恶劣，足球中的转会交易不是这么进行的。C 罗需要明白的是，自己永远也不可能见到弗格森对这些招数屈服。"如果我屈服了，那我的名誉就将毁于一旦，所有的一切都将化为乌有，所以我并不介意让你待在看台上，"弗格森说，"我知道事情没必要发展到这个地步，但是我必须告诉你，我不允许你今年离开曼联。"

C 罗开口的次数不是很多，他也无须多言，弗格森清楚他的心早已飞到了皇马。"现在我宁愿朝你开一枪，也不愿意把你卖给那个家伙，"弗格森说，"但是，只要你好好表现，别给我们找麻烦，那么到时候如果有人为你报了一个能创造世界纪录的价格，我们就给你开绿灯。"

对于 C 罗来说，这个结果已经足够理想。他一年之后还是可以如愿前往西班牙。这套方案让他既可以加盟皇马，也可以避免让他一直视为父亲的弗格森过于失望。于是两人握了握手，相约在曼联新赛季的季前训练中再见。

在这场会谈之后，C 罗觉得自己还是应该私下把这个消息透露给皇马。他给远在哥伦比亚波哥大的卡尔德隆打了电话，当时皇马正在和那里的圣菲独立足球俱乐部（简称圣菲独立）进行一场友谊赛。"主席先生，"C 罗对他说，"我想在曼联再踢一年，我和俱乐部有一个 2009 年离队的协议。"

卡尔德隆停顿了一下，想了想 C 罗的话。这不是他想听到的，但也毫无疑问是一个好消息，下一代银河战舰的第一位球星正在向他招手。虽然之后当 C 罗真正到达西班牙的时候，卡尔德隆已经被赶下了主席宝座，但在当时，皇马至少已经可以开始围绕 C 罗谋划俱乐部的未来了。就在此刻，他们最大的竞争对手巴萨却感觉自己的实力正在下滑。比时间表上提前了几年，巴萨又重新陷入了绝望，并准备让罗纳尔迪尼奥的时代成为历史。

## 巴萨的抉择

皇马和巴萨两家俱乐部之间经常玩一个游戏：比拼谁陷入的危机更严重。2007—2008 赛季结束时，来自加泰罗尼亚的俱乐部为赢得这场游戏添了一把火。巴萨距离 2006 年在巴黎夺得欧冠冠军已经过去了 2 年，但球队在此期间再没有捧起过任何一个重大赛事的冠军奖杯。主教练里杰卡尔德正为离婚风波所困，对工作有些心不在焉。无休止的派对重新俘获了罗纳尔迪尼奥的心，也让他迎来了在巴萨期间的最差赛季。他因为受伤错过了半年的比赛，整个赛季只攻入了 8 个进球。"他需要一个新的挑战了。"在接受加泰罗尼亚电视台采访时，俱乐部主席拉波尔塔用平静的语气说出了尖锐的话语，"当一个周期完结，其中最具代表性意义的人和事同样将迎来曲终人散，这是非常正常的事情。"

这种帝国般的终结所带来的压力，拉波尔塔比绝大多数人都感受得更深刻。2008 年 5 月，就在他为罗纳尔迪尼奥和里杰卡尔德指向离开的大门时，没想到巴萨的董事会也正打算对他做同样的事情。对球队现状不满的抗议活动一浪高过一浪，到 7 月终于升格为对拉波尔塔本人的不信任投票行动。所有俱乐部会员都被邀请来参与投票，对拉波尔塔、他的董事会，以及他执掌俱乐部的整个时期直接选择肯定或者否定。俱乐部可以为自己的民主管理方式感到骄傲，但对于领导者来说，人民的力量有时会对管理造成明显的不便，特别是当这些"人民"都是足球爱好者的时候。4 万名左右的会员来到诺坎普周边的投

票点交出自己的选择，整个投票程序动用了数百名员工，花费了俱乐部大约
50万欧元。把拉波尔塔赶下台需要2/3的反对票，但是反对者最终只收集到
61%的投票。他最终侥幸保住了主席的位置，但是现在他也不得不面对的一
个局面是，大部分会员都已清晰地表明，他们想让自己卷铺盖走人。"在我看
来，巴萨会员的投票结果和实际情况是不一致的。"拉波尔塔事后表示。

那年春天，已经没时间把所有事情的进度都协调一致了，俱乐部看上去每
时每刻都在做出重大的决定。这次不信任投票行动，实际上已是董事会在短短
两个月时间内所做出的第二个具有划时代意义的抉择。

董事会此前的那个抉择是为球队任命一位新的主教练。很多巴萨董事会成
员相信，这个位置最理想的候选人其实就在他们眼皮子底下。这个人很年轻，
很有野心，也已经证明自己精于将本土的青年才俊培养成为世界顶级球员。
不仅如此，他们心目中的这位候选人正是在巴萨学有所成，度过了自己的成长
时光。他对这里的文化熟稔于心，他曾和拉玛西亚的孩子们携手并肩，他甚至
会说加泰罗尼亚语。这位预期中的主教练堪称完美，他的就是穆里尼奥。

此时穆里尼奥离开巴萨助理教练的岗位已经8年，董事会中有许多人认
为，是时候把这位俱乐部"领养"的葡萄牙孩子带回家了。1996年，英格兰
籍主教练博比·罗布森（Bobby Robson）接替克鲁伊夫担任巴萨的主教练，作
为英格兰老帅的左膀右臂，穆里尼奥在巴萨的生涯也就此起步。这位机敏的年
轻人来自葡萄牙的塞图巴尔，前几年罗布森在葡萄牙执教时，穆里尼奥担任他
的翻译。事实证明，他上手的速度很快，从在发布会上找到正确的词语来翻译
"这是一场由两个半场组成的比赛"，到起草制订球队的训练计划，穆里尼奥
只用了很短的时间就"学成毕业"。不过，当时的巴萨主席约瑟普·路易斯·努
涅斯（Josep Lluís Núñez）对此不以为然，他坚持管穆里尼奥叫"那个翻译"。
当罗布森在西班牙的执教任期结束之后，穆里尼奥留在了巴萨，继续在荷兰名

教练路易斯·范加尔（Louis van Gaal）手下工作。他的工作也获得了巴萨内部成员的高度认可，俱乐部让他兼任巴萨 B 队的教练。2000 年，以此作为起点，穆里尼奥回到葡萄牙，迈出了担任球队主教练的第一步。他接连执掌了本菲卡和莱里亚两家足球俱乐部，随后带领波尔图夺得了欧冠冠军。2004 年，穆里尼奥一跃成为切尔西的主教练，在那里，他打破了弗格森的曼联和温格的阿森纳对英超冠军的长期垄断。离开巴萨时，他或许还是主席口中的"那个翻译"，但是如今，他完全得以用全欧洲最炙手可热、最志得意满，以及最广受欢迎的主教练的身份衣锦还乡。

不过在巴萨，并非所有人都对穆里尼奥情有独钟。俱乐部内部还有另外一个主教练候选人，他不仅拥有和穆里尼奥相同的品质，自身还具备一些额外的优势：他曾经身披巴萨球衣在场上征战，而且本身就是一位加泰罗尼亚人。按照诺坎普对于主教练简历的评判标准，这两点的价值至少相当于拥有十年的执教经历。这也是非常必要的，毕竟瓜迪奥拉的执教经验几乎是零。

在 1992 年的那支"巴萨梦之队"中，瓜迪奥拉是队中的中场大师，如今，已经有些秃顶的他正带领巴萨 B 队征战西班牙的第四级别联赛。他麾下是一队从拉玛西亚走出的年轻球员，其中包括梅西曾经的小伙伴巴斯克斯，以及未来将跻身顶尖球员行列的塞尔吉奥·布斯克茨（Sergio Busquets）、佩德罗（Pedro）和蒂亚戈·阿尔坎塔拉（Thiago Alcântara）。带领着这样一组人马，瓜迪奥拉率队踢出了极其纯粹的巴萨足球，传控的战术风格已经融入了他的天性。毕竟，除了 5 年的短暂间歇，他的全部足球生涯都在巴萨度过。那 5 年间，瓜迪奥拉效力过意大利、墨西哥，以及海湾地区的球队，还曾造访过温格的家，他在那里向阿森纳主教练毛遂自荐，却被告知自己不是这支北伦敦球队的选择。现在，他浸润在巴萨的文化中已有 20 余年，瓜迪奥拉在这里的毕生所学使他带队踢出了完美足球，却只能用来对阵卡斯特尔德费尔斯和拉丕滕卡等本地球队，出了加泰罗尼亚都没人听过瓜迪奥拉的名字。

好在有一个在加泰罗尼亚的人听说过他，这一点至关重要。随着巴萨 B 队向着升入第三级别联赛挺进，巴萨的那位荷兰预言家为瓜迪奥拉送上了祝福。2008 年 4 月，克鲁伊夫在接受加泰罗尼亚电台采访时说，"瓜迪奥拉懂足球，而且他非常聪明，他已经充分证明自己有能力执教巴萨一线队。"当时，里杰卡尔德甚至还没有被解雇。

诺坎普的一间间办公室内，选择穆里尼奥还是瓜迪奥拉的辩论已经成了日常，而辩论情况也被泄露到了体育报纸上。据一位董事会成员透露，大家都知道拉波尔塔更倾向于瓜迪奥拉，而俱乐部的首席财政官索里亚诺则是穆里尼奥的拥趸，2003 年，正是索里亚诺把俱乐部从破产的边缘拉了回来。最终，还是巴萨对于克鲁伊夫门徒的痴迷之情占据了上风。在克鲁伊夫直接继承人的序列中，只要能拉近俱乐部与这位伟大球员之间的距离，任何一个选择都值得冒险一试。所以，即使这意味着瓜迪奥拉将从西班牙第四级别联赛的教练席直接站上欧冠的赛场，也不必在意。

"在我们看来，这个任命并没有人们所说的那么冒险，"拉波尔塔后来说道，顺便毫不掩饰地损了一把皇马，"至少，通过花重金签下大牌球员来创造一支球队要冒险得多。"

## 摧枯拉朽般的胜利

赢不了比赛同样也是相当冒险的"策略"，这正是瓜迪奥拉接手巴萨后的联赛首秀中发生的事情。2008 年 8 月，巴萨前往西班牙中部地区客场挑战努曼西亚足球俱乐部（简称努曼西亚），在不到一万名同样远道而来的客队球迷们面前，他们以 0∶1 的比分输给了努曼西亚。下一周，他们又在主场被联赛下游的桑坦德竞技足球俱乐部（简称桑坦德竞技）以 1∶1 的成绩逼平。这个成绩与环绕在俱乐部周边的狂热感觉有些格格不入。这种狂热的感觉已经在巴萨弥漫多年，克鲁伊夫甚至专门给它找了个简称：环境。

正当一片惊慌的乌云开始笼罩在诺坎普上空的时候，瓜迪奥拉收到了来自两方面的关键性支持。第一个支持者高高在上。巴萨与桑坦德竞技握手言和的比赛之后，在《加泰罗尼亚报》(*Periódico de Catalunya*)每周一的固定专栏上，克鲁伊夫对所有瓜迪奥拉的质疑者发起了一场有点不讲理的猛烈攻击。"我不知道你们怎么看的球，"他用自己经典的好斗口吻写道，"我很久没有在诺坎普看到巴萨能这么踢球了。"的确，巴萨的进球数量不算多，但具备不少关键的基础要素。克鲁伊夫再次看见了那些精细复杂的传球配合，也看见了梅西、伊涅斯塔等能让一切重回正轨的球员。他形容瓜迪奥拉"既不欠缺经验，也并不想'自杀'"（顺便说一句，这是在表扬），并称赞了瓜迪奥拉的思路，"碰巧"的是瓜迪奥拉就是继承发扬了克鲁伊夫本人的思路。"那些画在战术板上的东西，"克鲁伊夫的笔下已经洋溢出喜悦之情，"球员们在场上活灵活现地展现了出来。"

另一方面，球员们也表达了对新主教练的坚定支持。尽管他们创造了自佛朗哥时期以来的联赛最差开局，但这并没有困扰到球员们，相反，在赛场上以及在无穷无尽的控球训练中，他们又重新享受到了踢足球的快乐。24 岁的中场指挥官伊涅斯塔要当面确保瓜迪奥拉获悉这一点，他突然来到主教练位于地下室的办公室，言简意赅地说："老大，别担心。我们都会赢回来的，我们走在正确的道路上……求你了，别改变任何事情。"

梅西则没有伊涅斯塔这么热情高涨。主教练的一些新规已经直接影响到了他，比如，球队餐厅已经不允许再出现苏打水，球员们也禁止在午夜之后和自己的伴侣做亲密的事。瓜迪奥拉还不断催促梅西戒掉比萨，让他去健身房练练肌肉，从而能够抗衡那些在场上一直试图朝他踢上两脚的人。不过其中最关键的部分在于，梅西和瓜迪奥拉之间几乎不说话，正如一位前巴萨队友所说："他们之间更像在进行一种无声的交流。"

当瓜迪奥拉和梅西罕见地进行交谈的时候，总是能创造新的历史，使得他们之间的对话更具有意义。

瓜迪奥拉和梅西的一次对话悄悄地被收录在了关于梅西的经典故事集中。就像牛顿的头被苹果轻轻砸中一样，这次对话也因同样重要的灵光一闪而被反复传颂。2008—2009赛季临近尾声，此时的巴萨已经彻底从赛季之初的低谷中走出，在西甲的积分榜上遥遥领先。在球队出发前往客场挑战皇马的前夜，瓜迪奥拉坐在办公室里观看比赛录像，舒缓的古典乐作为背景音，这是他在大战之前的习惯。对于巴萨来说，能够容纳9万人的伯纳乌是一个充满攻击性的喧闹之地，瓜迪奥拉清楚，如果球队在这里拿到一个好成绩，几乎就可以锁定本赛季的联赛冠军。他想从录像中发现一些自己此前没看到的东西，从而让他的思维进一步发散，看看是否能想出新的点子。他注意着录像里球员的移动和空间的使用，尤其是那些皇马球员可能会犯下愚蠢错误的地方。大约到了晚上10点，瓜迪奥拉终于有所发现，然后就打电话给梅西，正如《瓜迪奥拉：佩普的秘密》（*Pep Confidential*）一书中描述的那样，瓜迪奥拉说："莱奥，我是瓜迪奥拉，我刚刚看到一些重要的东西，非常重要。"

梅西被喊到办公室后，瓜迪奥拉解释，他打算在比赛中把梅西从右路挪到更靠近中路的位置，位于前锋身后。皇马的中后卫在防守时往往不愿跟到离本方球门太远的地方，因此，梅西如果在这个位置活动会让他们备受折磨。如果战术执行得当的话，再回撤前锋，也就是俗称的"伪9号"位置上，梅西应该能够获得大量的空当，足够他去给对手制造各种"可爱"的麻烦。

梅西很喜欢这个主意，于是瓜迪奥拉又把这个计划详细介绍给了教练组，虽然教练们没有完全信服，但他们决定至少可以先按照这个计划进行。"如果失败了，我们会丢掉联赛冠军，"助理教练多梅内克·托伦特（Domènec Torrent）心想，"而瓜迪奥拉会死得很惨。"

第二天，死得很惨的只有皇马。梅西在比赛中连进两球，巴萨收获了一场 6：2 比分的客场大捷，而皇马的崩盘解体也就此开始。对于瓜迪奥拉来说，这堪称一举两得，他不仅通过羞辱死敌的方式在自己执教巴萨的处子赛季就取得了西甲冠军，也解决了里杰卡尔德始终无法破解的难题。现在，瓜迪奥拉已经知道怎样才能发挥出梅西的最大威力。

一个顿悟的时刻催生出一个秘密的武器，这个秘密的武器又制造了一场摧枯拉朽般的胜利。作为一个灵光乍现的故事，它的发展脉络已经非常清晰。然而事实上，如果 7 个月前皇马能够关注那场不太引人注目的比赛，他们或许就能早点见识到巴萨用来对付自己的奇招。2008 年 9 月下旬，巴萨以 6：1 的比分大胜皇家希洪体育足球俱乐部（简称希洪竞技），这是梅西第一次真正扮演球队"伪 9 号"的角色，这也是瓜迪奥拉带领巴萨收获的首场胜利，那场比赛，他所冒的风险甚至比"世纪大战"中还要大。瓜迪奥拉有预感，如果球队没能取胜，那么他可能就得准备卷铺盖走人了。"要是我们输了，"他对托伦特说，"那将是巴萨历史上第一次在西甲排名垫底。"

那一天，几乎没有人注意到保住了瓜迪奥拉主教练之位的革新战术。而当他用这套战术将皇马大卸八块之后，人们已经不可能再忽视这一点。

梅西身处于他专注训练了将近 10 年的足球体系之中，环绕在拉玛西亚时期就仰慕已久的偶像们身旁，他在瓜迪奥拉的球队里可谓如鱼得水。自从青训营时期以来，他第一次在一个赛季中斩获了 20 个以上的联赛进球，全部赛事的进球数更是超过了 30 个。开始尚充满不确定性的赛季征程，最终转变为瓜迪奥拉为巴萨打上自己战术烙印的全过程。2009 年 5 月的几周时间里，球队锁定了本赛季的联赛冠军，并在国王杯决赛中大败毕尔巴鄂竞技足球俱乐部（简称毕尔巴鄂竞技），捧起了冠军奖杯。毫无疑问，巴萨已经是全西班牙最好的球队。但如果想要登上欧洲之巅，他们还需要战胜英格兰最好的球队，在当时顶着欧洲之巅这一名号的依旧是切尔西和曼联。

基于电视转播权带来的丰厚收入，创办于 1992 年的英超日趋成熟，如今已发展成为世界上最富有的足球赛事。英超的俱乐部有能力报上天价转会费，给球员开出最高额的薪水，从而像磁铁一样令全世界的足球天才纷至沓来。金钱的力量如此强大，使得英超每个赛季都能产生多支欧冠的夺冠热门球队。自从 2006 年巴萨问鼎欧冠以来，近 3 个赛季的 12 个四强席位中，有多达 9 个冠军被英格兰球队占据。事实上，在 2006 年到 2009 年之间，四强之中只有 AC 米兰和巴萨不是来自英超的球队。如果瓜迪奥拉带领的球队有意实现三冠王的伟业，那么与英格兰人的交锋就不可避免，同时，这也意味着梅西与 C 罗的又一次碰面。

但球队在面对 C 罗之前，他们先经历了所有巴萨人印象中最扣人心弦的半决赛。同切尔西的两回合较量的风格完全可以用"野蛮"来形容，梅西对比赛中的身体对抗强度完全没有准备，毕竟他不像 C 罗一样经受过英格兰北部那种凶狠莽撞的拼抢洗礼，能够锤炼出一个强壮有力的身体。C 罗在曼联的成长岁月中，比赛中的对手和训练中的队友一直在无情地踩踏他的脚踝。而梅西在西班牙面对的绝大部分后卫都无法靠近他，与此同时，他的队友们也没有疯狂到在训练中冲着梅西亮鞋钉。"没有人会冒险去铲他，"一位队友说，"我们都知道要靠他带领我们走向胜利。"

事实上，没有谁会蠢到去强硬逼抢梅西，因为这会在余下训练时间里招致梅西的疯狂报复。火力全开的他会用尽自己的技巧，只为了狠狠羞辱那个胆敢抢他球的人。不用说，每次较量梅西总是毫发无损地离开训练场。

但球队与切尔西的比赛则是另一番模样。在诺坎普，这家英格兰俱乐部决心采取一切必要手段来破坏巴萨流畅的组织性。仅仅在首回合，他们就被吹了20次犯规。这意味着在巴萨控球的时间内，平均每110秒切尔西就犯规一次，光梅西和伊涅斯塔就被肘击、摔倒、拉拽球员等各种方式侵犯了7次之多。"巴萨是唯一想踢球的那支球队。"皮克说道，当晚的比赛也让皮克出奇地愤怒。

在伦敦进行的第二回合比赛，巴萨以彼之道还施彼身。不过，球员们仍然用了90多分钟的野蛮肉搏才让梅西找到一个突破口。当时，吃到红牌的巴萨仅以 10 人应战，还需要一个进球才能晋级。第 94 分钟，梅西甩开紧盯了他整晚的防守悍将，为伊涅斯塔做球，伊涅斯塔攻入的制胜球将巴萨带入了决赛。这一次，轮到切尔西对裁判大发雷霆了。

巴萨的替补席上的队员们丝毫不在乎，他们涌入场内，庆祝在自己最美丽的时代赢得的一场最丑陋的胜利。梅西再次来到了欧冠决赛的舞台，而上届冠军曼联已经在那里恭候多时。

一个温暖的春夜里，C 罗和他的队友们抵达了罗马的奥林匹克球场，他们在赛前被大家看好是能够成为自 1992 年欧洲冠军杯改制为如今的欧洲冠军联赛以来，首支实现卫冕的球队。而曼联的球员们技艺精湛、干劲十足，他们的打法在巴萨的这些小个子天才看来就像外语一样费解。巴萨驱动比赛的方式是干脆利落的短传，这种将对手"千刀万剐"般的方式也被广泛称为"tiki-taka"。不过，瓜迪奥拉很不喜欢这个标签，他认为"tiki-taka"纯粹是为了传球而传球，而他的球队是通过传球来试探、探查，从而创造人数上的优势。与曼联击垮对手的猛冲猛打不同，巴萨的战术就像国际象棋的布局理论一样精打细算。就算赛前制定赔率的人没能意识到巴萨的威胁，然而弗格森已经看到了这一点。赛前他就警告自己的队员，对手阵中的两位中场魔术师哈维和伊涅斯塔，加上在进攻三区不停游弋的梅西，能够轻松把每一个对手搞得晕头转向。

　　果然，比赛开始后没多长时间，弗格森的担忧就成为现实。巴萨的"传球机器"开足马力，从曼联后卫们的两侧、中间甚至身下不断寻找到空当。后防线上的双塔里奥·费迪南德（Rio Ferdinand）和内马尼亚·维迪奇（Nemanja Vidić）身高相加达到了 3.81 米，却发现他们根本跟不上这些只有 1.7 米的讨厌鬼。巴萨的第一个进球只用了 10 分钟，足球从伊涅斯塔到梅西，回到伊涅斯塔，再到埃托奥，最终由埃托奥破门得分。当费迪南德企图将梅西放倒的时候，他发现梅西变向的速度实在太快，竟从自己身下钻了过去。后来，阿森纳主教练温格将梅西称为"PS 游戏里才有的球员"，认为只有通过游戏手柄再加上一系列作弊码才能做出梅西在场上的动作。设想一下，谁知道一个距离地面更近的梅西还能再创造哪些奇迹呢？温格甚至为梅西不能变得更矮而感到遗憾。

　　因此，在这场巴萨以 2∶0 的比分取胜的比赛中，梅西为球队攻入的第二个进球是一次头球破门，这一点更令曼联全队恼火。这位全场最矮的运动员之一稍稍向后一跳，都没有刻意伸长脖子，顶出的球就精准地越过了曼联门将的头顶。

　　不过，C 罗在本场比赛中没能起到同样的作用，尽管他占据曼联总共 10 脚射门数量中的一半，但其中 4 脚都完全偏离了球门目标。一年前，C 罗在莫斯科的球场流下了喜悦的泪水，而今天在罗马，这双眼睛只能无神地凝望天空。他漫无目的地在颁奖仪式台四周徘徊，只为了牢记失利的滋味。

　　与 2006 年巴萨在巴黎捧起欧冠奖杯的那次典礼不同的是，梅西这一次来到了典礼现场，他感觉，这才是真正靠自己赢得的欧冠冠军。

对于瓜迪奥拉、克鲁伊夫主义的"死忠粉"们以及这位荷兰"先知"克鲁伊夫本人来说，这个赛季是对他倡导的足球风格的一个纯粹的、不折不扣的认可。决赛终场哨吹响后刚过了几个小时，克鲁伊夫就已经在专栏里大书特书，对那些只关注结果不在意过程的"唯结果论"信奉者大喊。"这是一场风格的胜利，"克鲁伊夫写道，"胜利属于最好的风格。"

"这支巴萨球队在场上表现出来的足球风格在全世界各个角落引发了不计其数的赞美，"他补充道，"他们用巨大的金色字体向全世界传递最广为流传的信息：美丽足球同样能赢得胜利！奉献演出不妨碍高奏凯歌！记住这些话吧，如果你有志向的话。"

不过，有一位唯结果论者对此嗤之以鼻，他也绝对不会把"唯结果论"当作一个贬义词，他就是 C 罗。对于 C 罗来说，奖杯是唯一一种记录成功的方式。比分就是一切，无论是弹圆片游戏还是欧冠，这难道不是每一项体育运动的全部意义吗？

这一次，C 罗不得不承认自己被打败了。不仅如此，他意识到在不断追寻成为这个世界上最伟大球员的道路上，曼联已经引领他走到了力所能及的最远地方。他知道，自己应该踏上新的舞台，这个舞台就在西班牙，在养育自己对手的那片土地上。C 罗已经下决心要让自己也成为那片土地的主人，他是时候离开了。

下一次 C 罗在球场上遇到梅西的地点，将会是在巴塞罗那。

# MESSI
## v s.
# RONALDO

第二部分

## 巅峰的对决

第 5 章

# 银河战舰驶入"战场"

C 罗大步踏入伯纳乌，沉浸在现场近 8 万名球迷组成的如"白色海洋"般的气氛中。像往常一样，他感觉这些人都是专门为他而来。这一次确实如 C 罗所想。

那天不是比赛日，然而，球迷们仍然在球场外排了 7 小时的长队，只求一个能够进入场内的机会，那些没有排到的人就只能转至场外的一块大屏幕前观看。C 罗在皇马的正式亮相仪式与其说是一场光彩夺目的媒体发布会，不如说是一场皇家婚礼。但无论怎样，在西班牙首都，这场仪式的入场资格都是最抢手的门票。而在皇马主席弗洛伦蒂诺·佩雷斯（Florentino Pérez）看来，这场仪式在足球界的任何一处都应是最瞩目的焦点。

实际上，这已经是弗洛伦蒂诺一周之内举办的第二场盛大聚会了。就在几天前，皇马刚刚用创世界足坛转会费历史新高的价格引进了卡卡，只不过卡卡没有得到如 C 罗这般"全套"的欢迎仪式。当时，由于伯纳乌还在重新铺设草坪，因此俱乐部限制了卡卡亮相仪式的球迷入场人数。除此之外，弗洛伦蒂诺自己也清楚，卡卡创造的纪录保持不了几天，俱乐部对 C 罗旷日持久的追捧即将达到高潮，而同时改写的还有新球员转会费的世界纪录。

"我很高兴能够成为足球运动历史上最昂贵的球员。" C 罗在亮相仪式后用很平静的语气说道。

对于一位新亮相的皇马球员来说，C 罗需要参与的一长串公务活动规模不亚于一场对西班牙的国事访问。只有一个环节是例外，C 罗需要脱去上衣进行俱乐部指定的体检。C 罗简直就是为了体检而生，俱乐部队医卡洛斯·迭斯（Carlos Díez）形容他就像电影《无敌金刚》（*Six Million Dollar Man*）的主人公一样。"他的心肺功能简直无与伦比，"队医说，"一切都是完美的状态。"

参观完球场内部之后，C 罗与俱乐部中的传奇人物共进正式午餐。之后，他身着一件胸前戴有皇马队徽、背后印着 9 号的球衣，出现在了球场正中央。当时，7 号球衣属于俱乐部的象征球星劳尔冈萨雷斯·布兰科（Raúl González Blanco），为展现自己的气度，C 罗同意改穿 9 号球衣一年，但是，这得在他注册了"CR9"的商标之后。

眼前这幅画面，弗洛伦蒂诺已经在脑海中勾勒了好几个月，只有几个小细节与他设想的有区别。首先，他更希望 C 罗球衣背后所印的名字是"C·罗纳尔多"而并非"罗纳尔多"。弗洛伦蒂诺向 C 罗解释，球队前几年有过一位罗纳尔多，来自巴西，当时他的球衣着实卖出去了不少，所以皇马的球迷家里已经有了印有"罗纳尔多"的 9 号球衣。不过，C 罗对此并不关心。

另外一个不完美的细节来自 C 罗 T 恤上的那道橙色大勾，这件耐克 T 恤他穿了整整一上午。皇马是阿迪达斯赞助的俱乐部，自己的闪亮新援身着耐克的球衣在俱乐部里招摇，这不是弗洛伦蒂诺乐于见到的场景。不过瑕不掩瑜，不管怎么说，C 罗终于穿上了皇马的球衣，这总归是让人松了一口气，毕竟这是俱乐部花了长达两年半的时间才实现的目标。

C 罗同样感受到一种前所未有的安定和踏实，那种渴望改变现状的躁动终于在马德里平息了。12 年前，那股渴望成为世界最佳球员的野心将他从马德拉群岛带到了里斯本竞技。6 年前，他的职业生涯因为来到曼联更进一步。而仅仅在 12 个月之前，一场转会闹剧差点搅黄了他的西班牙之旅。现在，他感觉终于来到了真正属于自己的地方，一家地位足以匹配自己作为世界最佳球员的俱乐部。

只是，弗洛伦蒂诺还想知道，C 罗是否有觉悟遵守这里的秩序。虽然俱乐部几乎用了毕生心血来"追求"他，但他依旧需要牢记的是，皇马在他到来之前已经存在一个多世纪了，在他走后还将继续存在。弗洛伦蒂诺注视着正向现场观众展示各种技艺的 C 罗，这位雄心勃勃又低调克己的掌门人弗洛伦蒂诺正在成为欧洲足坛最有权势的人物。在 20 年左右的时间里，为了重塑这项全世界最受欢迎的体育运动，他的付出比所有人都多。

## 皇马主席的最佳人选

第一次来到伯纳乌观看皇马比赛时，弗洛伦蒂诺只有 4 岁。那次经历给他心里留下了一个深刻的"印记"，比赛的大部分时间里，他都在通道的扶手旁边乱逛。当皇马进球的时候，他赶紧跑向自己的父母，结果却在球场的台阶上摔了一跤，嘴唇上还磕了个口子。"他们当时在现场给我简单治疗了一下，"弗洛伦蒂诺后来回忆，"但是我还是带着一道伤疤离开了球场，这是'体育战场'留下的伤痕。"

　　尽管当时嘴唇被磕破，但阻止不了弗洛伦蒂诺再次来到这里的心。据他估算，在此后的 70 年时间里，他错过的皇马主场比赛用一只手就数得过来。弗洛伦蒂诺出生在一个中产家庭，是一个药店老板的儿子。他家离伯纳乌非常近，而前往那里看球也是家里的一项日常活动。弗洛伦蒂诺一度握有 29 张伯纳乌贵宾席的季票，供自己亲朋好友、商业伙伴们前来看球使用。在自己的婚礼上，弗洛伦蒂诺送给新娘的是一张属于她本人的皇马会员卡，他认为这最能代表自己忠贞不渝的爱情。

　　弗洛伦蒂诺长大成人的那几年，正赶上皇马开始成为全欧洲最具吸引力的球队，这也使他彻底被这支球队迷得神魂颠倒。20 世纪 50 年代到 60 年代期间的皇马创建了欧洲足坛历史上的第一个"王朝"。

　　1956 年，汇聚了欧洲各个主要联赛冠军球队的欧洲冠军杯正式创办，皇马这台"终极赢球机器"从首届欧洲冠军杯开始夺取这项赛事的五连冠，并在 1960 年 7∶3 大破法兰克福的决赛后达到巅峰。1966 年，皇马赢得了自己的第六个欧冠冠军，并在这 20 年间多达 12 次捧起西甲冠军奖杯。

　　自从 16 世纪的西班牙征服者之后，再没有任何从西班牙走出的人能够像皇马一样在国外"大杀四方"。这是属于阿尔弗雷多·迪斯蒂法诺（Alfredo Di Stéfano）、费伦茨·普斯卡什（Ferenc Puskás）、帕科·亨托（Paco Gento）等人的时代，对于弗洛伦蒂诺等正好在此期间步入成年的人来说，最伟大的足球运动员都身披那件纯白战袍，这就是事实。

　　"这就是皇马在世界足坛得以享有一席之地的原因。"弗洛伦蒂诺说。

不过到了 20 世纪 90 年代，皇马的地位要比弗洛伦蒂诺及他那 28 位一起看球的朋友们所熟悉的"一席之地"低了不少。在欧洲，皇马早已不如当年那样让人闻风丧胆。连续 4 年未夺冠后，它甚至对西班牙的俱乐部来说都已不足为惧。

幸运的是，弗洛伦蒂诺正在改变这种局面。在他的生活中，很少会出现不观看皇马比赛的情况，但他仍能从中抽出刚好够用的时间让自己成为一个跨国企业的领导人，同时也是一位亿万富翁。

弗洛伦蒂诺并非刻意地想在这一领域有所作为，他真正想涉足的是政治领域，从马德里理工大学土木工程学院毕业之后，他凭借自己的口才在一个建筑业的游说团体里找到了工作，这个岗位让他能够和这座城市的工商界和工会建立联系。这些联系很快给他带来了回报，弗洛伦蒂诺 29 岁时，马德里市长选定他来掌管城市的公共卫生部门。同一年，他成了西班牙历史上最年轻的市议员。

在佛朗哥去世后的 1976 年，西班牙国王任命阿道弗·苏亚雷斯（Adolfo Suárez）担任首相，负责监督国家向民主体制过渡。而在 20 世纪 80 年代初，弗洛伦蒂诺正是阿道弗·苏亚雷斯领导的西班牙民主中间派联盟中一颗冉冉升起的新星。他在西班牙农业部获得了一个职位，并且看上去有望长时间在中央政府任职。直到有一天，弗洛伦蒂诺的上升轨迹被突然打断，一场触目惊心的惨败让后来毕生植根于皇马的他颇有些猝不及防。

1982 年的西班牙大选中，工人社会党取得了压倒性的胜利，而弗洛伦蒂诺所在的政党却失去了多达 93% 的席位，这使他所在的政党几乎从西班牙政治版图上彻底消失。这在欧洲现代历史中，至今仍是执政党在大选中所遭遇的最惨痛失利。弗洛伦蒂诺绝不是那种擅长把挫折抛到脑后的人，他很快做出决定，至少要在能够得到合适补偿的前提下，自己再去从头开始创建一个组织。

1983 年，弗洛伦蒂诺转战私营领域，他用仅仅 1 个比塞塔①的价格收购了一家破产的小型建筑公司 ACS。

未来几十年的时间里，弗洛伦蒂诺将这家公司发展成了全世界最大的工程企业集团之一。他能够做到这一点，准确来说要归功于三个方面：对政治的敏锐、缜密的行事方式（弗洛伦蒂诺最爱说的就是"把每根螺丝钉放在正确的盒子里"），以及他积累的人脉，也就是他那些身居高位的朋友们。ACS 能够发展为拥有超过 25 000 名员工、年营业额达到 5 亿比塞塔的大集团，很大程度要归功于他们拿下了那些利润丰厚的公共建设工程合同，而授予这些合同的恰恰是弗洛伦蒂诺在政府高官中的旧识。

到 1995 年，弗洛伦蒂诺已是全国最大公司的领导人，也是深受首相信任的顾问，还在西班牙富豪排行榜中高居第 40 位，他觉得终于有资格去申请自己真心想要获得的那份工作了。那年夏天，弗洛伦蒂诺宣布自己将竞选皇马主席。

戴着一副眼镜，梳着整齐的分头，举止平和的弗洛伦蒂诺和那些夸夸其谈的体育主管很不一样。他没有自己的车并厌恶那些华丽的餐厅，他和"奢侈"最沾边的，不过是在一些罕见的场合中，将自己习惯穿的淡蓝色衬衫换成显得更活泼的衣服，比如一件颜色更深的蓝色衬衫。不过，凭借着自己在商界的地位、在社会和政坛上的关系网，以及半生时间都用来前往伯纳乌看球的经历，弗洛伦蒂诺非常自信，那些皇马的俱乐部会员们会将他视为最佳的选择。

事实上，皇马的首任主席胡安·帕德罗斯（Juan Padrós）就绝对不是一个最佳的选择。

---

①西班牙及安道尔在 2002 年欧元流通前所使用的法定货币。——编者注

帕德罗斯来自巴塞罗那。不过，他花了很短的时间就弄明白了这项工作的要求。1902 年，皇马正式成立，当选为俱乐部新组建的董事会领导人后不久，帕德罗斯就创办了一项全国性足球赛事，以纪念西班牙国王阿方索八世（King Alfonso XIII）。随后，马德里队继续做着自己最擅长的事，带回了俱乐部历史上的首个冠军。

1904 年，帕德罗斯弟弟卡洛斯接替帕德罗斯担任俱乐部主席一职。不过，尽管帕德罗斯的任期短暂，但在皇马的追随者眼中，他已经简明扼要地展现出一个俱乐部主席该去如何肩负自己的职责了。俱乐部的会员每 4 年负责选出一位主席，并期待那名获胜的候选人能够用一大堆冠军奖杯予以回报。

对于皇马而言，没有什么比获得荣誉更重要的事了。有的球队在场上把向前推进的过程升华为一种美的表达方式，并将其视为自己的使命。皇马可没这么自命不凡，它并不想成为足球场上的"万人迷"，让所有人都为它的战术风格所倾倒，它的唯一目标就是成为最好的俱乐部。球场上发生的情况不同，球员应对的方式也就不一样，但不管怎么踢，最终目标就是赢球。

伯纳乌的荣誉室将皇马的宗旨展现得淋漓尽致，为了永远向俱乐部的伟大致以最崇高的敬意，这里每天都向参观者开放。2015 年，弗洛伦蒂诺将这里称为"历史上最光辉灿烂的奖杯陈列室"。从创纪录的 35 次西甲夺魁，到两次问鼎"小世俱杯"①（La Pequeña Copa del Mundo），数十座各种各样的奖杯奖盘似乎在高喊：这就是足球历史上最能赢球的球队。它们的"声浪"甚至比在安静的图书馆里吹响喇叭还要震耳欲聋。

---

①国际足联俱乐部世界杯（FIFA Club World Cup），简称世俱杯。——编者注

荣誉室里，有一个特殊的地方专门用来陈列俱乐部所赢得的全部 14 座欧冠冠军奖杯。这项联赛的冠军，皇马已经拿了太多次，以至于俱乐部不得不给每一座冠军奖杯标注"第七冠""第十冠"的绰号，方便球迷区分每一次奏凯。

伟大的成就往往伴随着绝对的恢宏排场。2002 年，皇马迎来俱乐部建队百年，作为庆典的一部分，俱乐部创办了一场由 4 支球队组成的夏季友谊赛，邀请 AC 米兰、拜仁慕尼黑足球俱乐部（简称拜仁慕尼黑）和利物浦前来参加。

此外，俱乐部还拜访了教皇，并前往纽约造访了联合国大会。那一年的 12 月，俱乐部组织了一场特殊的百年庆典比赛，对手是临时组建的国际足联全明星队。因为 100 岁的生日只能过一次，皇马请求当天所有正式比赛都暂停举行，而由俱乐部名誉会员布拉特领导的国际足联欣然允之。毕竟，这是国际足联的"20 世纪世界最佳俱乐部"。现在，皇马正向着评选上 21 世纪的这项殊荣继续努力。

如果说取得这么多辉煌成就是皇马和其他俱乐部的不同之处，那么俱乐部的结构则使它更加鹤立鸡群。130 年前，为了能够让自己的员工更好地进行日常锻炼，两位苏格兰医生创立了西班牙第一家足球俱乐部。从此之后的绝大部分时间里，西班牙足球俱乐部的运营者就是每周末去球场给球队加油的球迷们。俱乐部的会员需要选举出一位主席和一届董事会，他们负责监管俱乐部日常的行政事务，还肩负着巴结权贵、与新援合影等"重要使命"。

至于财务管理，基本不需要费心劳神，毕竟对于绝大部分俱乐部来说，压根就没有太多收入。在西班牙，俱乐部能挣到的一点小钱只有门票和会员费，再看看哪家本地企业能勉为其难地在球场上投放广告，在球衣胸前及场边挡板上印上自己企业的名字。在当时，出售电视转播权收入对于俱乐部的影响微乎其微，直到 1982 年，西班牙也只有两家电视台，私营频道在 1990 年才出现。

即使是在迪斯蒂法诺和其队友们创造的光辉岁月里，俱乐部收入很大程度上也只能仰仗于自己那座引以为傲的球场，它是欧洲杯中容纳最多的现场球迷的球场。

在过去的一百年里，这种球迷所有制的模式在西班牙的足球俱乐部中运转良好。然而到了 20 世纪 80 年代，运营足球俱乐部开始变得愈发烧钱。1982 年，在欧洲共同体确认足球运动员能够自由流动之后，巴萨用创转会费世界纪录的 760 万美元签下了马拉多纳，与此同时，西甲的顶级球员索要的年薪已经超过了 10 万美元。在出售电视转播权和商业收入几近于零的情况下，西班牙的足球俱乐部开始越来越依赖另一项收入：银行贷款。

很快，几乎每一家西班牙的职业俱乐部都负债累累。尽管这本身并不是什么大不了的事，在欧洲，天文数字的债务就像比赛时的中场休息和看台上的污言秽语一样，都是现代足球的重要组成部分，但是西班牙足球的所有权结构却随着债务危机浮现出来：一旦俱乐部无法偿还债务，该由谁来负责？西班牙政府并不打算等待答案自己出现。1990 年，《西班牙体育法》（ *Ley 1011990 del Deporte* ）正式颁布，要求每个财政出现问题的俱乐部都转变为一个相当于有限责任公司的实体，称为 SAD。从 1985—1986 赛季开始算起，近 5 年间球队账户未能实现正向盈余的俱乐部都是这条规则的适用对象，也就是说，它基本适用于所有俱乐部。

当《西班牙体育法》生效的时候，西班牙的 42 家职业俱乐部中只有皇马、巴萨、毕尔巴鄂竞技和奥萨苏纳足球俱乐部（简称奥萨苏纳）4 家俱乐部能够从中豁免，而后面 3 支球队能够成为例外是出于同一个原因：他们都是深受所在地区关爱的球队。3 支球队各自所在的城市都将本地区居民的身份认同与这些球队紧密地绑定在了一起。其中，巴萨和毕尔巴鄂竞技都拥有全情投入的球迷群体、遮天蔽日的宏伟球场，以及比一些小地区更多的俱乐部会员，两支球队也在当地扮演着两种角色，既是当地所有团体的领头羊，也是象征民族荣耀的坚固堡垒。球迷是俱乐部的拥有者，这种模式对于归属感的形成至关重要，也就此筑牢了俱乐部的根基。换句话说，除非它们之中有谁犯下像安然公司相同规模的管理失误，才会导致俱乐部陷入严重的经济困难，当然，这对于一家西班牙足球俱乐部来说是完全有可能的。

皇马与这些俱乐部完全不同，它并非承载本土居民骄傲的支柱，也不是什么文化上的分裂主义象征。对于皇马那些死心塌地的追随者们来说，俱乐部主场所在的城市无关紧要。在他们看来，皇马是属于整个西班牙的球队，这部分要归因于俱乐部在国内无可匹敌的统治力，毕竟去支持一个赢家总归是容易得多。"包括我在内，有 75% 的马德里居民都不是出生在这里的本地人，"皇马前主席卡尔德隆说，"这里的球迷并不是和城市或者地区有所共鸣，而是同胜利建立着情感上的连接。胜利是他们唯一认同的东西。"

包括一座座欧冠冠军奖杯在内，皇马在国际赛事舞台上的频频奏凯，让很多西班牙人将这家俱乐部视作西班牙文化属性的象征之一。对于他们而言，一袭白衣的球员们捧着闪亮的奖杯游行庆祝，就和斗牛、弗拉门科舞，以及半夜 11 点才吃晚饭一样，都是构成西班牙生活的基石。

皇马的高管们一直认为俱乐部拥有无可匹敌的地位。2001 年，一项由西班牙各俱乐部管理者开展的全国性调查数据显示，皇马是全国最受欢迎的足球俱乐部，有多达 49% 的西班牙球迷认为自己是皇马的支持者。仅在巴塞罗那以及两座巴斯克城市毕尔巴鄂和圣塞巴斯蒂安中，皇马不是最受欢迎的球队。除此之外，西班牙的其余地方都是皇马的天下。即使在拥有深厚的足球历史传统以及多支顶级足球俱乐部的地方，人们对皇马的支持也深深植根于心底。例如在塞维利亚，调查显示皇马是那里最受欢迎的俱乐部，球迷数量比两支本地球队塞维利亚足球俱乐部（简称塞维利亚）和皇家贝蒂斯加起来都多。皇马的管理层为此开始庆祝，就好像又赢得了一座奖杯。

皇马在世界范围内的地位，弗洛伦蒂诺比所有人都理解得更为透彻。除了自己家与俱乐部只相隔几个街区之外，多年来在伯纳乌看台上现场看球的经历，足以让他准确了解球迷们对于俱乐部的期待。毫无疑问，他们想要胜利，但他们更希望赢得光荣，可以赢得高贵一些。毕竟俱乐部最近的成绩，会成为胡安·卡洛斯国王（King Juan Carlos）官方会议中最初讨论的话题。

当弗洛伦蒂诺宣布竞选皇马主席时，他的身上明显带有象征俱乐部"血统"的特质。当时距离皇马上一次捧起欧冠奖杯已经过去了 29 年，而他就是能让球队重返巅峰的那个人。弗洛伦蒂诺对如何让俱乐部成功了如指掌，也知道如何体面地做生意，因为他认为自己具有和俱乐部同样的特质。

不过，接下来弗洛伦蒂诺的行为可和皇马的特质一点儿都不沾边，他竞选失败了。

可以确定的是，这次失败没有他的上一次竞选失利更具灾难性。1995 年皇马的主席大选计票结果显示，弗洛伦蒂诺只比自己的对手洛伦佐·桑斯（Lorenzo Sanz）少了不到 500 票。桑斯是一个自负的白手起家的商人，喜欢运动跑车、古巴雪茄和在深夜打牌。面对这个对手，弗洛伦蒂诺只输掉了 1% 左右的选票，远远算不上是被压倒性击败，但也正是这微弱的差距，才让这次失利显得更加痛苦。1982 年的大选之夜，在政府中刚刚起步的职业生涯土崩瓦解已经让弗洛伦蒂诺痛苦不堪，但他那时还可以安慰自己，是超出他掌控之外的政治力量从中作梗。而这次竞选主席的失败更像是对他个人能力的一种否定，这些投票的俱乐部会员相当于他的人民，其中有不少都是他真正的家庭成员。输给桑斯这种人则更让弗洛伦蒂诺懊恼不已，在他看来，桑斯无非就是一个幸运的赌徒，一个粗鲁的暴发户，以他的阶层和格调，明显不配坐上皇马主席的宝座。

　　的确，皇马宏大的民主实验无法达到那种柏拉图式的理想自治。主席选举每4年进行一次，除非现任主席认为提前或推迟选举会对自己有利。俱乐部历史上担任过主席一职的17人（全部是男性）中，有7人甚至没能待满自己的第一个4年任期。不过，因创办了欧洲冠军杯而颇受赞誉的圣地亚哥·伯纳乌，则像独裁者一样足足执掌了俱乐部长达35年，俱乐部主场也以他的名字命名。随着互联网时代的到来，过往很多伟大的民主模式都向着糟糕的方向发展。近些年来，暴露野蛮个性的自我膨胀、展现未加约束的个人野心，以及频繁揭发对手隐私，共同构成了俱乐部主席竞选的主要内容。

　　但以上种种问题，包括候选人需要证明自己能够承担俱乐部15%的预算这一要求，都无法阻止弗洛伦蒂诺不断向主席之位发起冲击。就在这一次的投票还在统计时，就在他还在消化自己的失利情绪时，他就已经决意要从头再来。他要在未来的几年间确保下一次的竞选结果会有所不同，因为在弗洛伦蒂诺的内心深处，他始终坚信自己就是皇马主席的最佳人选。

## 现代体育史上最大胆的奇袭

　　到了1998年，彼时的欧洲冠军杯已经改制为欧洲冠军联赛，而皇马对这项至尊荣誉的漫长等待终于在桑斯治下结束了，这对于弗洛伦蒂诺的野心来说无异于是一个打击。两年之后，皇马卷土重来，在巴黎进行的欧冠决赛中以3：0的比分横扫瓦伦西亚再度夺魁。这场比赛就发生在新一届主席大选的几周之前，这一结果应该足以把弗洛伦蒂诺剩余的信心消灭殆尽了。

　　将皇马带回欧洲之巅是弗洛伦蒂诺给出的承诺，而如今桑斯已经不折不扣地实现了两次。在绝大多数参与选举的观察者眼中，桑斯实现连任已成定局。把一个率领俱乐部在三年内两夺欧冠的现任主席赶下台，简直是荒谬。但是弗洛伦蒂诺并不这么想，别忘了，他是一个皇马的支持者，他知道，对于皇马的球迷来说，还有一样东西比问鼎欧洲更让他们心动，那就是把巴萨耍得团团转。

因此，第二次尝试竞选皇马主席之位时，弗洛伦蒂诺聚焦在了另一方面，而这次的承诺要比干掉那些欧洲豪门俱乐部显得更加野心勃勃。这一回，弗洛伦蒂诺要为球队带来那位才华横溢同时又帅气逼人的葡萄牙边锋，他"碰巧"还是巴萨的明星球员和队长，名叫路易斯·菲戈。

弗洛伦蒂诺确信，让菲戈从死敌那里暗度陈仓转投皇马，这种对敌人的残暴打击对于俱乐部的会员们来说实在难以拒绝。他们别无选择，唯有乖乖奉上选票。首先，菲戈就是"巴萨先生"，是这支球队的守护神，他深受球迷和队友们的爱戴，对于身上的这件红蓝球衣有着强烈的忠诚感。1998 年巴萨夺得国王杯冠军时，菲戈把自己的头发也染成了红蓝间条的样子。并且会员们曾经和弗洛伦蒂诺说过，一定会不惜一切代价引进菲戈。

在发起竞选活动前的几个月时间里，弗洛伦蒂诺走访了皇马的俱乐部会员们，就一系列问题征询了他们的意见，其中主要涉及的是俱乐部的财政方面，弗洛伦蒂诺相信实际情况比桑斯嘴里透漏的严重很多。不过，他在调研中悄悄加了一个和引援有关的问题：会员们最希望看到哪位球员来到皇马？呼声最高的正是菲戈。

自那时起，弗洛伦蒂诺开始了自己的运筹帷幄，策划完成了一起现代体育史上最大胆的奇袭。不得不说，缜密细致的策划再加上一丝不苟的执行力，这笔转会交易好似出自魔鬼的杰出手笔，它可以等同于足球界里的一次对银行的洗劫。

与很多经典的瞒天过海事件一样，完成这笔转会交易也需要一些恰当的时机。在 2000 年夏天，皇马并非唯一一家进行主席选举的西班牙巨头俱乐部，巴萨的会员们同样到了要投票的时间，他们要为当时的主席努涅斯选出一位继任者。2000 年春天，在执掌了俱乐部长达 22 年之后，努涅斯出人意料地宣布辞职，也远离了克鲁伊夫长期以来在报纸专栏上对他的猛烈抨击。整个季前阶段，巴萨上上下下都沉浸在主席选举的政治拉拢活动中。这在菲戈的经纪人若泽·维加（José Veiga）看来，这个夏天同样也是他为自己的客户争取加薪的最佳时机。

众所周知，哪怕自己的球员只是学会了正确穿戴护腿板，经纪人们都认为他们配得上更高的薪水。不过这一次，维加的涨薪诉求确实有理有据。过去的 12 个月中，菲戈的表现不仅是巴萨队内的个中翘楚，堪称世界最佳球员也毫不过分。在 1999—2000 赛季，菲戈在俱乐部和国家队的各项赛事中一共打入 20 球，对于一个边锋来说，这个数字放在今天也足够出类拔萃。而且，就连克鲁伊夫也对菲戈不吝溢美之词，这或许是证明菲戈能力的最真实的证据。"他什么都能做，能穿中、能内切，左右脚都能射门，"克鲁伊夫写道，"真的，他拥有一切本领。"

在巴萨，没有人会质疑菲戈配得上一份新合同，但是问题在于，同样没有人能对此有所行动。努涅斯每天倒数着离开俱乐部的日子，两位竞争主席之位的人——霍安·加斯帕特（Joan Gaspart）和路易斯·巴萨特（Luis Bassat），离投票入主俱乐部主席还有几个星期的时间。这一年中，维加三次造访巴萨协商菲戈的新合同，三次都没能带着任何人的签字离开。这种情况一直持续到夏天，他和菲戈本人都有一些愤愤不平。诺坎普此时出现了权力的真空，为弗洛伦蒂诺带来了一丝曙光。

那个夏天，当足球界把全部目光聚焦于由比利时和荷兰联合举办的欧洲杯上时，弗洛伦蒂诺将他的劫掠计划付诸行动，办成此事需要弗洛伦蒂诺发挥他作为谈判专家的优势，也将消耗他相当一部分的个人财富。全部计划之所以能实现，还要归功于弗洛伦蒂诺 5 年前输掉了上一次主席大选。现在，只是主席候选人身份的他在俱乐部没有官方职务，因此可以不受国际足联的规则限制，随心所欲地和球员畅谈合同条款。弗洛伦蒂诺给菲戈和经纪人开出的合同中的待遇实在太过优厚，以至于他们都不敢相信这是真的。原来，弗洛伦蒂诺告诉他们，如果菲戈现在能够签署一份承诺加盟球队的协议，那么他愿意给他们开一张高达 4 亿比塞塔（约合 260 万美元）的支票，就算弗洛伦蒂诺没能当选主席，这笔钱也同样属于菲戈。

当时，维加把主要精力用来争取让巴萨为菲戈改善合同里的待遇上，弗洛伦蒂诺的提议在他看来无异于拿自己的钱打水漂。任何一个他这种级别的足球经纪人，都不会拒绝这笔白白送上门的钱财。再者说，维加分析后觉得这个提议对他们有百利而无一害，先不说弗洛伦蒂诺本身几乎没可能胜选，而且和皇马之间的接触应该足够敦促巴萨给自己的客户涨薪。得到菲戈的允许后，维加签署了这份协议，他们甚至都没有当面商量过此事。

然而，陷阱总是潜藏在协议的不起眼的细则之中。弗洛伦蒂诺在自己起草的协议中注明，在自己成功当选主席后，如果菲戈违背了加盟皇马的诺言，那么他需要支付给弗洛伦蒂诺 50 亿比塞塔（约合 3 270 万美元）的赔偿金。当时，菲戈和维加都没有对这项条款太过在意，因为他们对于这次主席大选的结果已经有了自己的预测。然而对于弗洛伦蒂诺而言，这项条款却是重中之重，它可以确保选举结果出炉后菲戈无法反悔。

弗洛伦蒂诺需要的只有这些，毕竟，他知道巴萨同样无法阻拦这笔转会交易，这就得感谢另一个合同中的漏洞了。

在西班牙足球行业，每一名球员的合同中都包含一项解约条款，也就是可以买走一名球员的官方价格。如果有球队愿意将等同于一名球员解约金的数目存入西甲的办公室，那么这名球员所属的俱乐部就不能阻止这笔转会交易继续进行。传统上看，这样的解约条款通常在两个方面发挥作用，一是绝大多数情况下，球员解约金设定得高，可以吓退潜在的出价方；二是解约金偶尔也会是"良心价"，这样一支球队就可以在不激起本队球迷怒火的情况下甩掉自己不想要的球员。

对菲戈的买断条款绝对属于第一种情形，他的解约金设置为 100 亿比塞塔（大致合 6 600 万美元），此前从没有人为一名球员付出如此的转会费，在 2000 年初，也不会有任何人这样做。当时，西班牙俱乐部所付出的最高转会费出自桑斯之手，他在 2019 年豪掷 3 850 万美元从阿森纳引进了法国前锋尼古拉斯·阿内尔卡（Nicolas Anelka）。而菲戈的解约金比阿内尔卡的转会费还要高出 70%，几乎没有人愿意拿出这笔钱签下菲戈。

然而弗洛伦蒂诺开始做起了这道"算术题"，这件事看上去又完全行得通。他给自己在银行界的朋友打了几通电话后，钱的问题就迎刃而解了。这些银行同意借给皇马 100 亿比塞塔用于满足菲戈的解约条款，条件是弗洛伦蒂诺需要为此作个人担保。当时，弗洛伦蒂诺仍然住在马德里钱贝里区一座不大的房子里，他恨不得马上签署这些银行文件。

7 月初，距离皇马主席大选还有两周，一切都已经准备就绪。弗洛伦蒂诺心里只剩下最后一个让他焦虑的事情，那就是签下菲戈的承诺听起来实在有点异想天开，他担心没有人相信他的承诺。于是，弗洛伦蒂诺决定也用钱来解决这一问题。在选举开始前的最后几天，他告知 7 万名俱乐部会员，如果他当选主席之后没能兑现竞选时许下的关键承诺，那么他就自掏腰包为每位俱乐部会员缴纳会员年费，这个数目总计达到了 800 万美元。

7 月 6 日，有新闻传出弗洛伦蒂诺已经就签下菲戈达成协议，这个消息多少让桑斯有些猝不及防，他当时正忙于在女儿的婚礼上把她交给新郎皇马主力右后卫米歇尔·萨尔加多（Míchel Salgado）。听到这个消息后，桑斯把它当作纯粹的垃圾一样不予理会。"没准弗洛伦蒂诺还会宣布他接下来签了克劳迪娅·希弗（Claudia Schiffer）呢！"他有些嗤之以鼻。但是他没想到弗洛伦蒂诺已经领先了一步，即使是对他最持怀疑态度的会员，也很难拒绝免缴会费。

事实证明，弗洛伦蒂诺不仅可以让桑斯相形见绌，也比菲戈技高一筹。菲戈与弗洛伦蒂诺就转会达成协议的消息一经传出，他在巴萨所要面临的不亚于一场堪比核反应堆熔毁的灾难。于是，菲戈尝试耍各种花招，企图逃避与弗洛伦蒂诺之间的协议。维加哭着给弗洛伦蒂诺打电话，提出归还几周前他刚刚收到的 4 亿比塞塔。身穿巴萨球衣的菲戈则登上了加泰罗尼亚《每日体育报》（Sport）的头版，向球迷保证自己哪儿都不去。他甚至告诉队友，他要转会去皇马的传闻完全是子虚乌有，其中也包括瓜迪奥拉，他可是菲戈其中一个女儿的教父。

然而一切都为时已晚。7 月 16 日，当选票统计完毕，弗洛伦蒂诺以 3000多票的优势击败桑斯，如愿当选为皇马的主席。

8 天之后，路易斯·菲戈以皇马球员的身份正式亮相。见面仪式理所当然地在俱乐部的荣誉室里进行，菲戈脸上的笑容很少，手握纯白的皇马球衣照相之后，他只作了简短的致辞："我希望能像在巴萨一样开心。"随后他离开这里去签署自己的新合同了，这份合同的解约金高达 300 亿比塞塔。站在菲戈左手边的是俱乐部的另一位"新援"迪斯蒂法诺，这位弗洛伦蒂诺儿时的偶像在自己 74 岁这一年被聘请回来担任俱乐部的名誉副主席。菲戈的另一侧则是弗洛伦蒂诺本人，依旧穿着经典的蓝色衬衫和灰色西装，脸上挂着洋洋得意的笑容。就在刚刚，他率先挑起了西班牙足球俱乐部中两个宿敌之间最激烈的对决。几个小时前，弗洛伦蒂诺将 100 亿比塞塔的解约金存入了西甲的办公室，这个一举两得的手段既带领皇马开启了一个勇敢的新时代，又使巴萨坠入新一轮的混乱中。这正是每一个皇马狂热支持者的梦想。

"这并不容易，"弗洛伦蒂诺后来回顾时说，"在 2000 年，没有人会花费 6000 万欧元引进一名球员。但那可是巴萨的队长啊！这相当于把他们的心脏扯出来了。"

## 皇马财政模式大改造

签下菲戈本身已是非常大胆的行为，但弗洛伦蒂诺后面的行为比这还要勇敢无畏，因为接下来的 5 年里，他向足球界的现行秩序发起了一波全面攻势。他颠覆了这项运动的经济结构，改写了转会市场的运行规则，并且重塑了在过去半个世纪里都始终支撑着俱乐部足球的财政模式。在弗洛伦蒂诺下台之前，他已经将皇马打造成全世界最具价值的职业体育球队。

但在这一切发生之前，弗洛伦蒂诺首先需要阻止俱乐部滑向破产的深渊。

上任几天之后，他就细致深入地分析了俱乐部的账目。分析报告读起来让他眉头紧锁，球队的债务高达 1.5 亿美元，每个赛季的亏损超过了 2 000 万美元。当弗洛伦蒂诺和他的团队继续深入研究这些账目时，情况看上去更糟糕了。俱乐部开出的薪资竟然达到了总收入的 86%，而球队的最大一部分收入来源则是门票销售和会员费。这确实是一个问题，因为在 1999—2000 赛季西甲的 19 场主场比赛中，皇马有 18 场比赛都没能将门票售罄。而且，俱乐部的会员人数在过去 5 年间也是呈下降趋势。在记者约翰・卡林（John Carlin）

的记述中，前皇马高管卡洛斯·马丁内斯·德阿尔沃诺斯（Carlos Martinez de Albornoz）简洁地概括了弗洛伦蒂诺上任之初的局面。"弗洛伦蒂诺接管俱乐部的时候，"他说，"我们账户里的钱甚至都不够买一支圆珠笔。"

　　幸运的是，弗洛伦蒂诺知道如何不再让自己的"文具盒"空空如也。银行里一直有他的好朋友，他已经从那里借了 1 800 万欧元作为竞选主席的花销，还有他个人为签下菲戈所承担的 6 000 万欧元借款。但是，他对皇马的大改造才刚刚开始，还需要借更多的钱。为了支付中场球员克劳德·马克莱莱（Claude Makélélé）和弗拉维奥·孔塞桑（Flávio Conceição）的转会费，弗洛伦蒂诺又以个人名义担保了 3 900 万欧元的银行贷款。虽然以 3 600 万欧元的价格将阿内尔卡卖给巴黎圣日耳曼，但很快俱乐部把出售球员的收入又花在了支付 4 名新援的转会费上。不断增加的支出很快超出了俱乐部的预算，根据法律要求，弗洛伦蒂诺需要再贡献 1 200 万欧元才能填补这个赤字。入主俱乐部后短短几周，他的个人财务风险累计超过 1.29 亿美元。因此，让皇马重返巅峰不仅仅是弗洛伦蒂诺毕生追求的雄心壮志，从财政角度上看，这也是迫在眉睫的必要任务。

　　弗洛伦蒂诺对财政赤字的情况也早有计划，而且这项计划比从银行借款要更天马行空一些。在他心里，改造皇马不只是削减开销和平衡收支这么简单。这家俱乐部需要大刀阔斧的变革，他要开辟更多的收入来源，让挣钱变得更容易。皇马已经被官方认证为"20 世纪世界最佳俱乐部"，现在需要将这项荣誉升级为 21 世纪的版本，而成功的秘诀就隐藏在足球这项运动的商业潜能中。

　　弗洛伦蒂诺之所以明白这一点，是因为以前已经有其他人思考过同样的问题。如今，弗洛伦蒂诺为皇马所设想的商业模式转型，和 10 年前几家英格兰足球俱乐部的高管所设想的如出一辙。1992 年，由曼联、阿森纳和托特纳姆热刺足球俱乐部（简称热刺）担任"先锋"，英格兰几家最大的俱乐部揭竿而起，最终促成了英超的诞生。自那年之后，在充分开发利用足球运动的商机这方面，英格兰的顶级俱乐部就成了全世界的领军人物。

其中，曼联堪称所有俱乐部的标杆，它集经营头脑、市场能力，以及拥有大量球场上的璀璨群星于一身，从而在经济层面获得了其他任何一支欧洲俱乐部都无法匹敌的优势，完全可以作为一家百年老字号球队向现代商业帝国转型的经典案例。其他俱乐部想要效仿也并非难事，曼联的发展蓝图可以说是一个公开的秘密。

1991 年，曼联在伦敦证券交易所上市，意味着俱乐部过去 9 年间的所有账目都要对外界完全公开。弗洛伦蒂诺仔细研读了这些账目，他发现皇马需要全面彻底地重新架构。俱乐部的营收仍旧大幅依赖于比赛日收入和会员费，这让它在现代足球界里看上去就像个古董一样。直到 20 世纪 90 年代，皇马乃至所有西班牙球队的比赛，出了本国范围就无人收看。在这里，俱乐部足球的国际化水平还很低。

不过，弗洛伦蒂诺已经察觉到市场正在发生变化，市场营销、特许产品，以及品牌经营成为欧洲足坛新的经济驱动力。以前，足球只是一门小生意，靠着门票收入和叫卖围巾、苏打水等从一些本地球迷那里赚来的钱勉强维持着收支平衡。如今，这项运动摇身一变，正在成为面向全世界球迷群体、建立在媒体版权基础之上的像淘金般狂热的运动。

而英超已经实现了这样的市场转变。曼联意识到，如雷贯耳的名声和群星荟萃的阵容能够让自己成为一个全球市场营销的现象级俱乐部，进而使自己成为一系列赛事冠军的最有力竞争者。然而在弗洛伦蒂诺认真研究账目的过程中，他开始意识到曼联的格局还没有完全被打开。

曼联依靠自己在商业领域建立的优势，得以在自己的阵容中聚集大量的明星球员。对于弗洛伦蒂诺来说，这无异于是南辕北辙，球员本身才应该作为驱动力。如果把钱砸向这项运动最大牌的球星及其享誉全球的名望，那么更加丰厚的市场回报也会随之而来。而如果俱乐部引入的巨星够多，即使是曼联的商业优势也只能望其项背、黯淡无光。于是，弗洛伦蒂诺开始构想一个良性循环，其中的全明星阵容能够把皇马带回到 20 世纪 50 年代那样的世界之巅。而菲戈将是他想要建造的这艘银河战舰的第一个签约球员。

何塞·安赫尔·桑切斯（José Ángel Sánchez）是弗洛伦蒂诺从世嘉公司（Sega）聘请来的市场总监，也被弗洛沦蒂诺称为是"穿西装打领带的银河战舰成员"。在他的帮助下，弗洛伦蒂诺学会了随时随地发掘商业潜力的本领。俱乐部研习了迪士尼公司对电影《狮子王》（The Lion King）进行市场开发的手段，凭借着一些特许经营和周边产品销售，这部在当时席卷票房的佳作在上映很久之后依旧能够为迪士尼源源不断地带来收益。

在这种新的思维方式指引下，桑切斯和弗洛伦蒂诺认为球员们不仅是球场上的资产，也要在俱乐部更加宽广的商业供给侧担任演员。皇马也不仅仅是一支职业足球运动队，而是成一家内容生产商。如果将弗洛伦蒂诺的任务比作生产一部电影巨作，那么他知道，在足球界里没有什么比签下一名超级巨星更加壮观夺目的事了。他计划每年夏天都为球队带来一位超级巨星，就像好莱坞发布新的商业大片一样。这是一项风险极高的战略，但弗洛伦蒂诺坚信，它会带来回报。为了给这项战略加上双重保险，弗洛伦蒂诺又玩了一手老派的幕后操作把戏。

2001 年，在几位马德里市政厅的老朋友帮助下，弗洛伦蒂诺监督完成了对皇马体育城（Ciudad Deportiva）训练基地的出售，俱乐部从开发者那里获得了惊人的 5 亿欧元，一举抹平了之前的债务。这绝对堪称一招妙棋，同时也在公众内引发了一场狂风暴雨般的口诛笔伐。

多年来，市政府的官员们一直拒绝批准开发这方 15 公顷的土地。这里以前位于城市的郊区，如今却已身处金融区的核心地带，坐落在整个国家地价最高的街道上。在 3 年前的 1998 年，这块训练基地的估价还只有 42.1 万欧元，因此，本次高达 5 亿欧元的高价出售招致了左翼反对党派的强烈谴责。后来，欧洲委员会也裁定，这笔交易构成了非法的政府援助行为。而当人们发现，正是弗洛伦蒂诺的 ACS 建筑公司赢得了重新开发这个地点的授权合同时，抗议的声浪愈发高涨。不过在 2001 年，对于弗洛伦蒂诺来说，唯一重要的事情就是皇马的 2.78 亿欧元债务已经成为过往。现在，他终于可以将自己的银河战舰计划付诸行动了。

## 银河战舰正式启航

2001 年夏天，皇马历史上最为雄心勃勃却最终考虑略显不周的建队战略之一正式拉开帷幕。继引进菲戈之后，弗洛伦蒂诺一年之内再度打破转会费世界纪录，豪掷 6 600 万美元将法国中场球员齐内丁·齐达内从尤文图斯招入麾下。2002 年，巴西前锋罗纳尔多又从国际米兰转投而来。一年之后，当贝克汉姆也现身皇马时，弗洛伦蒂诺已经在场上汇聚了一组世人所见的最伟大的球星集合。

对于公众来说，一连串让人惊掉下巴的转会费不是其中最紧张刺激的部分，弗洛伦蒂诺每年夏天签下一位超级球星的意愿已经固化为官方政策，也不再令人激动万分。真正扣人心弦的地方在于，银河战舰计划几乎与所有组建赢球队伍的传统计策都背道而驰。

俱乐部在球队出场阵容里能塞进多少个巨星呢？别忘了场上只有一个足球！皇马开始变得更像是复仇者联盟，而非一支足球队。

一切都按照弗洛伦蒂诺的计划进行。这艘银河战舰就像是足球界里的哈林花式篮球队（Harlem Globetrotters），他们在组建的第一个和第三个赛季都夺得了西甲冠军，而在 2002 年的一个凉爽的春夜，皇马又在格拉斯哥的汉普顿公园球场加冕欧冠之王。1960 年，正是在同一块球场上，皇马登上了欧洲之巅。46 年后，齐达内左脚一记将近 20 米的"天外飞仙"般的动作直挂球门上角，帮助球队在建队第 100 年锁定了第九座欧冠奖杯，"La Novena"（第九冠）是这座奖杯的绰号。两年后，皇马取代曼联成为全世界最富有的俱乐部，弗洛伦蒂诺把它看作一场重大胜利。

对于弗洛伦蒂诺来说，登顶"最富有的俱乐部"才是自己最好的"无罪证明"。这些年，他已经听到了太多来自反对者们的评头论足，指责他大手大脚地花钱、毫无条理地引援，以及对转会市场运行规则赤裸裸的无视。而现在，让俱乐部达到这一巅峰的成就说明他每一件事都做对了。他发掘了大牌球星们身上那份令人无法抗拒的吸引力，也已经向大家展示，利用贝克汉姆、罗纳尔多及其他球星的品牌价值，能够将皇马的盈利能力推向新的高度。"齐达内花了我 7 300 万欧元，"弗洛伦蒂诺说，"而他是我签下的最便宜的球员。"的确，齐达内到了皇马甚至连球还没有碰到，就已经开始回馈皇马为他付出的转会费了，因为弗洛伦蒂诺用 2.5 亿比塞塔的价格将齐达内官方亮相仪式的媒体版权卖给了法国电视台 Canal+。

没用多长时间，球员高昂的转会费对皇马来说就已经是一笔小钱了。在弗洛伦蒂诺上任的第四年，俱乐部的收入翻了一番，从 2000 年的 1.38 亿欧元猛增至 2004 年的 2.76 亿欧元。市场营销和商业销售如今在总收入中占比高至40%，成为俱乐部最大的收入来源。这项数据让弗洛伦蒂诺倍受鼓舞，因为它超过了曼联同期 27% 的市场收入占比。

此外，弗洛伦蒂诺所集结的这个全明星阵容不仅使皇马能够从现有赞助商那里获得更多利润，过往一些绝无可能冒险涉足职业体育领域的企业也前来敲开俱乐部的大门，希望能够成为皇马新的合作伙伴。

2002 年，皇马正在寻找一个新的球衣赞助商。弗洛伦蒂诺特地为此不厌其烦地宣传了许久。2001—2002 赛季中期，他宣布球队在本赛季余下比赛中都将身着胸前印有皇马网址标识的球衣征战。弗洛伦蒂诺表面上宣称，这是因为俱乐部将迎来百年华诞，他不愿让别的品牌出现在球队圣洁的纯白球衣上。但实际上，他此举相当于向所有感兴趣的人发出强烈信号，在足球界的俱乐部里，最具价值的那块"地产"正在寻找一个新的"佃户"。这个消息最终传到了一头长发的市场总监罗尔夫·贝斯旺格（Rolf Beisswanger）耳中，他刚刚离开了雨果博思[①]（Hugo Boss）也在新东家那里负责商业赞助方面的业务，急需改头换面。

2002 年夏天，西门子是全世界最大的跨国企业之一。这家有着 155 年历史的公司年销售额达到了 750 亿欧元左右，在全球将近 200 个国家开设了办公室。但它同时也是低调的，作为一个业务领域主要集中在动力涡轮和交通系统的大型工程企业集团，默默无闻不是什么缺点。但是西门子当时刚刚进军移动电话的业务领域，发现自己一本正经、老气横秋的品牌形象与公司隆重推出的闪亮新品一点儿都不搭。要想和诺基亚、摩托罗拉等品牌一争高下，西门子还需要变得更加新潮、有诱惑力，而皇马星光熠熠的阵容正好能够给消费者带来恰如其分的吸引力。

---

① 1923 年创立的德国品牌，主营男女服装、香水及其他配件。——编者注

"这需要对西门子进行大量的说服工作。"贝斯旺格对《华尔街日报》说，不过在这一年，西门子的董事会还是批准了成为皇马球衣主赞助商的交易，每年 1 700 万欧元的赞助费，使这笔交易合同成了当时世界足坛最丰厚的赞助合同。很快，西门子就发现这是一笔非常划算的买卖，随着自己的标识醒目地印在皇马球衣胸前，它的手机产品销量迅速飞升。西门子手机在拉丁美洲的市场份额几乎跃升至之前的 3 倍，在西班牙的市场份额也比此前增长了 4%。西门子公司的内部数据显示，在一个他们压根没什么指望有销量的地方，产品的市场份额也取得了小幅提升，那里就是加泰罗尼亚。

2003 年，贝克汉姆即将加入皇马让弗洛伦蒂诺的商业计划更加紧锣密鼓地执行起来。从 1998 年开始，阿迪达斯就开始为皇马提供装备，当公司高管发现自己旗下最有潜力的客户即将加盟皇马时，他们直接在办公室跳起了舞。突然间，皇马俱乐部发现贝克汉姆带来的效益能够让自己的表演赛出场费直接在后面加个零。2005 年赛季前，在美国、中国、日本和泰国进行的 6 场巡回赛为俱乐部带来了 2 560 万美元的净收入。皇马把从市场上赚来的大把钞票用在了伯纳乌的改造升级上，现在，银河战舰的成员们可以舒舒服服地坐在替补席上，沐浴在头顶上的加热器和球迷赞歌带来的温暖之中。弗洛伦蒂诺也将楼上的 VIP 包厢进行了升级换代。改造之后，身处包厢，既可以将赛场情况尽收眼底，也能成为全场瞩目的焦点。胡安·卡洛斯国王和科菲·安南（Kofi Annan）都在这里和汤姆·克鲁斯（Tom Cruise）"勾肩搭背"过。当然，偶尔这里的来宾也并没有那么高贵显赫。

不管客人名单上都有谁，皇马都已成为全世界最富有的球队。它拥有全世界最好的球员，而且就算俱乐部堆积奖杯的速度不如弗洛伦蒂诺期望中的那么快，皇马也已是足球界中的典范。更妙的是，那时巴萨还没有从被菲戈背叛的阴影中恢复元气，在随后的三个赛季里名次最高也只排在联赛第四。2004 年 7 月，弗洛伦蒂诺以 91% 的选票顺利实现连任。

这场成功模式的不可复制性，也是银河战舰计划的独一无二之处。皇马或许是唯一一家能够实现这一计划的俱乐部，因为对它来说，超级球星不仅是迟来的"奢侈品"，还是构成俱乐部身份认同不可或缺的一部分。从迪斯蒂法诺和费伦茨·普斯卡什（Ferenc Puskas）时期开始，整个俱乐部的组织架构就是专门围绕容纳、安抚球员们来设计的。伯纳乌的更衣室内，两行长凳分列两侧，每名球员的柜子严格按照球衣号码来排列，没人能挑选自己的位置，也没人能获得特殊的待遇。与之异曲同工的是，皇马的球队队长从很早开始就不再从主教练或者球员们中选出，队长袖标自动归属于为球队效力年头最长的那名球员，无论他的场上位置是什么，也不管他在球队中的地位如何，这样就可以避免因争夺队长袖标而产生的争议了。

但最终，银河战舰计划还是失败了。银河战舰计划的最终失败不是由球星们的过度自我所导致，也并非俱乐部的经济层面没有达到预期，而是因为弗洛伦蒂诺开始把财政放在高于一切的位置，让商业因素的考量凌驾于体育因素之上。回首这一段历程时，皇马的高管们准确地查明了团队开始偏航的时间点。"我们在签下贝克汉姆的时候就已经越界了。"曾长期担任俱乐部体育主管的豪尔赫·巴尔达诺（Jorge Valdano）承认。贝克汉姆绝不是一名糟糕的球员，即使是对像英格兰队一样总是胜败各半的球队来说。一名糟糕的球员也不可能代表国家队出场 115 次之多，贝克汉姆在球场上的能力和其个人品质无可指摘，只不过皇马对于如何安排他毫无计划。

尤其是当球队首发阵容中的位置已经无法容纳球队中的全部巨星时，银河战舰计划的其他缺陷开始不断浮现。由于全世界最大牌的球星无一例外的都是进攻手，因此弗洛伦蒂诺终于不再重复地签下同一个位置的球星。2005 年，当英格兰前锋迈克尔·欧文（Michael Owen）加盟皇马时，他发现自己的先发位置已经被罗纳尔多占据。与此同时，菲戈则在为贝克汉姆的到来而感到愤怒，因为贝克汉姆惯常活动的右路区域与自己的右边锋位置刚好重叠。2003—

2004 赛季开始后的前 3 个月，菲戈几乎都不同球队高管讲话，也拒绝交出主罚角球的权力。

很快，问题接踵而至，由于球队每个赛季都需要重新调整战术，以迎合新加盟的球星，而找出时间来演练新战术则被证明是一项更加复杂的任务。球队的季前训练已经演变为一项推广宣传活动，俱乐部允许球员们请假不去训练，而去履行他们许给赞助商的承诺。球队的团体训练本是一项日常工作，如今却只能一次次地半途而废。

"对于俱乐部来说，在宣传推广等方面追求高收入非常重要，但在其中需要掌握平衡，"菲戈后来说，"我们当时已经打破了一些作为一支足球队的行为准则。"

突然间，相比于在球场上取得胜利，球员们看上去更擅长为俱乐部提高收入。面对这样一支银河战舰队伍，那些天赋平平但战术更为均衡的对手在赛场上发挥得更加从容。和过往一样，俱乐部成绩下滑最终还是主教练来背这口"黑锅"。弗洛伦蒂诺执掌俱乐部后的前 3 个赛季，在教练席上指挥球队的是文森特·德尔·博斯克（Vicente del Bosque）。2003 年，他因未能带领球队捧起欧冠奖杯而付出了代价。此后的三个赛季里，弗洛伦蒂诺又走马灯似的快速辞掉了 5 位主教练。"当俱乐部主席开始自认为懂一点足球的时候，对一个主教练来说这里就不适合执教了。"接替德尔·博斯克的奎罗斯说，他在皇马主教练的位置上只坐了 10 个月，就回到曼联重操旧业，当起了弗格森的助手。

2006 年 1 月的一个夜晚，即使在滂沱大雨中，弗洛伦蒂诺也能清楚地看见墙上的比分。"皇家马洛卡足球俱乐部（简称马洛卡）分数是 2，皇马分数是 1"，这已是球队在本赛季西甲中的第七场失利，在积分榜上落后巴萨 10 分之多，俱乐部正大踏步地迈向连续第三个颗粒无收的赛季，迎来了俱乐部半个多世纪以来最长的一次冠军荒。这场赛事失利的两天之后，弗洛伦蒂诺宣布自己辞去皇马主席一职。

弗洛伦蒂诺再也无法否认，他所建造的这艘银河战舰如今需要一次"强硬重启"。作为第一位银河战舰成员，菲戈已经离队转投国际米兰，齐达内距离退役只剩几个月的时间，而罗纳尔多还在同伤病以及不断发福的腰围做斗争。此时的弗洛伦蒂诺已经没有心气去推倒重来了。私下里他告诉助理，自己宁愿在 2004 年第一个任期结束的时候就急流勇退，而不是继续寻求连任。

"我就像只想把最好的东西带给自己孩子的家长一样，这样的行为会把孩子惯坏的，"弗洛伦蒂诺说，"这不是球员们的错，是我的错。"

## 席卷皇马的猛烈危机

然而，弗洛伦蒂诺和皇马之间的故事，绝不会就此终结。

弗洛伦蒂诺多年来为了带领俱乐部扭转乾坤，投入了如此多的时间、精力，以及巨额的金钱，结果却这样离开了。弗洛伦蒂诺承诺道，会把更多的心思和注意力放在自己 ACS 公司的本职工作上。结果辞去主席职位刚过了几周，他就已经在谋划重返伯纳乌。当然不是说马上就杀个回马枪，但总归有一天会的，只要等到几年之后，人们淡忘了他上个任期中灾难般的最后几个月就好。弗洛伦蒂诺确信，他的光辉形象、他的主席宝座，以及他全部的银河战舰计划，总有一天都将恢复原状，只是需要时间。

与此同时，弗洛伦蒂诺的继任者拉蒙·卡尔德隆，则一直在尝试提醒着俱乐部的工作人员，他认为俱乐部首先是一支足球队，其次才是一家梦工厂。"我们认为改变球员的心态是非常重要的，"他说，"要让他们每天把注意力都放在训练场上。"

到了 2009 年春天，此时距离弗洛伦蒂诺辞去皇马主席的职位已经过去了3 年。很明显，他已经不能再继续置身事外了，最近几个月，一场席卷全国的猛烈危机将弗洛伦蒂诺彻底震撼住了。当时，西班牙房地产泡沫的崩溃形势"颇为壮观"，也严重威胁到了他的 ACS 建筑帝国的运行。不过，皇马的这场危机要更为严重。

因为，巅峰时期的巴萨又回来了。

弗洛伦蒂诺能感觉到，自己眼中的足球界秩序正在改变，就好像西班牙足球的轴心在历史上第一次从马德里朝着加泰罗尼亚的方向倾斜。几个月之后，他担忧的最坏的情况还是发生了，巴萨一举赢得了西甲冠军、西班牙国王杯冠军，并在欧冠决赛中摧毁了 C 罗所在的曼联，成了本赛季的"三冠王"。在弗洛伦蒂诺看来，这个赛季仿佛就是一场属于身着红蓝间条衫球员的漫长胜利游行。

巴萨一次次的胜利不仅让弗洛伦蒂诺警醒，对手获胜的方式更为他敲响了警钟。巴萨的球员让难度十足的足球运动看上去就像是操场上的抓球游戏一样简单有趣，在收获大量进球的同时也"收割"了数不清的崇拜者。弗洛伦蒂诺开始担心，如果巴萨继续发展下去，他们的成就将超越自己从儿时就开始见证的那支皇马球队。这实在是令人不敢想象的事情。

除了这些，弗洛伦蒂诺也无法忍受巴萨那帮骄傲的纯粹主义者们道貌岸然的嘴脸。这些人对于瓜迪奥拉、克鲁伊夫等人的推崇简直能杀了他，而他们无休止地贩卖自己那套理论，声称足球就是关于一个球和一个门的简单运动，更是让弗洛伦蒂诺气得够呛。他没工夫听他们讲那些关于体系、阵型，以及什么"占位踢法"，这些统统都是假装充满智慧的无稽之谈。不用说，弗洛伦蒂诺肯定不是克鲁伊夫专栏的热心读者。他习惯把诺坎普这些自封的足球运动卫道士称为"足球爱好者"，讽刺他们总喜欢自以为是地对别人的踢球方式指手画脚。在弗洛伦蒂诺看来，赢球的关键在于拥有最好的球员，这是他笃定的足球运动基本真理，诺坎普那些人却对此视而不见。

私下里，弗洛伦蒂诺用一个音乐家的比喻来对比两家俱乐部对待足球的不同方式。他说，如果你把全世界最好的 10 名音乐家带到巴萨，瓜迪奥拉会让他们待在一间屋子里，交给每个人一张乐谱，然后让他们开始反复练习，直到能够驾轻就熟地演奏。等到演出的时候，他们演奏出的每一个音符都是完美无瑕的。皇马没有乐谱，音乐家们还是在一间屋子里，但是由他们自己决定应该演奏什么。前五六场演出可能会让人感到痛苦，但只要给予足够的时间，他们就能演奏出真正华美的乐章。

"皇马的做法是完全不同的。"弗洛伦蒂诺说，当然他口中的"不同"实际上是"远胜于对方"的意思。

然而，看着梅西在巴萨崭露头角，皇马的信念发生了动摇。皇马的球迷们已经对本队坐拥全世界最为星光熠熠的阵容习以为常，排在巴萨之后位列西甲次席对他们来说尚且还可以接受，但是看着这项运动的一颗"超新星"却身着红蓝球衣开始自己的职业生涯，这样的情景是他们不能承受的。

皇马的支持者们也感受到了这种不安，他们需要弗洛伦蒂诺来让偏离的轴心重回正轨。2009 年 5 月，弗洛伦蒂诺在马德里丽兹酒店召开新闻发布会，宣布自己将再次竞选皇马主席一职。到了月底，其他所有候选人都退出了竞选。

重新上任俱乐部主席后仅 7 天，弗洛伦蒂诺就在 10 年内第三次打破了转会费的世界纪录，用 9 200 万美元的价格签下了卡卡；又过了 3 天，C 罗也以 1.315 亿美元的价格加盟了球队；而当法国前锋卡里姆·本泽马（Karim Benzema）和西班牙中场哈维·阿隆索（Xabi Alonso）陆续到来之后，俱乐部用于引进球员的总开支已经超过了 2.5 亿欧元。这可是一笔足够骇人听闻的数目，特别是在当时，萧条的经济环境已经将西班牙的失业率推升至接近 20%。不过在弗洛伦蒂诺看来，这些大手笔能够给俱乐部的支持者们买到无价之宝：希望。

"对于一些人来说，他们唯一寄托了希望的事物就是皇马。"当时，弗洛伦蒂诺对《华尔街日报》说。

不过，只靠希望还不足以击败巴萨。在新一期银河战舰组建后的首个赛季，他们便在西甲中豪取惊人的 96 个积分，然而巴萨却以创纪录的 99 个积分实现卫冕。于是，在加泰罗尼亚和弗洛伦蒂诺唱对台戏的巴萨主席拉波尔塔占据了制高点，洋洋得意地夸耀起自己的商业模式，教育别人什么才是正确的处事方式。"有一种模式是靠支票和钞票组建起一支球队，"这位律师开始说教，"另一种就是我们的模式，它包含了球员成长发展的全过程，球员们在这里走向成熟，身上带着我们的文化烙印。"

弗洛伦蒂诺也有自己的文化信仰，他的文化就包括挥舞着支票簿、在足球界里找到那位能带领他的球队抗衡巴萨的人。而 2010 年的欧冠让人一眼就看出了那个人是谁。

出人意料的是，穆里尼奥已经调配好了对抗巴萨的"配方"，在一座冰岛火山喷发带来的些许帮助下，他在那个比赛的夜晚消除了对手的魔力。当时，穆里尼奥带领的国际米兰已经闯入了欧冠四强，在圣西罗的主场等待着同巴萨的半决赛首回合较量。受埃亚菲亚德拉冰盖冰川火山喷发影响，途经其上空的航班无法飞行，巴萨全队不得不乘坐 10 小时的大巴从西班牙赶往米兰。而当这帮加泰罗尼亚人抵达的时候，穆里尼奥用一个最让他们百思不得其解的战术作为欢迎。

可以说，那次国际米兰几乎是故意将球权送给了对手。巴萨的压迫式打法非常凶猛，使得任何一个在前场控球的行为都面临极高的风险。一旦被断球失去防守位置，巴萨就会拥有更多的空间突破防线，进而发起一次足以致命的进攻。在穆里尼奥看来，没有球权有时候也意味着没有危险。凭借下半时通过反击"偷取"的 3 个进球，国际米兰在主场以 3∶1 的比分获胜，创造了现代足球史上最伟大的一次"扮猪吃老虎"的壮举。在次回合的较量中，用一种自己称为"摆大巴"①的战术，穆里尼奥的球队在客场守住了 1∶2 的比分。

穆里尼奥粉碎了巴萨的魔法咒语，将对手在自己的主场淘汰出局，他手指天空绕场狂奔，陷入了疯狂的庆祝中。两年前，巴萨没有选择穆里尼奥而是任命瓜迪奥拉担任主教练，此事他一直耿耿于怀。此情此景让诺坎普里那些人怒不可遏，除了没让穆里尼奥因对加泰罗尼亚实施犯罪而被逮捕之外，他们实施了脑子里能想到的最迅速的报复手段：启动了球场上的洒水装置。

对于弗洛伦蒂诺而言，穆里尼奥的做法简直是他能想到的、令人印象最深刻的"面试"表现。

2010 年，穆里尼奥最终率队赢得了欧冠冠军，巧合的是，决赛的地点恰

---

①前场只留一名进攻前锋，大部分球员防守至中后场位置。抓住对方进攻留出来的间隙，大脚开球传给进攻前锋，迅速反击。——编者注

恰就在伯纳乌，这一次，弗洛伦蒂诺没有放他离开。他使穆里尼奥成了世界足坛薪资最高的主教练，让穆里尼奥确信皇马是他唯一的选择。伯纳乌的拥趸传统上欣赏的那种全线出击的攻势足球风格，或许穆里尼奥并不欣赏，而且想要踢出引领潮流的足球也不必急于一时。弗洛伦蒂诺现在唯一关心的就是如何阻止巴萨继续成功，他会聘请任何一个能实现这一目标的人。

如果说瓜迪奥拉是梅西的"尤达大师"（Master Yoda），那么 C 罗即将迎来为他建造死星（Death Star）的帕尔帕廷皇帝（Palpatine Emperor）①。

① 尤达大师和帕尔帕廷皇帝是《星球大战》（Star Wars）系列作品中的重要人物，死星是《星球大战》中的超级武器。——编者注

## 第6章

## "世纪大战"不仅限于球场

即使对于瓜迪奥拉来说，巴萨和皇马之间展开"世纪大战"的次数也有点儿太多了。

频繁的"世纪大战"，意味着太多的混乱不堪，太多"西班牙之魂"之间的紧张对立，太多对梅西和C罗的个人聚焦，还有穆里尼奥太多的疯癫表现。短短18天里，双方居然迎来了4场"世纪大战"！要知道，任意一场"世纪大战"拿出来都足以让整个西班牙为之一震，更会令全世界正在进行的其他所有足球活动都相形见绌。因此，4场"世纪大战"接连上演实在是有些荒诞，这就相当于一场足足延续了两周半的"超级碗"[①]。不过根据赛程表的安排，它就是这样神奇地发生了。2011年4月16日到5月3日，皇马和巴萨在3项不同的赛事中交手了4次，可以想象，那时候球迷的喧嚣和狂热一定会让人叹

---

[①] NFL 职业橄榄球大联盟的年度冠军赛，胜者被称为"世界冠军"。——编者注

为观止、无法自拔。

不过说实话，应该不会有人真的对此感到惊讶，因为当全欧洲最好的两支球队恰好都出自同一国家联赛时，难免就会出现这般分庭抗礼的局面。尤其是决赛进入白热化阶段，超级俱乐部之间的直接对话更加不可避免。这两队首先要在西甲中交手，然后在国王杯决赛中见面，后两场则是最为重要的欧冠半决赛主客场两回合的较量。

克鲁伊夫声称，巴萨只需要赢下第二场和第四场即可，因为这意味着他们至少已经到手了一座冠军奖杯（国王杯），并在全赛季最重要的一场对决（欧冠决赛）中占据了一席之地。不过，仅仅用几场胜利远不足以概括这 18 天的全貌。事实上，一次次的破口大骂与反唇相讥，数不清的真真假假的"谍报"般的游戏，在一位全球瞩目的"新来者"的导演下，与两队间长达 70 余年的针锋相对充分交织，这才是这 18 天真实的样子。简而言之，穆里尼奥正是为此而生。他知道，想要战胜巴萨，首先必须激怒它，而在第三场"世纪大战"开始之前，他已经成功地实现了这一点。

伯纳乌的新闻发布厅深藏在这座庞大球场的地下，记者们需要走上一段楼梯才能抵达。在这里，瓜迪奥拉的情绪终于崩溃了。

"明晚 8 点 45 分我们将在这里进行一场比赛，"他强按着心头的怒火说，"在球场外，穆里尼奥已经赢了，他已经赢了一整年、一整个赛季，未来也会继续在场外赢下去。他绝对能拿到自己那座'场外欧冠'的冠军奖杯，我会让他赢的，就让他过瘾去吧！但现在我们迎来的是一场比赛，赛场上我们是要较量的，有时会赢，有时也会输。我们一直在努力赢得全世界的欣赏，因此每一场比赛中哪怕再小的胜利都会让我们倍加开心，而我们对此非常自豪。"

还没说完。瓜迪奥拉接下来又列举了这几次"世纪大战"中所有令他愤愤不平的裁判和争议事件，之前面对公众时，他本来都已经表示对这些一笑而过，但现在他受够了，决定一吐为快：

> 在新闻发布厅里，他（穆里尼奥）就是那个称王称霸的人，在这儿，他比全世界所有人知道的都多，我和他可比不了。如果巴萨需要一个能在新闻发布会上和他打嘴仗、过嘴瘾的人，那就应该另请高明。不过，无论是作为个人还是俱乐部来说，我们都不屑于在这儿和他一较长短。

瓜迪奥拉自称，不会被拖入穆里尼奥设计的把戏中去，但他现在明显已深陷其中不能自拔。要是还能在自己头上找到根头发，他一定会在镜头面前把它狠狠地扯下来。这次，穆里尼奥真的把他惹恼了。

多年来，穆里尼奥一直完善自己在宣传方面的"战术"。从他本人还在巴萨时开始，他就已经学到，一支足球队的主教练只需把30%的时间用在教授球员踢足球上，其余的时间正如克鲁伊夫所说，就是尽全力掌控那些次要的事情。

当穆里尼奥还在切尔西执教时，这些"杂七杂八"的事情主要都是由"记者军团"一手推动，这是一个由全国及地方媒体的记者们所组成的一个"密谋团队"，每天报道球队的新闻发布会就像报道国会听证会一样认真。英国新闻业的叙事方式之所以夺人眼球，是因为它们事实上都是协调好的"统一行动"。从威斯敏斯特的大厅到斯坦福桥球场逼仄的新闻发布室，都可以见到资深的记者们在新闻发布会后聚作一团，商定这则新闻的"点睛之笔"，也就是决定让哪句直接引语或者有价值的信息成为明天报纸的标题。经常会出现不同报纸上的故事脉络和切入角度等都大同小异的状况，这就是"记者军团"刻意合谋的结果，甚至连主要引语都完全一致。而为了让每个人都有充足的时间把自己的故事拼凑起来，"记者军团"内部之间进行"互通有无"也并非绝无可能。

穆里尼奥的过人之处在于，他把"记者军团"转变成了个人的宣传工具。"我不是那些普通的教练，我是教练中最特殊的一个。"他在切尔西做主教练时这样介绍自己。自那时起，通过让自己成为外界关注的焦点，穆里尼奥在球队扮演了避雷针一样的角色。球员们对于主教练也深表感激，这让他们能够专注于自己的事情。本来会有大量的报纸专栏对切尔西评头论足，现在这种专栏全被穆里尼奥一人"大包大揽"，从某种意义上看，他把"自我"开发成了一种武器。

在穆里尼奥前来西班牙执教的时候，他的手段早已名声大噪，甚至已经成为他个人近乎刻意的表演。率领国际米兰击败巴萨的那场比赛，他在诺坎普的草坪上指天庆祝的经典形象定格在了厚纸板上，摆放在自己位于伯纳乌的办公室里。执掌皇马首个赛季的大部分时间里，每当出现在媒体面前，穆里尼奥就开始大展拳脚故技重施来吸引媒体的注意力，而瓜迪奥拉则喜欢静静地看他表演。直到 5 月的这一天，他觉得自己已经忍无可忍。

当瓜迪奥拉开始滔滔不绝地展开宣讲自己这篇"讨伐檄文"时，巴萨队员们正坐在球队下榻的酒店内就餐。巴萨的文化是尽可能忽视外界的一切，严禁将报纸带入训练场，甚至有教练专门对此收缴罚款。此外，媒体的出现也受到了严格的限制。因此非常罕见的是，餐厅的一台电视机正在播放瓜迪奥拉的新闻发布会，而这一次，球队里没有一个人要求把电视关上。梅西和队友们目不转睛地看着电视，看着自己的教练对那个自打来了西班牙之后就一直逼迫着他们的那个人口诛笔伐。私下里，他们已经知道瓜迪奥拉可能会失去冷静，但从没有人见过他像今天这样"暴走"的状态。球员们不敢让自己的目光离开电视，尤其是在他们发现了主教练的真实意图之后。

他并不是在对穆里尼奥讲话，也不是对面前众多的媒体或是对巴萨的球迷们发言，球员们很快意识到，瓜迪奥拉这番话是说给自己听的。"就是在那个时刻，"当时在餐桌前的一位球员回忆，"我们说，'好的，我们会赢下这场比赛，我们要告诉别人自己才是最好的，我们会展现出自己的实力。'"

"正是从那一刻开始，每个人都真正专心致志地做自己的工作。"一位球员说道。

## 愈演愈烈的"深仇大恨"

当梅西和 C 罗也于中途加入"世纪大战"的战斗大军中时，这场象征着西班牙统一与分裂的"战争"已经历经了 70 多年的风风雨雨，加泰罗尼亚地区和马德里中央政府之间的怨怼不断加深。数十年的恩怨经常被简化为简洁的人物漫画：对垒的双方一边是作为分裂主义者的巴萨，捍卫着加泰罗尼亚的身份认同、文化自由，以及午后沙滩的惬意生活；另一边则是冷淡寡言的城市马德里，以及佛朗哥将军最喜爱的那支球队。

然而，真相却与上述"剧本"有着微妙的差别。首先，作为一名法西斯独裁者，佛朗哥自 1939 年开始到 1975 年逝世都一直掌控着西班牙，但他实际上并不怎么关心足球。阿道夫·希特勒曾声称自己宁愿把牙都拔光也不想再和佛朗哥见面。于是这位不招人待见的西班牙元首将兴趣转向了狩猎、钓鱼，以及画自画像上。不过，在佛朗哥统治期间，西班牙事实上与世界隔绝的那段时期，那支风格鲜明、兼收并蓄的皇马在 20 世纪 50 年代曾横扫欧洲，有效地充当了国家的旗帜。正如佛朗哥以前的外交大臣费尔南多·马里亚·卡斯铁利亚（Fernando María Castiella）曾说："皇马是我们派驻在外的最佳大使。"

在国内，佛朗哥更关心如何将自己认为的一切外来文化都赶尽杀绝。加泰罗尼亚语在公共场所被禁止使用，巴萨的名称也改成了西班牙更正统的叫法"Barcelona Club de Futbol"，球队队徽也不得不将红黄间条移除。俱乐部的瑞士籍创始人甘伯先生（Mr. Gamper）非常热爱加泰罗尼亚文化，甚至将自己的名字从汉斯（Hans）改成了加泰罗尼亚传统的人名霍安（Joan），但当时西班牙民族主义高涨，甘伯被迫远走他乡。因此，巴萨毫不犹豫地将自己置于加泰罗尼亚文化捍卫者的位置上。早在 1932 年，巴萨就重写了俱乐部章程，将自身定位为一个"文化和体育的协会"，此时距离西班牙内战爆发还有 4 年。到了 1935 年，当时的俱乐部主席何塞普·桑约尔（Josep Sunyol）以一句"体育与公民身份"的口号，让加泰罗尼亚地区人民的自治和足球之梦正式相连。

不过，桑约尔的另一个身份是一名政治活动家，此后在一次巴伦西亚的旅行中，他遭到逮捕并被处决。根据巴萨官方队史的记载，桑约尔此行并非为了俱乐部事务出差，而是作为一个普通百姓，就在大街上突然被强行带走。"他当时只是在履行自己作为政治人物的身份，不是在试图为俱乐部签下任何球员。"俱乐部说道。

巴萨对于皇马的深仇大恨愈演愈烈，球员签约将在其中起到关键的作用，特别要提到的是，其中一位阿根廷盘带奇才的转会事件足足让巴萨在长达半个多世纪的时间里依旧愤愤不平。他的名字是阿尔弗雷多·迪斯蒂法诺，在皇马辉煌的历史中，他在 1953 年的加盟有着堪比公元元年一样划时代的意义。

在当时的时间节点，皇马自 1933 年之后便再未靠近过西甲冠军。虽然球队坐拥西班牙最大的球场，支付着球员最高的薪水，球衣上还骄傲地印着阿方索十三世国王在 20 世纪 20 年代所赐予的皇印，但在伯纳乌内部，已经有很长时间几乎完全没有奖杯作为谈资。而迪斯蒂法诺的到来彻底改写了这一局面，皇马的初代银河战舰完全围绕着他来运转。从他 1953 年大驾光临到 1964 年离开球队的 11 个赛季间，皇马有多达 8 个赛季的联赛排名都位居巴萨之上。双方在联赛中的 22 场直接较量中，皇马更是取得了其中 15 场的胜利。这对宿敌之间的较量成绩太过一边倒，以至于迪斯蒂法诺压根没把巴萨当作主要的对手，在他看来，皇马的主要威胁来自马德里当地的俱乐部。

"对我来说，当时最主要的竞争对手是马德里竞技。"迪斯蒂法诺说道。在希德·洛维（Sid Lowe）所记录的皇马与巴萨对抗史中，迪斯蒂法诺还说道："他们是一支出色的球队，俱乐部就在我们身旁。赢球的时候，他们就会像蘑菇一样突然出现，开始鼓噪。巴萨？他们可远在 600 千米开外呢！连影子都见不着。"

与皇马的轻视相比，至今仍让巴萨的人耿耿于怀的是，他们曾一度认为自己也签下了迪斯蒂法诺。

回到 1953 年，围绕迪斯蒂法诺转会而产生的困惑都源自于这位球员在南美洲的供职状态。从技术层面出发，他的所有权应该归属于布宜诺斯艾利斯的河床竞技足球俱乐部（简称河床队），但是实际上，球员本人正在代表百万富翁足球俱乐部（简称百万富翁队）征战哥伦比亚联赛，但这项联赛是未经国际足联批准授权的"地下"赛事。皇马与其中一家俱乐部商谈迪斯蒂法诺的转会时，而巴萨则在同另一家俱乐部讨论同一个话题，两支西班牙球队都相信自己已经与"金箭头"[1]就转会达成了一致。西班牙政府此时插手介入，基于皇马与河床队达成的协议，它裁定皇马对于迪斯蒂法诺所有权的主张是正当的。国际足联同样干预了此事，调解后，它提出了一套更加圆滑的解决方案：两家西班牙俱乐部可以共享迪斯蒂法诺，球员可以在四个赛季间交替代表两队效力，

---

①迪斯蒂法诺的绰号。——编者注

先为皇马踢球，然后前往巴萨，接着再回到皇马，最后再来到巴萨。这个方案简直荒谬至极，朋友之间交替使用滑雪小屋尚且难以行得通，更别说让一对死敌分享一名超级球星了。不过迪斯蒂法诺对选择哪个俱乐部没有个人倾向，"我一直在说，我并不关心到底是代表巴萨还是皇马踢球，"迪斯蒂法诺后来写道，"这对我来说完全一样。"

然而，既然两家俱乐部已经选择由国际足联进行调解，双方就不得不接受这个全世界最奇葩的共享球员的方案。直到巴萨的董事会成员全部更迭，新一届的董事会为了让整件事更加简单，犯下了一个足以定义整个时代的错误：他们将手中的那部分迪斯蒂法诺的所有权签字转让给了皇马。

巴萨在这次转会事件中败下阵来，而西班牙政府在这场事件中发挥了多大的作用，人们此一直争论不休。现在已经非常明了的是，通过多种行政手段，政府的干预确实有利于皇马，可这也并非巴萨的支持者们所坚信的那样，认为这堪比一场赤裸裸的公路抢劫。

很明显，整起事件远不像所谓"佛朗哥穿着皇马的睡衣走下楼梯，把全世界最激动人心的球星之一亲手许给了自己家乡的球队"那样简单。如果佛朗哥的政权想要施加压力，他们的手法通常更加简单粗暴。就像在 1943 年的"最高统帅杯"（Copa del Generalisimo，国王杯在当时的新名称）上，巴萨和皇马在主客场两回合的半决赛中相遇。在诺坎普之前的球队主场莱斯科茨球场，巴萨在首回合取得了 3∶0 的完胜。但第二回合却明显不是一场正常的足球比赛，因为比分已经说明了一切：皇马以 11∶1 的成绩大胜巴萨。

究竟发生了什么，致使这场在西班牙首都的查马丁球场所进行的第二回合比赛呈现出如此局面，真相如今早已湮没在了历史中。一则流传多年的传言指出，比赛之前，有警界高层或者军方官员造访了巴萨队，警告他们如果为自己着想，最好输掉这场比赛。不过，这个说法最终被推翻。更有可能的情况则是，本场比赛的当值裁判赛前收到了指示，要求他们做出些许有利于皇马的判罚。不过可以肯定的是，巴萨球员们在马德里感受到了极其强烈的敌意，人群中扔向他们的石块、官员们各种形式的恐吓，都让他们难以像职业球员一样踢完整场比赛。就连《马卡报》的头版在庆贺胜利时，也称本场比赛"反常得令人难以理解"，巴萨的人们则将其称为"查马丁丑闻"。本场比赛至今仍然是历史上比分最悬殊的"世纪大战"，不过考虑到比赛当时的特殊情况，没有太多人把这一点拿出来说事。

将近 70 年之后，这段西班牙"法西斯主义"和加泰罗尼亚分裂主义的斗争史早已成为往事，仅仅存在于久远的历史背景，无论是 C 罗还是梅西都对这些知之甚少。对于二人来说，现代的"世纪大战"则要始于 2002 年，当时的两位球星还皆为看客，尚未开始亲自改写"世纪大战"的历史进程。当时的梅西仍在拉玛西亚吃着午饭，关注着"世纪大战"史上的叛徒故事。与此同时，在里斯本的 C 罗同样关心着此事。毕竟，这个叛徒恰好是一位葡萄牙的传奇巨星。

## "世纪大战"史上最大叛徒

2000 年夏天，菲戈从"世纪大战"中相对阵的一方直接转投到另一方，不仅让巴萨和皇马两家俱乐部目瞪口呆，最为重要的是，菲戈本人也被自己的这番操作所震惊。这场"一夜致富"的赌博打了所有人一个措手不及，事件很快演变成为堪比贝比·鲁斯（Babe Ruth）从波士顿红袜队（Red Sox）转会至死敌纽约洋基队（Yankees），或是鲍勃·迪伦（Bob Dylan）当年给吉他插电一样激进而叛逆的行为。不管怎样，菲戈现在不得不面对欺骗整个加泰罗尼亚的后果，他的行为让自己多了 150 万个敌人。

所以，作为皇马球员的菲戈首次回到巴萨，其中的 98 000 名"新敌人"就让他好好领教了一下 90 分钟无间断的高声嘲讽。由于伤病和停赛等方面的因素，菲戈第二次回到诺坎普球场则要等到 2002 年 11 月了，而当时巴萨球迷又一次为迎接他做足了准备。

伴随着辱骂和嘲讽，同样从看台上倾泻而下的还有硬币、打火机、空瓶子，以及打印成美元钞票样子的纸张。对于菲戈来说，在这种形势下，依旧主动去主罚皇马的角球无异于是非常勇敢的举动。每次他慢慢走到角旗的时候，就有一排防暴警察挡在他和那群巴萨球迷之间。不过，即使是防暴警察也对来自空中的"火力"束手无策，正是在一次菲戈前去主罚角球的过程中，"世纪大战"史上最奇葩的一个看台投掷物砸在了他旁边的地上，传递出无比清晰的信息：

> 欢迎回来。我们曾经那么爱你，你却背叛了我们。现在我们对你恨之入骨，赏你一颗切下来的猪头吧！

把这颗臭烘烘的猪头偷偷带进诺坎普球场本身就得费一番功夫，能够把它成功扔到球场的草坪上也不容易。不过在当时的混乱局面下，很少有人能够看清在一堆瓶子中间的那块粉色东西究竟是什么。到了下半场，主裁判不得不暂停比赛，恳请巴萨球迷别再继续往下扔东西了，就连巴萨球员也竭力请求俱乐部的铁杆球迷们保持冷静。比赛最终在中断 16 分钟后得以继续进行，并以 0∶0 的比分收场。赛后，巴萨主席霍安·加斯帕特非但没有为本方球迷的行为致歉，反而做出了恰恰相反的举动。

"我倒不是说菲戈的态度本身就非常具有挑衅性，但是如果一个球员非得过去罚角球……不管怎么说，这么多东西没一样砸中他的。"加斯帕特说道，暗示菲戈走去罚角球的行为无异于主动申请被猪肉碎片砸飞。

没有造成任何伤害，"世纪大战"定律又一次生效。

事实上，在几场"世纪大战"中，并非总是需要用一块块的动物尸体来表达自己的观点。放眼全世界，没有哪两家俱乐部比巴萨和皇马更懂得如何去羞辱对手。到了 2008 年，每个人都知道里杰卡尔德在加泰罗尼亚的执教生涯即将结束，队中的一些资深球员几乎都已不在训练场上现身。作为这段任期内的终极羞辱手段，巴萨需要为提前获得联赛冠军的皇马列队祝贺。

凭借着完美无瑕的时机把控，皇马恰好在主场对阵巴萨的前一轮联赛中锁定了本赛季的西甲冠军。因此在伯纳乌进行的下一轮联赛中，按照西班牙足球的传统，赛前，当皇马球员走出球员通道时，巴萨球员需要在两侧列队祝贺，象征着对于荣耀的捍卫与尊重。对于巴萨球员来说，这比强迫他们穿着粉色皮裤上场踢球还要感到侮辱。

体育场外，小贩们已经在四处兜售印有"我看见列队了"的 T 恤。《马卡报》继续在巴萨的伤口上撒盐，当天早晨的报纸头版刊登了一张皇马球员通道的照片，一旁用虚线和文字"贴心地"注明："巴萨，在这儿站好了。"

在那个赛季所受到的所有屈辱中，这个场面始终被巴萨的球员和球迷铭记于心。尽管在随后的两个赛季中，球队在瓜迪奥拉的带领下到达了新的高度，然而，先是在皇马的主场为对手鼓掌，紧接着又在比赛中 1 : 4 输给了对方，这段羞耻的经历始终是巴萨脸上火辣辣的痛。

当时的梅西对于"世纪大战"的认知还不多，列队祝贺的时候，他站在队伍的末尾，尽可能远离那些幸灾乐祸的皇马球迷。不过，梅西在"世纪大战"中的亮相，加上 C 罗下个赛季的到来，合力将"世纪大战"提升至此前从未有过的地位，也使这场历史悠久的对决进入了新的维度。

现在，两支球队分别由包揽过去 3 届金球奖的两位巨星所率领，两队阵容中都汇聚了大量绝对让观众值回票价的球星，双方之间的"世纪大战"也由原本完全是西班牙的一桩"内部事务"迅速发展为引发全球轰动的体育盛会。"世纪大战"如今的美妙之处在于，即使不将其置于佛朗哥、迪斯蒂法诺，以及加泰罗尼亚分裂主义等更为广阔的背景之中，比赛本身的精彩和意义也已经无须过多解释了。巴萨对阵皇马的大名已经如雷贯耳，成了象征浓厚敌意氛围的绝佳保证。进入梅西与 C 罗对决的时代，"世纪大战"带来的效应更是使欧洲体育界获得了此前始终未能从美国引进的赛事模式："世纪大战"就是广告商们此前苦寻十年而不得的"全明星赛"。现在，他们不再需要耐克或者阿迪达斯把球星们关起来进行"笼式足球比赛"，也用不着让球星们飞往北美、在电视广告中对阵魔鬼撒旦的不死军团。作为体育界家喻户晓的人物，他们每年至少两次同场竞技，有时更是多达 5 场。更妙的是，这些比赛都是"真刀真枪"的较量，而并非像 NBA 全明星赛或是 NFL 职业碗这种包装过头的表演赛。

在皇马的办公室内，管理者们深知，这组对决已经将整个联赛提升到了更高的层面。转播机构声称，收看"世纪大战"的观众如今已经达到 4 亿人，虽然真实的数据很可能只是这一数据的 1/4 左右，但毋庸置疑，西班牙足球赛事已经在将近 200 个国家和地区广泛转播，收看的球迷人数也创造了西甲的历史新高。"梅西 vs. C 罗"已经成为"巴萨 vs. 皇马"的代名词，反之亦然。

哈维尔·特巴斯（Javier Tebas）曾在 11 家西班牙俱乐部任职，现在则担任西甲的副主席。他说："'世纪大战'就代表了我们能够做到的极限，我们拥有全世界最好的球员，也拥有全世界最好的教练。穆里尼奥、瓜迪奥拉、梅西、C 罗……我们的联赛同时汇聚了这么多重量级的元素，世界上任何一个联赛都难以复制这一盛况。"

绝非巧合的是，皇马和巴萨同样利用这一段时期占据了足球界俱乐部年收入前两名的宝座。2008—2009 赛季，根据德勤会计师事务所的统计，皇马成了第一个收入超过 4 亿欧元的足球俱乐部，而巴萨也以 3.66 亿欧元紧随其后。随后的 3 年时间里，梅西和 C 罗所代表的"世纪大战"步入巅峰期，也恰恰是在这段时间内，两支俱乐部又将上述收入数字提升了 25%。2011—2012 赛季落幕之时，皇马和巴萨的全球年收入之和已经超过了 10 亿欧元。

## 商业帝国和纯粹足球

即使是对足球一无所知的人，也很容易理解皇马在国际上的吸引力。提起皇马的成绩，那些银光闪闪璀夺目的奖杯已足够说明一切。与此同时，银河战舰成员们的个人名望也"回馈"给了球队，让俱乐部进一步声名远播。几乎在每个时期，都会有杰出球星身着这件纯白球衣征服欧洲足坛，他们的英姿被拍成照片，供俱乐部反复使用。不管是历史上的罗马帝国还是现在的纽约洋基队，每个自命不凡的"王朝"惯用的手段是，我们已经荣誉在身，我们还将续写辉煌，那么就盖几座纪念碑来宣扬一下吧！

相比之下，巴萨的宣传思路面向的则是少部分的特定人群。正如这家俱乐部人员所言，他们"不仅仅是一家俱乐部"。作为一名足球迷，在这座特殊的城市中，怀揣着这份独有的身份认同，这句口号使与之相关的一切都尽在不言中，拉波尔塔在竞逐俱乐部主席时也将这句话强行征用。球队想传达的是，巴萨的精神写照绝不仅限于球场之上，它的文化弥漫在你所经历的每一天以及所呼吸的每一口空气之中。1714 年，巴塞罗那这座城市被西班牙国王腓力五世（Philip V）侵占，从而成了西班牙的一部分，因此每当诺坎普球场上的比赛进行到 17 分 14 秒时看台上都会传来致意的掌声。每一个能够理解掌声中所蕴含的悲喜之情的人，都能在自己的加泰罗尼亚风骨中深切感受到这份文化的厚重。

然而对于巴萨的市场部门来说,将俱乐部的这种文化传递给其他人是一项非常艰巨的挑战。"对于那些既不是加泰罗尼亚人也不是西班牙人的巴萨球迷来说,他们对于球队的历史、加泰罗尼亚的历史,以及西班牙的历史都毫无概念,因此想让他们理解'这不仅仅是一家俱乐部'要更加困难,"费兰·索里亚诺写道,"比如对于其他国家的孩子来说,'不仅仅是一家俱乐部'这句话能有什么意义呢?"

要想在国际舞台上收获更加广泛的认同,巴萨的这一整套价值体系还需要再作调整。与人数多达数十个,在伦敦、曼彻斯特甚至亚洲都设有办公室的曼联商务团队相比,只有 10 人左右的巴萨商务团队无疑是小巫见大巫。对此,他们想出的主意是让球队参与到人道主义事业的合作中。当时的巴萨和其他几家大俱乐部有所不同,它的球衣正面没有被喷涂赞助商的名字,只在胸前有一个球衣生产商的小小标识。自从 20 世纪 80 年代开始,球衣赞助的形式开始在足球界被广泛采用,通过和球队间的多年合作,一些赞助商的名字甚至已经成了球衣设计中的经典标志性元素,例如嘉士伯啤酒之于利物浦,以及倍耐力轮胎之于国际米兰等。此前,巴萨一直抗拒这种通过"出卖球衣"来赚钱的行为,他们认为,或许参与一项正义的事业正好可以在不冒犯球队支持者的情况下试水球衣赞助领域,谅谁也不会对此有意见。

21 世纪中期,巴萨考虑的第一个合作伙伴本来是中国。双方曾展开会谈,在俱乐部球衣胸前印上"Beijing 08"的字样来推广即将到来的 2008 年北京奥运会。作为回报,俱乐部每个赛季可以获得 2 000 万欧元。然而,当双方展开协商的消息被泄露给媒体之后,交易还是失败了。到了 2006 年,一家叫作"必赢"(Bwin)的公司给巴萨开出了更高的价码。据了解这项提议的人士透露,俱乐部最终还是决定与这家奥地利线上博彩公司合作,虽然其并不符合球队的形象。最终,"必赢"的名字在 2007 年至 2013 年之间印在了皇马的球衣上。

最完美的候选人在同年晚些时候终于来临。它看上去是所有正义事业中最正义的一个：联合国儿童基金会（UNICEF）。巴萨的球员即将身披体育界最具代表性的一件球衣，并以此来推广联合国儿童基金会。

后来到了 2011—2012 赛季，联合国儿童基金会的标识被挪到了球衣背后，取而代之的是另一家慈善机构：卡塔尔基金会。这笔交易中的一项条款规定，在协议的第三年，球衣赞助商将最终换成一家没那么慈善的卡塔尔机构——卡塔尔航空。德勤的体育商业小组主管丹·琼斯（Dan Jones）当时对《华尔街日报》介绍："巴萨的做法非常机智且精彩绝伦，通过'三步走'的过程，巴萨的球衣胸前终于从一干二净变成了一家中东航空公司的标识，其中的每一步人们都很难找到反对的理由。"

回到 2011 年，联合国儿童基金会的标识印在了巴萨的球衣上，而这件球衣又套在了梅西的身上，这让所有人都想成为巴萨的朋友。俱乐部凭借无与伦比的足球风格不断赢得场上的胜利，而他们的比赛则成了更多人打开电视的必看节目。那一年，巴萨声称自己在全球的球迷数量达到了 3 亿人，俱乐部的国际影响力正处在历史新高。

"在俱乐部任何人的职业生涯中，那都是最容易拿下赞助的一段时期，"一位前巴萨高管曾说，"实际上，我们当时能从任何一个竞争对手手中赢下赞助合同，或许只有曼联除外。"

曼联比其他任何一家俱乐部都做得更好且更早的地方是，它将全球按行业划分为不同的区域型市场。举例来说，曼联并不会与一家苏打水公司签订全球的赞助合同。相反，在伦敦一间嘈杂办公室的统筹协调下，它会将这些权益切分成数十个小型的本地赞助合同，按种类和地域不同分别售出，足球界中最大的商业帝国就是这样建成的。从 20 世纪 90 年代开始，曼联就用这种思路来运作，因此在拥有一家全球球衣赞助商和一家全球官方航空合作伙伴的同时，俱乐部还能拥有"印度尼西亚个人金融业务合作伙伴"以及"尼日利亚软饮合作伙伴"的赞助。

尽管在赛场上同样取得了卓越的成就，巴萨却无法复制与曼联同样的商业模式，让球迷们为之痴狂的加泰罗尼亚身份象征此时却成了俱乐部商业运行的阻碍。以巴萨的啤酒赞助商为例，达姆啤酒（Damm）是一家拥有百余年历史的啤酒公司，旗下的红标星达姆（Estrella）啤酒售往欧洲各地。从巴塞罗那机场到市里，达姆啤酒在路上随处可见。加泰罗尼亚最受欢迎的足球队和最受欢迎的啤酒品牌达成合作，看起来天经地义。然而与安海斯－布希（Anheuser-Busch）以及喜力（Heineken）等国际主流啤酒酿造公司相比，达姆公司的营业额只是它们的一个零头。俱乐部内部人士表示，如果与达姆公司签订一份本地的赞助合同，同时再与一家更大的啤酒品牌签订一份更丰厚的全球性赞助合约，这样能够给俱乐部带来更多的收入。不过，此时再去调整同达姆公司的赞助协议已经太困难了。

同样的情况也发生在巴萨的银行合作伙伴凯克萨银行（La Caixa）身上。这家全西班牙第三大的银行就成立于加泰罗尼亚，因此与俱乐部之间的合作也受到近乎全民的欢迎。不过，随着巴萨不断在全球市场开疆扩土，俱乐部高管愈发觉得，与凯克萨银行的合作于自己而言实在是亏大了。毕竟对于这家银行来说，在美国或是东亚的观众面前亮相的意义不大，观众更不会为此大笔一挥付出荒唐的高价。然而，对于正在足球界里掀起一场完美风暴的巴萨来说，商业收入恰恰是它此时正在追求的东西，至少在朝这个方向努力。

不过，巴萨所拥有的东西同样是独一无二的。巴塞罗那这座滨海城市与生俱来的时尚酷炫，以及整个地区桀骜不驯的叛逆文化都是它的卖点。除此之外，巴萨还在全世界四处兜售一个更具吸引力的商品：纯粹的足球。巴萨所呈现的足球，就是人们理想中这项运动应有的模样。一位随时能够创造奇迹球员，加上同样出类拔萃的队友们，共同演奏出了华美的乐章。梅西踢出了每个踢过球的人梦想中的样子。

不仅如此，梅西在奉上这些奇迹般的表现时，身上所穿的正是胸前印有"联合国儿童基金会"字样的球衣。因此，赞助商们就获得了这样一幅画面：这个大男孩带着孩子般的纯真快乐踏上赛场并赢得比赛，而他所做的这一切都是为了全世界的儿童。"他们认为这就是纯粹的足球，而不是什么商业行为或活动。"一位前巴萨高管说。

"有趣的是，这恰恰使我们获得了比以往任何时期都要多的商业收入。"这位高管继续说道。

尽管已经收获颇丰，但俱乐部仍然认为，自己可以利用这段时期获得更多的收益。德勤的数据显示，巴萨每年的非门票、非媒体版权收入已经超过了1亿欧元。尽管已经在这方面苦心经营数十年的皇马依旧遥遥领先，但是巴萨终于开始缩小两者之间的差距，在2008—2009赛季末成了全世界第二富有的球队，这一切都源于俱乐部找到了足球这项运动中最令人信服的"推销词"。

归根结底，巴萨的成功可以用"光环效应"四个字来概括。每一个与巴萨达成合作的品牌，实际上也是同这项全世界最受欢迎运动中的一切美好与欢乐结伴。

## 不同文化之间的对抗

没有人比梅西的光环更加耀眼，即使在不经意间，他也总能凭借自己的足球技术给人们带来天使般的笑容。尽管梅西身材矮小,但球迷们总是将他置于高高在上的地位推崇着。穆里尼奥则需要时刻提醒自己的队员们,梅西绝不是什么善良的天使。

"梅西是足球场上最自以为是的家伙,"穆里尼奥对全队说,"他挑衅对方后卫的时候总会用手挡住自己的嘴,避免别人通过读唇知道他说了什么。虽然他并不常在场上表露情绪,但他会一直激怒对手。"

皇马门将耶日·杜德克(Jerzy Dudek)坚称,如果马拉多纳听见了梅西对皇马中后卫组合佩佩和塞尔吉奥·拉莫斯(Sergio Ramos)的耳语,也一定会羞愧到脸红。"如果我告诉你们他说了什么,你们不会相信这些话居然出自这个被全世界很多人视为道德楷模的人之口。"杜德克坚持认为,梅西说的话远比他攻击对手球员的长相或者对亲属口吐污言秽语要更加过分。"梅西是那支寻衅成性的巴萨队中的一部分,他们会在裁判视线之外搞小动作,然后期待对手的回击被裁判抓住。除此之外,他们还非常擅长在最恰当的时机摔倒在禁区内。像这样的小细节在巴萨的一些重要赛事的胜利中发挥了关键作用,而穆里尼奥希望能帮助人们擦亮眼睛看清这一切。"杜德克继续说道。

事实上,巴萨最"恶劣"的挑衅行为,就是反复地击败皇马。就在春天的连续 4 场"世纪大战"的几个月前,两支球队于 11 月在巴萨主场迎来了本赛季联赛的首回碰面。那场比赛堪称一次对球员的血洗,皇马有 8 名球员吃到黄牌,拉莫斯更是被红牌罚下,巴萨取得了一场 5 : 0 的大胜。走下赛场的时候,巴萨的皮克伸出了 5 根手指(每一根代表着一个进球),使 C 罗将手放在屁股上,怒目而视。当皇马球员们步履沉重地走回更衣室时,巴萨球员从隔壁房间传来的欢声歌唱格外清晰。

穆里尼奥的团队成员强忍着眼泪想前去据理力争,结果这位主教练却猛地关上了门。"别说话，好好听着，"他喊道，"好好听听他们唱歌……他们是赢了个 5 : 0，但是除了 3 分他们还有什么呢？什么都没有！在下次与他们踢球之前都不要忘记今天的一切。"

"明天我们不训练，休息一天，"穆里尼奥继续说，"但是你们还有别的任务，一定要带着你们的妻子和孩子上街出门，去你们最喜欢的地方，让人们都看见你们，和他们谈谈今天这场 5 : 0 的失利，大家都会支持你们，没有人会恶语相向，这样你们就能够宣泄这场比赛的失利带来的压抑情绪。告诉大家，对手确实更棒，但在下一场较量到来之时，我们还是要做好准备。"

随后的几周里，为了确保自己的球员们始终保持对巴萨的愤怒，穆里尼奥将报纸上对于那场比赛的报道做成剪报，贴在了巴尔德贝巴斯训练基地（Valdebebas）四处，其中就包括了皮克伸出五根手指的大幅照片。与此同时，2010 年冬天，随着金球奖的前三名全部被巴萨球员包揽，梅西已经连续两年捧起金球奖奖杯，使得 C 罗对梅西的"个人宿仇"也进一步加深。这支皇马球队组建时花费了超过 3 亿美元，穆里尼奥却将他们塑造成处于劣势的挑战者姿态。在 18 天内的 4 场"世纪大战"即将到来之际，他希望球队能保有这种背水一战、四面楚歌的受围心态。

"他们（巴萨）实在是太强大了，虽然我们在不断成长、进步，但总归还没有达到他们的水平，"前皇马中场球员哈维·阿隆索说，"所以我们需要踢得非常强硬，就得这样。"

踢得"强硬"只是一种委婉的说法。穆里尼奥一直在给阿隆索吹耳边风，让他朝着每一个需要被踢的对手身上都来上一脚。巴萨的传控体系太过精密复杂，学者们未来会围绕它写出一大批学术文章，现在要用一切必要措施来打破这套体系,因此手段没有任何限制,毕竟用冷静的头脑对付巴萨用处不大。

因此,4 月 16 日在伯纳乌进行的西甲第二回合较量中,这一招起到了不错的效果。梅西和 C 罗分别点射建功,双方 1∶1 的平局使皇马避免了重演首回合惨败的尴尬。不过,一场平局并不足以延缓巴萨向着联赛冠军高歌猛进的步伐。在联赛仅剩 6 轮的情况下,皇马亟须用一场胜利来持续向对手施加压力,但双方之间的巨大比分差距终究还是难以弥补。皮克显然非常乐于提醒皇马球员们这一点,球员通道内,这位"分裂分子"一直在往对手的伤口上大量撒盐。

"8 分,8 分!小西班牙人,你们的联赛冠军已经是我们的了!"他叫喊道,"西班牙小崽子们,我们马上还要夺走你们的国王杯呢!"

在皮克的叫喊中,真正令人惊讶的是,他口中的"小西班牙人"很多都是自己在西班牙国家队的队友。还是小孩子的时候皮克就和他们中的一些人熟识,在每一个年龄组别都曾和他们携手并肩艰苦奋斗。9 个月前,在南非,他们还一起为西班牙赢得了世界杯冠军。决赛西班牙队的首发 11 人阵容之中,来自巴萨的球员就占了 7 位,而皮克就是其中之一。夺冠当天激发了西班牙人民无上的国家自豪感,西班牙王后甚至亲自来到球队的更衣室内祝贺。作为一个比星达姆啤酒中的"加泰罗尼亚味道"纯度还高的人,卡莱斯·普约尔在面见王后的时候只披了一条毛巾。

不过,这些经历在"世纪大战"面前全都变得不值一提。甚至连巴萨阵中的非加泰罗尼亚球员都对"世纪大战"交战双方的仇恨程度大为震惊。"你能感觉到这种敌意,"一位球员回忆,"你能感觉到它,因为你在这座城市工作,你能看到这里的激情。尤其是当你身处队友中时,说实话,这种感觉让我非常震惊。我(在别处)也踢过这种重磅对决的赛事,深思后你就能理解,这种对决的意义实际上已经超出了足球本身。它代表着不同人、不同文化之间的对抗。和这些加泰罗尼亚本地的队友们生活在一起，你就能感受到他们是多么重视‘世纪大战’。”

4 天之后的国王杯决赛在梅斯塔利亚球场进行，球场地处说加泰罗尼亚语的城市巴伦西亚。尽管这是一座官方中立的球场，但场上双方弥漫的敌意却分毫未减。穆里尼奥延续了自己此前的战术，不断尝试打破巴萨的传控体系，同时期待 C 罗能够“无中生有”，以一己之力制造杀机。之前的那场联赛中，穆里尼奥在首发阵容中派上 7 名防守型球员的决定已经招致了大量的批评，其中当然少不了克鲁伊夫的，他指责穆里尼奥被吓得屁滚尿流，并诊断后者患有“巴萨恐惧症”。

“对于巴萨来说，最大的褒奖来自穆里尼奥的首发阵容，”克鲁伊夫在自己的专栏中炮轰道，“在主场比赛中派上 7 名后卫，穆里尼奥是有多害怕巴萨呀？”

像往常一样，克鲁伊夫又免费赠送给穆里尼奥几条建议，他推荐皇马不仅要练习 10 打 11（以防有皇马球员被罚下的情况）的战术，也要练一练 9 打 11 的战术。克鲁伊夫相信，如果那个张牙舞爪的葡萄牙后卫佩佩继续对巴萨球员要他那套惯用的鬼把戏，那么“他在比赛中被罚下场简直再正常不过了”。

不过，穆里尼奥也有着自己的应对招数。通过在中场“囤积重兵”，不断向对手持球人穷追猛打，皇马一次次消解着巴萨的攻势，始终维持着比赛的悬念，在经历过 0：5 的惨败之后，这也算是一种进步了。在这场 90 分钟的国王杯常规决赛中，双方互交白卷。加时赛来到第 13 分钟，哈维·阿隆索准确地完成了布置给他的任务，他在中圈抢断梅西之后，皇马随即发起攻势，几秒钟之后，C 罗已经在禁区内高高跃起，准备一个头球顶进球门。冠军触手可及，对手又是巴萨，C 罗没有错过这个机会。皇马最终凭借这个进球取得 1∶0 胜利。来到西班牙的第二个赛季，C 罗终于收获了自己的第一个冠军。

此时，他和梅西真正渴求的那座冠军奖杯仍旧悬而未决。欧冠半决赛的两回合比赛将分别于 4 月 27 日和 5 月 3 日进行，由皇马率先坐镇主场。从国王杯决赛到欧冠半决赛首轮比赛之间的 7 天堪称是"疯狂的 7 天"，双方的"口水仗"愈演愈烈，从裁判员的选择，到瓜迪奥拉对穆里尼奥的攻讦，再到球场长度，每天双方球员的口舌之争几乎覆盖了一切话题。在伯纳乌进行的首轮比赛，长的略微有些长的草皮被认为将会限制巴萨的传球，如果这不管用的话，至少还有佩佩的鞋钉一直等候在那里。

随着比赛打响，克鲁伊夫的预测提前成为现实。这是四场"世纪大战"中最牵动人心的一场，尽管佩佩与达尼·阿尔维斯（Dani Alves）交手时两人之间的接触微乎其微，但他仍然因为这次抬脚过高的上抢吃到红牌。阿尔维斯被担架抬出场外，几分钟后就重新投入比赛中，而皇马则最终以 10 人的球员规模结束了比赛。比赛中，一名巴萨球员同样遭到裁判的驱逐，是未登场的替补门将迭戈·平托（Diego Pinto），他在双方的一系列推搡行为中过于兴奋以致有些失态了。很快，在巴萨以 2∶0 拿下这场比赛的胜利之后，这个判罚也使穆里尼奥将自己的怒火发泄在裁判身上。

穆里尼奥也因为用鼓掌讽刺裁判而被罚上了看台，他说道："希望有一天，瓜迪奥拉能够在这项赛事中光明正大地赢得胜利。"

担任切尔西主教练期间，欧冠中与巴萨的那次碰撞所造成的痛苦阴影仍旧滞留在穆里尼奥心头。在直呼瓜迪奥拉的全名之后，他又不假思索地快速说出了至少 4 名曾经冤枉过他的裁判名字。"为什么？为什么？为什么？"穆里尼奥的咆哮仍在继续。稍后，皇马公布了一段视频，声称里面的内容显示巴萨中场布斯克茨将皇马后卫马塞洛·维埃拉·达·席尔瓦·儒尼奥尔（Marcelo Vieira da Silva Junior）叫作"一只猴子"。这项指控最终被欧足联驳回，认为其"缺乏有说服力的证据"。

令皇马无法争辩的是，凭借着梅西的两个进球，巴萨事实上已经提前锁定了这组淘汰赛的胜局，截至当时，3 场"世纪大战"的进球全部由梅西和 C 罗包揽。穆里尼奥无法找到在客场的第二回合较量中带领球队扭转战局的方法。事实证明的确如此，第四场"世纪大战"双方最终以 1∶1 的平局收场，皇马就此打道回府，而巴萨则在短短三年内第二次闯入欧冠决赛。

如同 2009 年时一样，在决赛中，瓜迪奥拉和梅西联手奉上了二人 4 年合作中的又一次经典之作，巴萨再度横扫曼联夺得冠军。在这场 3∶1 的胜利中，梅西攻入了球队的第二个进球，并荣膺本场比赛的最佳球员。与此同时，他们还收获了足球界中最罕有的奖项之一：来自弗格森的真诚赞赏。

"从没有人能够让我们像这样一败涂地，但他们确实做到了这一点，"这位曼联主教练说，"他们在按照正确的方式踢球，也在享受足球这项运动。他们的传球让我们晕头转向，尽管已经有很多人提醒过，但我们从未真正地限制住梅西。"

在这个赛季的较量中，C 罗收获了西班牙国王杯的冠军，而梅西则捧起了西甲和欧冠的奖杯。当然，还有一个意义非凡的奖项将落入谁的手中尚未可知，而这个奖项只关乎他们两人。

对于梅西和 C 罗来说，"世纪大战"就如同一场全球瞩目的"斗舞"，他们在这个舞台上的发挥将很大程度上决定谁能在冬天捧起金球奖的奖杯。不管金球奖的排名顺序如何，是梅西在前还是 C 罗占优，这条新的战线都已然画就。到了 2011 年,这组体育世界中最著名、最势不两立的对决已经开始幻化成完全不同的新面貌,比任何一家俱乐部及其历史都要更加简单直白,同时影响却更加深远。与此同时,皇马和巴萨的对抗也开始与攀附在两个俱乐部顶端的个人较量融为一体且难加区分。"世纪大战"一直在进行,但球迷本身已分化成两个派别,你要么加盟"梅西之队",要么就是"C 罗足球俱乐部"中的一员。

第 7 章

## 俱乐部的盈利，比赢球更重要

作为足球界最负盛名的个人奖项，金球奖的得主要按照严格的评选程序产生。各国家队队长、主教练，以及国际媒体将投票给自己心仪的球员，经过几周时间的统计后，最终结果将在同年冬日举办的盛大典礼中揭晓。在此之前，能够知晓结果的只有极个别主办方和得票数位列前茅的候选人。身处 21 世纪，球员们的生活本身就已经异常繁忙，为了参加颁奖典礼，他们还需要安排私人飞机、调整训练日程，以及为走红毯准备服装。因此，提前将获奖的信息"剧透"给球员固然不是理想的选择，但也是不得已而为之。一旦接到主办方打来的电话，这些获得提名的候选人从法律角度出发就需要对结果保密。

2012 年 1 月，梅西已经再一次准备好接到来自金球奖主办方的电话。他的荣誉室内已经收藏了两座金球奖奖杯，这一次，他为自己定制了一身紫红色天鹅绒的晚礼服，搭配了一件黑丝绒西装马甲，全部由意大利知名品牌设计制作，梅西的私人服装几乎都是出自该品牌创始人之一多梅尼科·多尔切（Domenico Dolce）之手。与此同时，C 罗在金球奖颁奖典礼上的着装依旧是个谜，原因是 C 罗压根就没有前往苏黎世参加金球奖的颁奖典礼。"克里斯蒂亚诺对无法到场感到遗憾。"有人这样说道。

如果奖杯上刻的不是自己的名字，C 罗是不会愿意坐在头排为他人献上掌声的。作为葡萄牙队队长的他本就拥有投票权，但他甚至不愿费心投出属于自己的一票。同样作为阿根廷队队长的梅西，则将自己的 3 票全部投给了巴萨和阿根廷队的队友：哈维、伊涅斯塔和塞尔吉奥·阿圭罗（Sergio Agüero）。因此当国际足联播放三位最终候选人本年度的高光时刻的视频时，梅西和哈维都用标准的颁奖典礼礼仪予以回应，他们在自己的座位上点头致意，并礼貌地献上掌声。而 C 罗只能以照片的形式出现在典礼现场，大屏幕上投射出他身着皇马球衣的形象。

颁奖当天，随着退役许久的巴西球星罗纳尔多拆开藏有结果的金色信封，梅西以 47.88% 的选票再次当选为世界最佳足球运动员，而 C 罗也再次屈居次席，这种场面也已成为现在双方直接对话的主旋律。在 2011 年国际足联评选出的年度最佳阵容中，有 9 人是出自皇马和巴萨两队，但梅西和 C 罗无疑还是全场最瞩目的焦点。球迷若想在两位球星之中"选边站"，不仅意味着永久性地表达自己的个人偏好，也能从某种程度上体现一个人的世界观和价值观，以及他究竟更在乎踢出自己的风格还是赢得奖杯。无论是球迷还是赞助商，想要保持中立几乎是不可能的。

不过，至少有一家品牌一直在尝试挑战这种"不可能"。

来自德国的豪华汽车品牌奥迪起初同弗洛伦蒂诺的银河战舰产生了交集。在当时，巨星云集的皇马阵容中的球员身披的白色球衣，似乎最为奢华耀眼，赞助商们争先恐后登门拜访，希望能够从这里获取一些魔力，奥迪的时机把握得恰到好处。2003 年，皇马签下了贝克汉姆，而正是在不久之前，俱乐部刚刚同奥迪达成赞助合作。于是，皇马开始询问这家汽车制造商，能否为贝克汉姆的一系列巡回亮相活动提供座驾。

不过，皇马不只需要一辆奥迪，而是三辆，因为贝克汉姆需要有车队护卫着他前去体检，随后前往伯纳乌参加官方亮相仪式。那一天，随着贝克汉姆到达马德里的镜头反复播放，人们也一遍又一遍地看到了他乘坐的那辆奥迪车。

"这么说吧，"奥迪西班牙区的负责人当时讲道，"贝克汉姆的亮相活动使我们在全世界各个国家的电视黄金时段和报纸头版都获得了大量的曝光，如果奥迪想自己做一个同等效果的广告宣传活动，根本拿不出这么多钱。或者说，这种质量的广告费用，我们得先把公司卖了才拿得出。"

"我确信，在市场营销的历史上，从没有出现过像这样令人意想不到的成功案例，"他接着开玩笑说，"也许只有本·拉登被逮捕后从一辆奥迪车里出来，才能够产生相同的效果。"

虽然奥迪与皇马之间的伙伴关系已经可以创造出大量的价值，但是 21 世纪中期，加泰罗尼亚涌现了一批新星还是令奥迪察觉到了潜在的危机。不管与皇马之间的合作多么愉快，奥迪同时也面临着疏远另一半客户群体的风险，这个群体就是巴萨的球迷们。与此同时，巴萨的市场部门也不断在奥迪相关部门负责人耳边提醒，这个群体基数庞大且非常富有，购买德国品牌汽车的意愿也十分强烈。这使奥迪高层相信，与互为死敌的两家俱乐部同时打交道将是非常高明的一道生意经。

不过，同时赞助皇马和巴萨着实造价不菲，如果赞助商希望这些球员能够出现在自己产品旁边，那付出的代价则会更高。在巴萨，只有每年付出 300 万欧元以上的赞助商才被准许和球员接触。除了每年交赞助费外，奥迪还会为俱乐部的每位球员奉上一辆自家新车的钥匙，就像德国版的奥普拉·温弗瑞（Oprah Winfrey）一样慷慨博爱。

付出这一切之后，奥迪高层唯一希望获得的回报就是请球员们一定要开他们的车前来训练。他们很清楚，狗仔队们会在巴萨的丹尼·哈尔克体育城训练基地正门前蹲守，也会在皇马的巴尔德贝巴斯训练基地外盯梢。因此，奥迪方面希望球员们驾驶着这辆价值 10 万美元的赠车前来训练时能够被人看到，以此来回报公司对他们的慷慨付出。事实证明，实现这份期待比预料中更具挑战性。没错，奥迪车设计流畅、速度飞快、体感舒适，但球员们总是更青睐华而不实的座驾。如果一辆车没有一个意大利名字，不是鸥翼式车门，或者没有喷涂上公共卫生警告的标识，那么它几乎就不可能出现在一位足球明星的六车位车库中。"球员们驾车抵达训练场的画面本应成为'产生价值的良机'，"一位巴萨管理人员表示，"但是一些球员依旧只想开自己的兰博基尼、法拉利或宾利，让他们驾驶着奥迪前来训练成为一场不折不扣的持久战。"

为了让队中的超级球星们开着"正确"的车来到训练场，皇马尝试了不同的战术，俱乐部采取了一些机场和时尚的购物中心几年前率先开创的招数：优享停车。也就是说，如果你是开着那辆免费的奥迪前来训练，那么你就可以把车直接停在训练基地的主建筑前，距离训练场、更衣室和按摩房只有几步之遥，下车即到。倘若开来的是其他品牌的汽车，那么你就得去别的地方停车，不仅距离训练场地十分遥远，而且还隐匿在高高的灌木树篱之中。兰博基尼或许就是为了引人侧目而设计制造的，但在皇马以赞助商为导向的训练场里，这些豪车不受欢迎。奥迪官方由此发现，坚守在皇马身旁无疑是值得的。

2011 年 12 月，借由对两家俱乐部的赞助，奥迪发起了一项"世纪大战"前的预热宣传活动，两辆同款的奥迪汽车分别喷涂上皇马和巴萨的配色，在赛道上漂移竞速，最终用轮胎压痕，在地面上绘就了一幅艺术画。"激情在此留痕”，广告语如是写道，而这显然不是指两支球队每次碰面时数不胜数的恶劣犯规行为。

奥迪对于两家俱乐部的赞助还将延续多年。每年，这些百万富翁们挑选免费车的场景，都成为奥迪拍照展示自己最新款汽车的绝佳良机。据《马卡报》估算，在 2016 年，两支球队各自所挑选的奥迪车在市场上的零售价格都超过了 400 万美元。

挑选汽车时，皇马球员的品位显得更加高端，几乎没有人对此感到意外。

## 西甲对英超的嫉妒之火

除了奥迪这个来自德国的豪华汽车制造商之外，一个更加本土的企业也向梅西和 C 罗这对交战双方投了资。这是一家来自西班牙本地的机构——西甲。

若想理解西甲之后的一系列疯狂举动，就要提前知晓：进入 21 世纪后，这个联赛在商业领域还是一块死气沉沉的闭塞之地。以北美职业体育联赛①为例，经过 40 年的不懈发展，这些联赛早已形成了成熟出众的运行机制，不仅在派克大街拥有一间间办公室，规模庞大的市场开发部门还不断赢得数额惊人的天价电视转播权合同。与之相比，西甲的收益实在相距甚远，作为西班牙足球俱乐部的领导者，它当时的主要工作无非就是给球队排排赛程，以及为比赛雇佣裁判。在当时，英超无疑是足球世界的黄金标杆，不仅让自己在全世界都广受欢迎，更令人难以理解的是，参与其中的每家俱乐部都能变得财大气粗。

---

①又常被简称为大联盟，是指美国和加拿大中级别最高的职业团队运动。——编者注

面对这样一个重新定义了足球产业可能性的英超，西甲除了敬仰和羡慕之外，妒火也在熊熊燃烧。

20 世纪 90 年代初，受到 NFL 的启发，一小拨雄心勃勃的俱乐部管理者和所有者为英超制定了如下的指导原则：足球俱乐部不应仅仅作为英国城市中团结维系四邻八舍的精神支柱，每周六派遣 11 名球员上场比赛就万事大吉了，它们同样也可以成为能够赚钱的企业。

这无疑是个激进的想法。至少在当时，足球俱乐部的所有者仅仅将自己的角色视为球队的看护人，唯一的任务就是把它延续保留给自己的下一代接班人，仿佛球队就是一座乡村的庄园府邸，或是某座已经发霉的图书馆。对于这些爱抽雪茄的纨绔子弟和自力更生的本地商人们来说，引领球队赢得胜利固然值得庆贺，但却并不是什么重要的事情，通过足球俱乐部盈利的想法，更是与维多利亚时代创建这些俱乐部时所遵循的理想信念背道而驰。19 世纪末期，当来自英国的商人和回国的西班牙留学生将足球运动带来伊比利亚半岛时，也把这套观念带到了这片土地。当时，随之而来的不仅有厚重的皮革足球，还有运动家精神的理想盎格鲁 – 撒克逊的命名传统。举例来说，一家巴斯克地区的俱乐部会叫作毕尔巴鄂竞技，或者一支来自坎塔布里亚的球队能够命名为桑坦德竞技，都是出于这个原因。

英格兰足球踏上一条与众不同之路的契机出现在 20 世纪 80 年代末期。当 1863 年《足球竞赛规则》（*laws of the game*）诞生于伦敦一家酒吧后巷时，英格兰足球当时正深陷于黑暗时期。足球流氓行为嚣张且猖獗，从 1985 年的布拉德福德球场大火，到 1989 年发生的希尔斯堡惨案（97 名利物浦球迷丧生），致命的球场灾难层出不穷，令人担忧。足球此时已经成为英国不同阶层之间所争辩的焦点问题，持保守倾向的《星期日泰晤士报》（*Sunday Times*）甚至将其称为"一群贫贱的人在破烂的体育场里从事的破烂运动"。

　　未来英超的创办者们意识到了问题。在阿森纳副主席戴恩、时任热刺主席欧文·斯克拉尔（Irving Scholar），以及曼联主席马丁·爱德华兹（Martin Edwards）的带领下，这群具备商业头脑的年轻人意识到，他们所经营的是一门提供娱乐的生意。一个人的父辈乃至祖父辈一直在支持某支球队，这并不是他们的义务。因此，俱乐部需要对球迷有所回馈，例如安全的座椅、价格合理的小吃摊，以及卫生条件不至于违反《日内瓦公约》的厕所等。如果英格兰足球想要效仿 NFC，改善基础设施是必须完成的主要工作。问题在于，谁将为这一切买单？答案是电视转播收入。

　　当时，英格兰足球所产生的那点电视转播收入已经少得可怜，还要平均分配给 4 个级别的全部 92 家职业俱乐部。无论是处于地位顶端的利物浦、曼联，还是位居末流的赫里福德足球俱乐部（简称赫里福德）和北安普敦足球俱乐部（简称北安普敦），从中瓜分到的都是同一杯羹。为英超制定框架的人们决心终结这种局面。

　　1992—1993 赛季揭幕前夕，排名在前 20 的俱乐部与其他级别的球队"割袍断义"，并同鲁伯特·默多克（Rupert Murdoch）旗下一家步履维艰的卫星电视台"天空电视台"（Sky）达成合作。这份电视转播合同的金额达到了 1.92 亿英镑，英格兰足球史上从未有过这么多的钱，最重要的是，英超俱乐部如今已经建成了自己的企业联合体，它们只需在内部分享胜利果实，而不必担心"肥水"像过往一样流入"外人田"。

　　这一至关重要的决定为英超在欧洲其余各国之前抢占先机奠定了基础，拿到越来越多的电视转播合同让整个联赛规格都得到提升。之后的 25 年中，英超的版权价格上涨了将近 2600%。球队赚到了更多的金钱，也在球员转会市场上挥洒了更多的钞票，为球员开出了更高的薪水。到了 2016 年，全世界收入最高的前 20 家足球俱乐部中，有 8 家俱乐部来自英格兰。对于球员和投资者来说，英超毫无疑问就是那个令他们向往的地方。

西班牙迫切希望复制英超的成功模式，但摆在它面前有两道阻碍——巴萨和皇马。

## 打包出售联赛转播权

过去 20 多年里，这两家超级俱乐部一直牢牢把持着西班牙电视转播版权市场。与英超的情况不同，西甲的俱乐部均是独立出售各自的电视转播版权，拥有大量拥趸的大俱乐部对这个政策颇为满意。但像马德里巴列卡诺闪电足球俱乐部（简称巴列卡诺）这样的俱乐部，在马德里的受欢迎程度只能排在第四名，就很难对这样的政策鼓掌叫好。通过这一机制，皇马和巴萨也充分传递了这样的信息：每支球队都只是为了自己。不过，这种态度倒不是因为它们自私，至少并不完全是。此前，英超的俱乐部通过另起炉灶，将电视转播版权整体售卖而使自己的面貌焕然一新。1993 年，西班牙竞争法庭做出裁决，不允许西甲效仿这一行为。直到 2007 年，一家欧洲法院才驳回这个决定。

与此同时，皇马和巴萨每个赛季从电视转播权中获得的收入，已经比联赛末流球队的 10 倍还要多。在 2011—2012 赛季，一家像格拉纳达足球俱乐部（简称格拉纳达）电视转播权收入在 1 200 万欧元左右，而皇马则通过这项收入赚得了 1.4 亿欧元。当时，即使是在英超排名垫底的球队，每个赛季也至少能从中收获 4 000 万欧元。

2013 年，哈维尔·特巴斯成为西甲的主席，他和自己的前任费尔南多·罗卡（Fernando Roca）一直致力于消灭球队在电视转播收入方面的贫富差距。在自己运营的联赛中，有两支球队风卷残云般地带走了 20 支球队电视总转播收入的一半，他们不能再对此袖手旁观了，尤其是英超已经向他们展示了应该如何应对。"英超在不少方面的成就都令人难以置信，"罗卡说，"例如它在全球范围内的经济影响力，足以让其他人分外眼红，并拼命追赶。"

更令人恼火的是，英格兰足球联赛的这一切成就，还是在没有全世界最顶尖的两位球员的情况下取得的。因此，趁着梅西和 C 罗都还在西班牙踢球，西甲必须绞尽脑汁地对这两位球星"物尽其用"，从他们身上得到更多。特巴斯一直主张，解决问题的着手点和重中之重均在于要将全部 20 支球队的电视转播版权集体出售，虽然他们早在 20 年前就应该将此事完成。

"我们试着在各家俱乐部自愿的前提下推动此事。"特巴斯说。

当然，结果可想而知。尽管大部分俱乐部纷纷响应，但这两家大俱乐部却表示难以理解，为何要为这些碌碌无为的俱乐部放弃本属于自己的利益呢？像拉科鲁尼亚、塞维利亚，以及巴列卡诺这些球队无法吸引更多球迷，卖不出更高的电视转播版权价格，那也是他们自己要解决的问题。或许这些俱乐部应该试着把球踢得更好一点，在皇马和巴萨看来，他们之所以在商业和转播领域如此殚精竭虑、苦心经营，也正是为了达到这一目标。

巴萨的费兰·索里亚诺回想起自己与一位美国职业足球大联盟的教练会面时的场景，这位来自美国顶级联赛的教练一直在说西甲的模式是完全错误的。"我不理解，"这名教练说，"你们应该做的就是将塞维利亚、比利亚雷亚尔足球俱乐部（简称比利亚雷亚尔）这样的球队做大做强，使西甲变得更加精彩激烈，从而实现收入的最大化，这些你们怎么就不明白呢？"

索里亚诺简直不敢相信自己的耳朵。

"我很难去考虑最大化任何形式的任何收入，"索里亚诺后来写道，"因为对于巴萨来说，我唯一期待并关心的就是让它赢得所有比赛，一直赢下去，什么'赛事总体收入'或者诸如此类的概念都和我毫无关系。"

在西甲的办公室内，人们已经开始着手将索里亚诺笔下那些"诸如此类的概念"转化为现实。2013 年，西甲为皇马和巴萨设置了一道电视转播权收入总和的占比上限，并最终成功说服它们接受。即便如此，凭借着同传媒巨头西班牙电信公司（Telefónica）和梅迪播（Mediapro）签下的转播合同，两家俱乐部依然吞下了电视转播权收入这块"大蛋糕"的 1/3 还要多。在特巴斯看来，这至少是一个开始。他不遗余力地强调，就算将联赛的电视转播权整体打包出售，两家俱乐部在这方面的收入也几乎不会减少，因为对于转播商们来说，整体出售的版权更具吸引力，从而促使他们为之付出更高的费用。那一年，西甲在全球范围内的电视版权权卖出了不到 8 亿欧元，虽然与英超获得的 10 位数字的天价相比只是一小部分，但在特巴斯的构想中，这是唯一能够提升收入的方式。

"显而易见的是，当你将所有球队的转播权集中起来时……就能收获不菲的价值。将联赛的电视转播版权完整打包出售非常重要，"特巴斯说，"我们需要在西甲的经营上有更多作为。很明显，这项赛事中涉及的远远不止皇马与巴萨和梅西与 C 罗的对决。"

不过，如何说服转播商，自己同样需要播出像赫塔费对阵埃瓦尔竞技足球俱乐部这样的比赛，也着实需要西甲的高层们动一番脑筋。通过不断推动联赛各队之间的实力变得均衡，提升强弱球队之间比赛的激烈程度，英超已经成功使南安普敦与纽卡斯尔这样的球队之间的对决在全世界成为炙手可热的比赛。以前那些无人问津的球队，如今每个周六都在英超赛场上为观众们上演一场激动人心的高水准较量。英超把 20 支球队当作明星市场一样进行开发，为每支球队包装它们的历史、个性和癖好。对于球迷们来说，他们不仅是在支持场上的11名球员，或者捍卫球队的队徽，也是为自己在英格兰占据了一方"领地"。当英超在重要的海外市场售卖版权时，作为额外奖励，它会预先将比赛安排在黄金时间段进行，并完全用英语播出。

然而，在拉波尔塔和弗洛伦蒂诺的执掌下，巴萨和皇马却决定反其道而行。

每个周末，当球迷们打开电视机，他们都期待看到两位历史最佳球星上演帽子戏法。正是基于这样的想法，两家俱乐部着手扩张自己的全球商业版图。不管怎样，这不就是全世界都希望看到的吗？毕竟，人们去看"007"系列电影可不是为了看军情六处的无人机和布罗菲尔德①的手下打得不可开交。

对于西甲的高层来说，他们希望为观众呈现的是英超无法提供的东西。不管梅西和C罗每场比赛的对手是谁，他们精彩纷呈的表现总是有保证的。而且规模不是非要"世纪大战"才行，哪怕是一场同埃尔切的比赛就足够引人注目。从2010年起，两位球星平均每场比赛都至少有一球入账，整个2010—2011赛季，他们在全部各项赛事中双双豪取53个进球。随后一个赛季，两个人进球的数据更加夸张，C罗在55场比赛中狂进60球的数据已经足够出色了，而梅西60场比赛打入73球的成绩更加令人瞠目结舌。在任何一个将足球视为一项严肃运动的国度，这样的进球数据自从20世纪20年代以来就再没出现过，而且在那个年代，守门员还是一个相对新潮的概念。回到现在，即使梅西和C罗就此挂靴，他们各自职业生涯的总进球数也已达到了历史上少有的级别。不过，他们继续年复一年地刷新着自己的进球纪录，在2014—2015赛季，两个人单单在西甲中就一共攻入了惊人的91个进球。这个数据皇马和巴萨之外的

---

① 英国"007"系列电影中最经典的反派角色。——编者注

18 支西甲球队中，没有一支球队的全队进球数能够达到。尽管梅西和 C 罗只是在对付西班牙足球队中的"小鱼小虾"，但梅西和 C 罗的比赛已经成为人们会提前腾出时间安排的必看节目。

这正是皇马和巴萨的高层希望能够永久延续下去的局面，他们并不需要维持整个西班牙足球在竞技层面的平衡性，只需要有"鱼饵"能够供自己队中的"鲨鱼"大杀四方就够了。

## 球星与俱乐部的互惠互利

事实上，纠正皇马和巴萨两家俱乐部的这种心态，已经超出了西甲高层能力所及的范围了。最终，还是由西班牙政府采取行动，出台了一项法令，使集体出售联赛电视转播权成为可能，西班牙王室也毫不犹豫地批准通过。按照这项 2015 年 5 月颁布的《皇家法令》（*Real Decreto-ley 5/2015*）的新规，西甲的各队中，获得电视转播权收入首尾之间的比例不能超过 3.5：1（如果联赛转播总收入超过了 10 亿欧元，则比例不能超过 4.5：1）。即便在法令出台之后，围绕西甲和西班牙皇家足球协会之间权力平衡的争论也还是演变成了一场政治闹剧，并且这些超级俱乐部和球员工会也牵涉其中。

各方就分配给西甲、西乙两级联赛的电视转播版权收入比例始终未能达成一致，甚至导致西甲球员号召以罢工相威胁。矛盾愈演愈烈，以至于西班牙媒体开始担心本赛季的联赛会以"流产"告终。在美国体育界，赛事停摆的戏码大概每隔 10 年就会突如其来地上演，但是对于日复一日始终有比赛进行的欧洲足球赛场来说，这样的情形还从未出现过。

终于，细节问题全部搞定之后，西甲可以展望自己崭新的经济前景了。特巴斯希望西甲能够成为更具特色的赛事，而不是只聚焦于皇马、巴萨、梅西和C罗的身上。关于这一点，特巴斯与每一个将按照他的想法打造联赛的人都心知肚明。

"这么做是非常有必要的，"时任西班牙体育大臣的米格尔·卡德纳尔（Miguel Cardenal）说，"这样一来，西甲就不会再落后于其他几大联赛，今天对于西班牙足球来说是有历史性意义的一天。"

不过每个人都清楚，新增加的收入流向了何处。所有的球队拥有者和管理者最终发现了一个令人不快的事实：足球运动中，他们赚到的哪怕一点点边际收入都会直接进入球员的口袋。当然，如果他们能在快速用掉这几百万美元之前意识到这一点就更好了。但是，绝大多数俱乐部都无法建立长期的资金储备，因为收入刚刚有所增加，他们对天才球员的购买欲也会随之增加。

对于绝大多数并不处在顶尖行列的球队来说，年复一年所面临的降级威胁，成为球队投资人来到足球界后需要习惯的另一个现实问题。一旦不慎跌入降级深渊，哪怕只是一个赛季，球队也将面临被彻头彻尾地踢出这一最高级别联赛的风险。在乙级联赛中至少逡巡一年、营收崩塌、球员出走……这些都是一家俱乐部降级后将会陷入的窘境。因此，全力从财政黑洞中脱困是燃眉之急。即使球队很快重返西甲，成功保级的前景也并不乐观。从2000到2020年，这20年间，共有33支球队从西甲中不幸被降级，其中多达19支球队不止一次遭受过这般屈辱。

作为从未在西甲中被降级过的两家俱乐部，皇马和巴萨倒不必为这个问题感到担忧。不过，顶级球队也有顶级球队的烦恼，在详述足球运动为何与世界上任何一个运动行业都有所不同时，巴萨的索里亚诺十分精辟地解释了这一点。他认为毫无怜悯心的公众一刻不停地评判着你的表现，能够衡量球队成功与否的只有荣誉室内的奖杯，而不是资产负债表上的数字是否漂亮。而且，这个行业里的"工作人员"也与众不同。2009 年，索里亚诺离开巴萨转投一家名为西班牙航空的加泰罗尼亚航空公司担任主席，西班牙航空 3 年之后破产了，他很快明白了，自己过往的经验很难适用于足球之外的行业。

"足球运动员们往往在很年轻的时候就拥有了很高的身价，并且挣到了很多的钱，"索里亚诺写道，"这些都使他们难以被管理。球员是俱乐部的主要财产，球队既需要将他们视为人、像雇员一样管理，同时也要将他们按照能够买卖的资产一样对待，使其拥有能够升值或者贬值的市场价值。"

对于索里亚诺说的最后一点，豪尔赫·梅西比所有人都更要关心。他一直过度关心着梅西的市场价值（也就是薪资），就好像那是儿子的股价一样。对于老梅西来说，他并不在乎现在这份合同签了几年，只关心儿子的薪水能不能一直涨下去。

而这正是巴萨董事会内部会产生极度错愕、失望情绪的来源。只要是想要留住的球员，俱乐部都不会放任他合同期满走人而无动于衷，通常在这名球员合同到期的 18 个月之前就会启动续约谈判，留给双方充裕的操作空间。当然对于巴萨高层来说，这其实就是让他们把每一件想到的能够让梅西保持心情愉快的事情抓紧时间通通完成。但即使依照最疯狂的足球合同法规来看，老梅西提出的要求都已经荒唐过头了。

为了确保梅西的续约顺利进行，拉波尔塔可谓不遗余力。毕竟，正是他在 2009 年为梅西呈上一纸长约，希望能够至少将他留到 2016 年。当时，这在旁人看来是冒险行为，这种行为所招致的反对声音不是出自别处，正是来自克鲁伊夫。"（梅西）续约到 2016 年可完全是另外一回事了，"克鲁伊夫写道，"相比于这样的长约，我还是坚持倾向于签下三到四年的短约。即使是最好的球员也需要不断地激励才能变得更强，无论他姓甚名谁。"

2010 年，一位叫作桑德罗·罗塞尔（Sandro Rosell）的前耐克高管取代拉波尔塔成为巴萨的主席。和自己的前任相比，他可没那么逆来顺受。2013 年 12 月，随着巴萨董事会成员、俱乐部副主席哈维尔·福斯（Javier Faus）拒绝每 6 个月就向他称之为"这位先生"的球员（也就是梅西）递上一份新的合同，双方之间的关系变得剑拔弩张，紧张的氛围甚至弥漫到了公众场合。

这一回，梅西极为罕见地在接受加泰罗尼亚电台采访时予以回击。"福斯先生对足球一无所知，"梅西说，"他试图像做生意一样运营俱乐部，但巴萨绝不是一门生意。"

只不过，巴萨很大程度上就是一门生意。当索里亚诺和拉波尔塔在 2003 年接手俱乐部时，这正是他们尝试向公众强调的一点。当时的巴萨面临 2 亿美元的财政赤字，这一大笔欠账使他们必须像做生意一样经营俱乐部，否则等待着他们的就是破产。

然而，梅西对福斯的批评仅仅过去了 6 个月，一则标题为"与莱奥·梅西达成一致"的新消息就赫然出现在巴萨的官方网站上。

"经过修改和更新后的合同将于几天后签署。"网站上的消息如是写道。

就在几天之前，C 罗刚刚同皇马签下了一份税前年薪超过 5 000 万美元的新合同，这绝非巧合。这个数字让 C 罗又创下了一座里程碑，却也在不经意间帮了梅西一把。原来，知道了 C 罗的签约费后，豪尔赫·梅西在同巴萨协商儿子在俱乐部 11 年间的第七份合约时，已经精准地知晓如何向对方开口要价了。于是，在梅西 27 岁那一年，他成为全世界薪水最高的足球运动员。

除了合同上的签约金额后面那一连串令人炫目的"0"之外，这份新合同还具有一个显著的特征，那就是梅西和俱乐部将就梅西的肖像权收入进行五五分成。终于，在为这个阿根廷小个子男孩进行投资的 10 多年后，巴萨即将开始凭借梅西的全球知名度赚钱了。

当然，如果梅西效力的是巴萨的死敌皇马，他就会发现皇马也会每时每刻都利用他赚钱，因为平分球员的肖像权收入是弗洛伦蒂诺治下的标准操作。现在，梅西和 C 罗都真正与各自的俱乐部建立了互惠互利的共生关系。对于巴萨和皇马来说，将两位球星打造成名震四海的人物，是同俱乐部的财政表现息息相关的事了。在这一点上，梅西和 C 罗非常人能比的进球数对二人的名扬四海起到了帮助作用。到了 21 世纪第二个 10 年中期，足球界的每一个赞助商都试图从他们身上分一杯羹。

各种各样的人依靠梅西和 C 罗的名气取得成功，他们挥金如土，同时拥有重要的决策权。一些赞助公司担心，一个擅长进球的足球天才面对专业摄影师时在球场上能否上演魔术般的迷人戏法。如果他压根不会表演，他会是品牌方需要的人吗？或者说，是否会有品牌青睐一位像希腊诸神一样英俊的进球大师，他的迷人笑容或许价值千金，但他对表演一窍不通。

这些赞助公司发现，上述的担心是多余的。2012 年，梅西和篮坛传奇人物科比·布莱恩特（Kobe Bryant）合作为土耳其航空拍摄了一部广告，推出后的两个半星期之内就在 YouTube 上收获了 9 000 万次播放量。与此同时，瑞士腕表品牌泰格豪雅（TAG Heuer）则与 C 罗牵手，从而使 C 罗能够跟随伍兹的脚步，加入莱昂纳多·迪卡普里奥（Leonardo DiCaprio）和卡梅隆·迪亚兹（Cameron Diaz）的行列，担任这个瑞士腕表品牌的品牌大使。

当时，梅西和 C 罗受到的关注已经超越了其幕后团队所能掌控的范围。豪尔赫·门德斯清楚，自己远非那些在麦迪逊大道工作的广告达人，能够像包装美国的超级明星一样对自己旗下球星的形象进行精雕细刻。门德斯私下承认，商业操作并不是自己的强项，因为他对此丝毫不感兴趣。他更擅长让球员和教练在俱乐部之间不停流动，而并非帮助他们打造人设。在这方面，他投入的精力少之又少，只是简单地让自己的女儿负责运营 C 罗的社交媒体账号。

2015 年，门德斯真正尝试了一次围绕自己的客户塑造叙事体系，其产物就是一部关于 C 罗生活的纪录片。在这部有些奇怪的影片里，门德斯自己就占据了超过 10% 的篇幅，其余的部分则充斥着 C 罗驾驶豪车以及他赤裸着身体的镜头，还有一段 C 罗在葡萄牙队搭乘的航班上高歌蕾哈娜[①]名曲的片段。

面对自己儿子创造的不断发展中的商业帝国，豪尔赫·梅西更是缺乏管理手段。与一个品牌的合作将对儿子的形象产生怎样的影响，他也并不清楚，因此在巴萨的一处拥有 3 个房间的办公室内，他在处理这些品牌的合作请求时采取了和门德斯几乎相同的方式。这也是为什么梅西最终成为康宝莱（Herbalife Nutrition）的代言人，这家总部位于洛杉矶和开曼群岛的保健企业同时也是一家多层次直销公司，不过康宝莱的管理人员对那些一直以来称自己为传销的指控始终予以否认。2010 至 2013 年，康宝莱与梅西和巴萨都签署了合作协议。随后，这个品牌又效仿奥迪的做法，向 C 罗也伸出了橄榄枝，康宝莱认为有腹肌的 C 罗看起来是一个更具健康意识的合作伙伴。如果要找一个能够板着脸一本正经地说"营养就是我的武器"的人，C 罗绝对是理想的代言人选。

---

①巴巴多斯籍，在美国发展，著名女歌手、演员、模特。——编者注

　　C 罗"兜售"自己的脚步没有就此停歇，2014 年，他又和一个洗发水品牌达成合作。或许是为了留住用户群体中的一部分特定人群，他后来又投资了马德里的一家植发诊所。

　　此外，C 罗还担任着阿玛尼的男士内衣模特，直到 2013 年，他创建了自己的紧身内衣品牌。在位于马德里市中心的品牌发布现场，一幅高达 20 米的巨幅广告牌上，呈现着全身只穿着一条比基尼三角裤的 C 罗形象。相比之下，梅西将精力更多集中于内裤外面的那层着装上，他同样创办了自己的休闲服装品牌，这要仰仗梅西和希尔费格之间的合作关系，或者说至少要归功于两人各自的妹妹玛莉亚·索尔·梅西（Maria Sol Messi）和金妮·希尔费格（Ginny Hilfiger）之间的紧密合作。

　　特别是当梅西和希尔费格开始在财大气粗的海湾地区"做生意"之后，这些额外收入使两位球星各自的年收入提升了将近 50%。梅西和 C 罗正在改变足球界赞助市场的方向。过去企业们洒向球衣胸前广告的金钱，现在则不得不投往个人赞助。2013 年，梅西与一家叫作 Ooredoo 的卡塔尔电信公司签约，这家公司股份大部分为卡塔尔国有，同时 Ooredoo 通过赞助巴黎圣日耳曼推开了足球界的大门。而在皇马与阿联酋航空现有的球衣广告赞助合同基础之上，C 罗又锦上添花，与这家迪拜的旗舰航空公司达成了个人赞助协议，当然，这并不是说他以后就会搭乘这种商业航班。即便是中东地区数不胜数的政治纠葛也不能阻止梅西和 C 罗二人"吸金"的脚步。前一年刚刚为一家沙特阿拉伯的手机供应商拍摄宣传，后一年就为一个以色列流媒体服务商出演广告，C 罗或许是为数不多能够做出这一切的知名人士。

　　对于梅西和 C 罗来说，他们不在乎合作企业遥不可及，也不介意赞助他们的品牌鲜为人知。拍摄日本广告的好莱坞影星很清楚，世界其他地方的人不会看自己拍出来的东西，和这些影星一样，梅西和 C 罗也愿意向每一个掏得起钱的本地赞助商"租售"自己的笑脸。2018 年俄罗斯世界杯期间，俄罗斯的阿尔法银行就将梅西搬上了自家银行在全国各地的广告牌。相比之下，葡萄牙的圣灵银行距离 C 罗的家乡比俄罗斯近得多，这家银行直到 2014 年爆发经济危机之前一直都是 C 罗的赞助商，而它的崩盘也使得葡萄牙股市如跳水般大跌。在梅西和 C 罗之间这场奇奇怪怪的商业代言的较量中，有一个未经证实也未必准确的推论：C 罗一直都是两人之间稍胜一筹的那个人。

在 C 罗近 10 年所有的代言中，没有哪一个比他 2017 年为埃及钢铁公司拍摄的广告更令人捉摸不透了。在这部 60 秒短片的绝大部分时间里，戴着一顶安全帽的 C 罗一直在一座钢厂里转来转去。没有足球，没有关于高效表现的精妙标语，只有 C 罗参观工业生产的画面。

"你是否曾将钢铁和环境友好联系在一起呢？"C 罗在社交平台上写道，"我这样设想过，这也是我与最注重安全的钢铁品牌达成合作的原因。"他还带了埃及钢铁公司的话题，除此之外的另一个事实是，他的妹妹正在和这家公司的创始人约会。

对于企业来说，在如何利用梅西和 C 罗获益这一点上，似乎没有任何限制，甚至阿迪达斯和耐克都在通过二人获利。耐克已经有 10 年没有给梅西送过哪怕一双鞋了，但是每一件背后印有梅西名字的巴萨球衣，正面都带有一个耐克的大勾。然而到了 2008 年，该更新巴萨赞助合约的时候，耐克却表现得犹豫不决、含糊其词，直到彪马插手竞价，才迫使它不得不采取行动。

阿迪达斯和 C 罗的情况如出一辙，皇马卖出的每一件 C 罗 7 号球衣上，阿迪达斯经典的三道杠都赫然在列。两家公司的高管都清楚，这就是足球商业的真实现状，尽管他们都更希望让球员从头到脚都穿上自己的产品。虽然一件球衣的零售价在 80 美元到 110 美元之间，但生产商仍能从卖出的每件球衣中获得将近一半的收入。很早之前，他们就已经从两位球星在商业领域的"奠基人"身上学到了这一课。"我们并没有大卫·贝克汉姆的代言权，"一位耐克主管回忆，"但是我们卖了很多件他的球衣。"

在印上自己竞争对手的名字同时，耐克和阿迪达斯或许也是在大把大把地"印钱"。在 2011—2012 赛季到 2015—2016 赛季之间，世界上第二和第三受欢迎的球衣恰恰分别来自巴萨和皇马。尽管两家俱乐部的球衣销量仍旧无法企及曼彻斯特的那头商业巨兽，但皇马依旧每年卖出了多达 165 万件球衣，巴萨售卖球衣的金额也达到了 128 万。不管董事会成员们怎么说，无论哪家俱乐部胜出的次数更多，都几乎是一样的结果。

## 将重点放在"绝代双骄"上

对于身披球衣就能获得收入的人来说，这样的争论不会困扰到自己。2012年，梅西最为关切的问题并非出自巴萨更衣室或者来自赛场，而是出现在俱乐部的教练席上。2011—2012 赛季末，他的世界发生了根本性的改变：瓜迪奥拉离开了巴萨。

对此，官方给出的答案是，瓜迪奥拉有些疲倦了。在巴萨主教练这个颇为烫手的位置上，瓜迪奥拉一干就是 4 年，也成为他人生中最饱受压力的一段时间。这位昔日的球员刚刚进入足球教练行业时，还是欧洲所有主流俱乐部中最年轻的一位主教练，当时他的头上还有斑驳的银发，现在头发已经掉光了。他对外界解释说，他感觉自己已经无法再激励到队员了。

按照巴萨精益求精的自我要求标准，刚刚过去的一个赛季显然并不顺利。首先，他们在欧冠半决赛中被切尔西淘汰出局。接下来的情况更加糟糕，球队又在西甲冠军的争夺战中败给了穆里尼奥执导的皇马。私下里，瓜迪奥拉与俱乐部董事会内一些个性十足的新人关系日趋紧张，这使他烦扰不堪。他需要休息一下，或许不是远离足球，但肯定要远离这种内部斗争。

于是，瓜迪奥拉打包好了行李，举家来到纽约开始了长达一年的休假。他在中央公园西部租了一栋豪华的公寓，就在纽约尼克斯的主场旁边。偶尔，他也会去孩子就读的私立学校，指点一下那里的校足球队。在纽约，他还会同加里·卡斯帕罗夫（Garry Kasparov）和大学教授们共进晚餐。他知道自己的好友，同时也是巴萨前董事会成员的夏威尔·萨拉-伊-马丁（Xavier Sala-i-Martin）在上城区的哥伦比亚大学教经济学，所以也会去那里旁听他的课程。瓜迪奥拉很快成为课堂上的搞笑角色，每当他看到有人举手，就立即做手势提醒教授注意，就像他在球场边教练席时一样。

回到巴萨，球队还在孜孜不倦为下一次晋级努力。巴萨正处于历史上最富有的时期，值此良机，俱乐部希望能够继续以本土球员为核心，同时从世界各地引入优质的球员作为补充。而在 2012 年，全世界最炙手可热的球星莫过于那位留着金色莫霍克发型的年轻人，当时他在人们的口中已被普遍看作是世界足坛"绝代双骄"的潜在接班人。这位年轻人叫作内马尔·达·席尔瓦·桑托斯·儒尼奥尔（Neymar da Silva Santos Júnior），在巴西的桑托斯俱乐部效力时，他已经获得了身穿 10 号球衣的许可，要知道，那可是贝利披过的球衣。内马尔既可以像梅西一样进行眼花缭乱的盘带，也能够像 C 罗一样让射门划出优美弧线，除此之外，与两位球星相比，他还能以更具戏剧性的方式摔倒。

不过，要想赢得内马尔的青睐，巴萨也面临着竞争。原来，皇马自 2011 年起就已经着手操办此事，切尔西同样也已经在极力推荐内马尔和他的代表前往伦敦。令人颇感意外的是，西汉姆联足球俱乐部（简称西汉姆联）也加入了争夺内马尔的大军之中，并希望以不超过 3 000 万欧元的价格就将他招入麾下。

后来，他们还是转而签下了弗雷德里克·皮基翁内（Frédéric Piquionne）和维克托·奥比纳（Victor Obinna）作为替代者，如果你从未听说过这两位球员，那也无可厚非。

内马尔的父亲曾经是一位机修工，如今则担任儿子的经纪人。欧洲一些最富有的足球俱乐部（外加西汉姆联）为了让他儿子在转会合同上签字，开始和老内马尔觥筹交错、把酒言欢。也正是在那时，内马尔的父亲意识到自己完全可以在合适的时间开出自己的价码。最大的问题在于内马尔的转会时间，按照计划，他应该至少在桑托斯留到 2014 年，带领巴西队征战同年在本土举办的世界杯。在自己的祖国，内马尔已经是不少知名品牌的代言人，据他父亲透露，耐克、松下和大众已经帮助他积累了超过 5 000 万美元的财富。只要有足够的耐心，一切收获总会在恰当的时机到来。

然而，西班牙的超级俱乐部可不喜欢一直等待。2013 年 5 月，21 岁的内马尔发表声明，宣布自己收到了两份欧洲俱乐部的正式报价，全部来自西班牙，自己最终的选择是巴萨。巴萨支付给桑托斯的官方转会费只有 1 710 万欧元。不过，内马尔和父亲已经将 4 000 万欧元收入了自己囊中。这要追溯到 2011 年，当时巴萨就已经向内马尔一家支付了 1 000 万欧元的初始费用。这种私下直接向球员本人支付费用的情况在足球俱乐部中并不鲜见，通常深埋在俱乐部的财政声明中。内马尔的这桩转会交易出现在俱乐部 2012 年账目记录的第 178 页，巴萨将其称为"总计达到 4 000 万欧元的购买承诺费用"。

最终，作为足球界最富有的 21 岁球员之一，内马尔在诺坎普亮相，他发誓要"帮助梅西继续成为全世界的最佳球员"。

此前也有声名显赫的外来户被扔进巴萨队的"大染缸"之中。当那些人意识到这一点时，往往都为时已晚。以兹拉坦·伊布拉希莫维奇（Zlatan

Ibrahimović）为例，这个瑞典巨人非常自我，其野心比宜家家居的仓库还要大，梅西给瓜迪奥拉发短信表达了自己的反感。就像伊布拉希莫维奇在自传里说的那样，"我在巴萨有一个不错的开始，直到梅西开始表达意见。"梅西对于战术上的意见尤为突出，他希望瓜迪奥拉只允许自己在中路活动，这就导致伊布拉希莫维奇没有什么施展拳脚的空间。在那之后，伊布拉希莫维奇在之后的两个赛季仅仅有过 29 次出场，最终于 2011 年卷铺盖走人了。"你买了一辆法拉利，却只把它当成一辆菲亚特去开！"这句伊布拉希莫维奇离开时对瓜迪奥拉的炮轰，或许就是伊布拉希莫维奇留下的遗产了。

　　和伊布拉希莫维奇不同，内马尔很早就对效力巴萨时必须遵守的两条铁律一清二楚了：一是必须鄙视皇马；二是球队里的每个人都是平等的，当然除了梅西之外，梅西比其他所有人加起来还要重要。

　　梅西是足球运动中最遵从习惯的人，而他最需要的队友和教练，就是能够将上述铁律和巴萨足球风格烂熟于心的人。球队在瓜迪奥拉时代之所以能够大获成功，就是因为每个人都说着同一种足球语言，连所有的惯用语和细微动作都一模一样。哈维、伊涅斯塔、皮克、布斯克茨、维克托·巴尔德斯（Víctor Valdés）和梅西本人，这 6 位拉玛西亚的毕业生在 2009 年和 2011 年的两场欧冠决赛中全部出任首发，他们几乎不需要说话就能实现交流。能够像这样天衣无缝地融入球队是对每位新援的要求。

　　很快，在教练席上，巴萨发现了一名和他们绝对说着同一种足球语言的主教练人选。此前担任瓜迪奥拉助手的蒂托·比拉诺瓦（Tito Vilanova）接管了球队，不过一个赛季之后他就因罹患喉癌而不得不离任。为了安抚梅西，巴萨尝试用他的一位罗萨里奥老乡来顶替比拉诺瓦，俱乐部请来了在球员和教练生涯时期均效力过纽维尔老男孩的赫拉尔多·马蒂诺（Gerardo Martino）。不过在 2013—2014 赛季末，此举造成了适得其反的效果。原来，在欧冠对阵马德里竞技的比赛中，当绰号塔塔（Tata）的马蒂诺将梅西部署在稍稍令他不那么心仪的位置上时，后者直接在场上公然表现出不快，而巴萨最终也惨遭对手淘汰。

这让俱乐部再度陷入恐慌，赶忙让马蒂诺辞职走人。正如球队遭遇紧急状况时通常采取的对策一样，巴萨转而聘请了一位自己的前球员。这一次，球队找来的新任主教练是更加称职的路易斯·恩里克（Luis Enrique），他曾于1996 年至 2004 年期间身披巴萨战袍征战沙场。新主教练给球队所带来的显著变化是巴萨为梅西又配备了一把"强力武器"。原来，内马尔加盟球队的下一个夏季转会窗，俱乐部又引进了来自乌拉圭的高产射手路易斯·苏亚雷斯（Luis Suárez）。不过，由于在刚刚结束的 2014 年巴西世界杯上苏亚雷斯出现了用嘴咬对手的行为，苏亚雷斯在全世界范围内被禁赛 4 场，这也是他职业生涯的第三次咬人事件，他只能在禁赛期满后再为球队做出贡献。

弥补完自己犯下的错误之后，苏亚雷斯立即与梅西和内马尔组成了进攻"三叉戟"，此时的巴萨看上去比瓜迪奥拉率队时期更加危险、令人窒息。整个球队都在为这个前场三人组输送"炮弹"，"作为队友和他们一起上场比赛，这并不是一件容易的事情，"队中的克罗地亚中场球员伊万·拉基蒂奇（Ivan Rakitić）说，"你不仅需要一直为他们'服务'，还要去攻击他们给你牵扯出来的空当。"

在新的战术体系下，梅西完成了从"全能通才"到"进球机器"的转型。在这个被称为"MSN"的进攻三人组的首个赛季上，梅西在各项赛事的 57 场比赛中攻入了 58 个进球，巴萨在赢得西甲冠军的同时也创造了俱乐部历史的净胜球纪录，他们总共 110 次洞穿对手球门，失球数却只有 21 个，这也使巴萨顺利地将本赛季的国王杯和欧冠冠军奖杯揽入怀中。

同样在本赛季，巴萨也认清了一个至关重要的现实：俱乐部目前最清晰明确的政策就是让梅西保持愉快。

何塞普·马里亚·巴托梅乌（Josep Maria Bartomeu）于 2014 年接替罗塞尔担任巴萨主席，作为一名多年来的球队死忠，他很清楚任何偏离上述政策的举动都不会有什么好的结果。因此，巴托梅乌请来了一位梅西喜欢的主教练，签下了那些能够为他保驾护航的足球天才们。在俱乐部的理想计划中，球队的建队基础应该是一群可随意互换、充分分享进球机会的加泰罗尼亚奇才们，但现在他们终于决定不再自欺欺人，事实上这支球队自始至终都是属于一个人的，而且只属于这个人。

"梅西是我们的球星，"2015 年，巴托梅乌接受《华尔街日报》采访时说道，"他是我们唯一的球星。"

当然，在皇马，C 罗的地位也从来都毋庸置疑。

尽管弗洛伦蒂诺还在继续为球队引进一些全欧洲最昂贵的球员，但每一个新加盟俱乐部的人都需要搞清楚，谁是队里真正的老大。2013 年夏天，就在巴萨为梅西从巴西找来一个帮手的同时，皇马也在积极引进一个威尔士人来帮助 C 罗。

原来，弗洛伦蒂诺对于加雷斯·贝尔（Gareth Bale）垂涎已久。凭借着魔鬼般的速度，这位热刺的边锋让防线上的英超对手们都成为惊弓之鸟。在 24 岁的年纪，贝尔就已经具备了立足欧洲豪门球队以及征战欧冠的实力。所以皇马没有浪费一点儿时间，弗洛伦蒂诺就公开呈上了一份 5 500 万英镑的报价。不过作为足球界里最难对付的谈判专家之一，热刺主席丹尼尔·列维（Daniel Levy）对这份报价并不感冒，因为他知道，弗伦洛蒂诺还能掏出比这份金额高得多的转会费。从事足球行业这几年，列维目睹着皇马像一个喝醉的斗牛士一样挥舞倾洒着钞票，他很清楚，只要皇马买人的意愿还在，报价终究会不断水涨船高。

这一回，列维的判断依旧正确无比。他两次飞往西班牙同弗洛伦蒂诺会面，每次都让后者承诺的报价金额又增加了几百万，但唯有一点让列维百思不得其解：弗洛伦蒂诺坚持自己的报价不会超过 9 600 万欧元。这个数字之所以会成为他的最终报价，不是因为弗洛伦蒂诺给自己设置了一个上限，而是皇马不能让别人看到，他们为贝尔付出的转会费比 C 罗更多。

两家俱乐部原本敲定了 9 100 万欧元的转会费，不过随着皇马尝试分期付清这笔款项，列维随即威胁皇马要终止整笔交易，这让弗洛伦蒂诺感到有些紧张。为了让列维重新回到谈判桌，从而促成这个夏天最重磅的转会交易，皇马一次性豪掷 1 亿零 80 万欧元，唯一的条件就是不能对外界公开这个金额。

而外界能够看到的是，随着贝尔的到来，C 罗对球队提出了超乎苛刻的要求。他要求队友们能够达到他的水准，对于绝大多数球员来说，这明显是不可能的。对于 C 罗来说，让别人知道这一点也没什么不好意思的。没过多长时间，贝尔就被 C 罗搞得精神崩溃，只因为他偶尔会犯下在别人看来堪比死罪的恶行：没有给 C 罗传球。而 C 罗则会用极具戏剧性的夸张手法清晰表现出自己的沮丧，他把白眼翻得不能再翻，仿佛都能看到自己的头骨内侧。不过，在加盟皇马后的前三个赛季，贝尔仍然在每个赛季都实现了进球数上双，他也找到了一种惬意的应对 C 罗的机制，就是将自己培养成一个几乎能打出标准杆的高尔夫球手。

"球员间有争论是非常正常的，"卡洛·安切洛蒂（Carlo Ancelotti）（他在皇马的第一段主教练任期从 2013 年延续到 2015 年）说，"这是非常积极的表现，他们这种球员都渴望胜利并成为全场最佳。这并没有什么不好，反而能够让训练更具竞争性。"

作为对巴萨"MSN"组合的回应，皇马也组建了自己的进攻三人组，作为其中的第三位成员，法国前锋卡里姆·本泽马（Karim Benzema）在 C 罗身边要表现得更好一些，原因在于他能立即将球队中的等级秩序奉为圭臬。在搭建贝尔、本泽马和 C 罗的"BBC"组合过程中，安切洛蒂最初的设想是将 C 罗排在中锋的位置，直到他来到皇马接管训练，才意识到 C 罗更喜欢从左路内切发起进攻。尽管整个战术计划都要重新调整适应，但已足够让安切洛蒂欣然接受。

"为什么要让球员离开自己最舒适的位置呢？"安切洛蒂说，"你完全不需要对他们发表意见，让他们自由发挥就好。要有创造力的同时，还需要让球员在场上以自己最舒服的方式踢球。"

## 向美国的"赛事出口"

C 罗和梅西确实踢得很舒服，几乎没有错过任何一场比赛。然而，即使两人现在已经代表各自的超级球队在西甲中一决雌雄，球迷们仍然在"得陇望蜀"，他们想感受更多盛大的足球之夜，想看到更多重量级的精彩对决，想欣赏到更多的能够对比伟大球星的 90 分钟。与现在每年呈现给他们的二到四场直接对话相比，球迷们希望看到两位球星更多的同台竞技，球队高层和赞助商同样不反对有更多这种能使票房大卖的比赛。问题在于，他们的胃口已经被抬高到有违这项运动基础结构的地步。现在，唯一能够给球迷确保的就是每个赛季西甲的两场"世纪大战"，除此之外，梅西和 C 罗是否还能同场竞技，则完全取决于各项杯赛的随机抽签以及各自球队的临场状态。

对比美国男子篮球职业联赛（NBA）季后赛中的一组重磅对决，在两周时间内，两位划时代巨星最多能够迎来 7 场正面交锋。以詹姆斯和库里为例，2015 年至 2018 年，两位球星仅在季后赛阶段就有过多达 22 次交手。网球世界里，同一批球员一年中有 11 个月都在全世界巡回参赛，在那段费德勒、纳达尔和诺瓦克·德约科维奇（Novak Djokovic）"三足鼎立"的时代，截至 2021 年底，三人之间两两对决的单打比赛达到了 148 场。

与之相对比，从 2008 年到 2018 年，在长达 10 年的时间里，梅西和 C 罗代表各自俱乐部在正式比赛中碰面的次数只有 30 场。因此，足球界有了这样一个共识：谁能创造更多的有关"梅西对决 C 罗"的赛事，就会有大把大把的金钱等着他去赚。

在西班牙，实现这种美梦非常困难。西甲每个赛季有 38 轮比赛，20 支球队中每两支球队都互相交手两次，这一赛制是不可改变的。而考虑到大牌球队已经在抱怨比赛负担过于繁重，像国王杯这样的赛事也很难继续扩大规模。尽管仍然有一些不太公正的方法来左右形势，从而增加皇马和巴萨相遇的概率，例如让西甲球队在杯赛的 1/16 决赛前轮空，但是赛事组织者和赞助商还是希望找到更加保险的方式。

作为一种更加灵活的方案，西班牙超级杯（Spanish Super Cup）的扩军经过多年讨论后终于在 2019 年正式施行。在此前很长一段时间里，这项赛事的规则都是上个赛季的联赛冠军和国王杯冠军之间的一场比赛定胜负，如今则成为能够在海外举行的一项有 4 支球队参加的展演比赛。

尽管超级杯在 2019 年做出的变革有些姗姗来迟，以至于 C 罗和梅西无法在比赛中"唱主角"，不过这并不能阻止西班牙足协利用两人间的对决进行设计。它在沙特阿拉伯找到了一个兴致勃勃的合作伙伴，用 1.2 亿欧元的价格将三个赛季的超级杯比赛带至吉达举办。

与此同时，欧洲和世界范围内的足球运动管理机构——欧足联和国际足联，也心血来潮起来，寻找着能够制造更多精英球队相互碰撞的新方式。用了几年的时间，他们筹划了一项扩充版的欧冠，或者说是一项拥有更多欧洲俱乐部参与的、重焕生机的世俱杯。在当时，整个足球界都在迫不及待地"摆好餐桌"，为自己能够尽情欣赏超级巨星的精彩表现作准备。

10 多年以前，有一个人已经向他们展示，这个主意或许行得通。在电脑里输入查利·斯蒂利塔诺（Charlie Stillitano）的名字，你就能找到一位毕业于普林斯顿大学的美国职业足球大联盟前高管，以及他在一支新泽西儿童足球队执教的全部经历。

21 世纪初，凭借着自己与生俱来的讲故事天赋以及对意大利美食的博闻强识，爱好交际的斯蒂利塔诺用自己的魅力打开了欧洲足坛各队董事会的大门，向他们兜售一个独一无二的商品：美国。他说服他们相信，只需劳烦球队赏光前去参加一些夏季表演赛，美国市场就在那里等待着他们的到来。座无虚席的体育场、NFL 水准的训练设施，以及大把推销自己的商机，都在那里等着每一支愿意登机前来的知名球队。除了这些，球队队员还能享受到一个充分沐浴着阳光的迷你假期，可以选择去比弗利山庄里尽情购物，也可以到迈阿密海滩上悠闲地纵享泳池派对。

早期，斯蒂利塔诺为每支球队支付的出场费达到了每场 50 万美元。到 2013 年，斯蒂利塔诺为这项事业寻找到了一位新的商业合作伙伴，那就是 NFL 迈阿密海豚的老板、亿万富翁斯蒂芬·罗斯（Stephen Ross）。两人共同组建了 Relevent Sports 公司，并将此前那些巡回路演性质的夏季比赛正式组建为一项名为国际冠军杯（International Champions Cup）的锦标赛事。这是由于罗斯对把这项比赛叫作表演赛的说法已经颇为厌倦，他想要的是那种两支球队间真刀真枪的较量，争夺悬而未决的奖赏。他此前就已听过那些欧洲俱乐部虚张声势地叫嚷了 20 年，号称要与各自的本国联赛以及欧足联分道扬镳，组建一个所谓的超级联赛。罗斯倒认为这是一个相当不错的主意，只要是由他来操办就行。

从东亚地区到西得克萨斯，国际冠军杯的比赛可以在任何地方举行，不过美国市场始终是其最主要的目标。球队可以从这里的电视转播权中获得大量收益 '他们迫不及待地想要体验一下美国人每周末从大西洋彼岸收看到的精彩赛事。很快，他们就争先恐后地加入这项赛事中。

"请原谅我这么形容，但我们的商务部门确实从傻瓜笨蛋一下子成了才华横溢的人。"斯蒂利塔诺说。他一直担任着 Relevent Sports 的执行主席，直到 2021 年离开公司。

有些球队甚至提出免费参赛，就为了开发这项赛事中的商业潜力。不过，其中并不包括皇马和巴萨，Relevent Sports 依旧要向他们支付高昂的费用。但是罗斯和斯蒂利塔诺都很清楚，哪位球员的大驾光临才是让整个赛事收获成功的关键。国际冠军杯将两位球员的出席写进了合同里，如果巴萨和皇马飞来美国参赛，球队搭乘的航班上就必须有梅西和 C 罗。

为了让两位球星登场比赛，Relevent Sports 开出了价值数百万美元的报价。他们单单为 C 罗的亮相支付的费用就占据了皇马此行总收入的 10%，而梅西登场的份额更加令人难以置信，高达巴萨全部收入的 30%。

2017 年的夏天，这项赛事计划将迎来如"皇冠上的明珠"般的高亮时刻，斯蒂利塔诺敲定了一场在美国本土举办的"世纪大战"。此前，为了"伺候"

这些在美国各地巡回比赛的百万富翁们，主办方需要为他们安排酒店住宿、司机，给他们在三星级餐厅订好座位……如今，多年来的辛苦劳作终于要收到回报，国际冠军杯终于将迎来自己历史上重磅比赛。

促成这场比赛也让罗斯颇费口舌。"当两支球队互相交手时，他们都不想输给对方，"罗斯对《体育画报》（*Sports Illustrated*）说，"这也是他们没有四处较量，如果双方交手并不频繁，人们就很难说哪支球队一定比另一支更强。"不过当罗斯与弗洛伦蒂诺和巴托梅乌商谈此事时，他向两位俱乐部主席许下了一个体育界中几乎没人敢打包票的承诺。如果他们愿意将皇马对决巴萨的赛事出口到美国，罗斯将把这场"世纪大战"打造成像超级碗一样盛大的比赛。

最终，由于在西班牙的个人事务，C罗在最后关头成为这场比赛的"逃兵"。斯蒂利塔诺为他尽可能地创造了一切机会前去参赛，甚至安排了一架私人飞机在马德里随时待命，不过时间最终没有站在他们这一边。主办方不得不接受一场只有梅西的"世纪大战"，希望能够以此来取悦迈阿密硬岩体育场内的65 320名现场观众，这里的每个人可是至少花了200美元才买到了一张门票。

此时，远在欧洲，还有一个投资人也在收看这场比赛。伦敦金融城内，擅耍手腕的罗伯特·博尼耶（Robert Bonnier）凭借互联网生意发家致富，又经历了大败亏输，现如今正在重整旗鼓。他同样认为，足球市场中的鸿沟过于明显。尽管在人们的口中，"世纪大战"以及这些夏季的表演赛已经是一些"有实无名"的全明星在比拼，但博尼耶人生中的新目标就是给足球运动带来一场货真价实的全明星赛。而且有别于东部对抗西部，或是国家联盟（National League）对垒美国联盟（American League）这些传统的美式风格，在博尼耶看来，这场足球全明星赛只有一种可能的呈现形式：梅西之队对阵C罗之队。

"全明星赛是足球运动最后的伟大边疆。"大卫·派珀（David Piper）说。他是博尼耶为促成这场比赛而聘请的电视制作人。

此前，曾经最接近这块"边疆"的是美国职业足球大联盟。有一回，大联盟挑选出了自己联赛中最优秀的一批球员，由他们组成一套阵容，作为一支欧洲大牌球队季前热身的对手。相比之下，这次的全明星之队绝对要更加豪横。这项疯狂的计划需要仰仗更多人才有望实现，于是在 2014 年左右，博尼耶和派珀开始同这一长串名单中每一位有可能促成此事的人展开会谈，希望能够得到他们的签字认可。

国际足联和欧足联向来拼命死守着自己对于在欧洲举行正式比赛的授权垄断局面，想拉他们入伙绝非易事，或许还得"出点血"。俱乐部同样也不会轻易应允，如果想让全明星赛中出现皇马球员的身影，弗洛伦蒂诺开出的 2 500 万欧元的价格引发赞助商的惊讶和微词也在预料之中。不过，派珀还是设法让梅西和他的朋友们身穿阿迪达斯球衣参赛，而 C 罗与自己的伙伴则身披耐克的队服闪亮登场。而为了缓解关于中立场地方面的焦虑，主办方最终将比赛安排在温布利大球场进行。

整件事情中，激起梅西和 C 罗二人的兴趣反倒成了最容易的事情。当听到操办本场比赛的预算超过了 1 亿欧元之后，两边阵营球员的好奇心更加旺盛，因为这意味着不管是出场费还是赢球奖金，都会有大量的金钱直接进入他们的口袋之中。终于，梅西和 C 罗开始直截了当地展开个人的正面较量。

对阵双方甚至都在询问，能否在挑选自己队友时拥有一定的话语权。博尼耶和派珀欣然同意，为什么不呢？他们能对赛制进行多大程度的调整，本身也没有任何限制，因为以前根本没有人尝试举办这种比赛。如果计划在 2017 年举办的首届赛事进展顺利，主办方的打算是将这个项目发展成两年一度的固定节目，并将其打造成音乐节一样的盛典，而并非仅仅是一场足球友谊赛。在他们的设想中，乐队、激光秀都将是其中的一部分，或许还可以来一场职业拳击比赛为这个周末画上一个圆满的句号。

然而，由于牵涉其中的各方分量过重，这个版本的全明星赛项目最终土崩瓦解。事实证明，不同的俱乐部、管理者，以及球员自我之间的利益冲突相互交织，难以厘清。"我们差一点点就成功了。"派珀懊悔地说。

尽管最终功亏一篑，但在为了成功而努力的过程中，他们也将一些事情固化为球场上的现实，那就是梅西和 C 罗挺进了各自职业生涯的新阶段。毕竟之前几乎从未被他们所拥有的一组对决，如今又重新回到两位球星的掌控之中。他们中的每个人都已经集齐了所有能获得的俱乐部荣誉，现在，是时候问问自己还能再拿多少次冠军了。梅西和 C 罗不再是为了成功的赛季而打拼——他们是在构建自己在球场上的遗产。

对于 C 罗来说，如今只剩下金球奖和欧冠两个赛场仍具意义。2014 年，皇马在决赛中击败马德里竞技，第 10 次问鼎欧冠，在那个夜晚，C 罗对自己需要做什么一清二楚。塞尔吉奥·拉莫斯是那场比赛中最关键的角色，他在比赛第 94 分钟的头球绝平[1]为球队将比赛拖入加时。尽管如此，C 罗还是把握住了自己的机会，在加时赛临近尾声时攻入了锦上添花、无碍大局的一球，将比分定格为 4 ∶ 1。将球推入网窝之后，C 罗脱掉球衣冲向角旗，尽情展示着身体上每一块绷紧的肌肉，就像刚刚做完了一千个波比跳的无敌浩克[2]一样。C 罗很清楚，自己的哪张照片会在第二天早上出现在全世界人们的眼前。

---

[1] 在比赛最后时刻扳平比分。——编者注
[2] 于 2008 年上映的美国超级英雄电影《无敌浩克》中的主角。——编者注

那年，C 罗赢得了自己的第二个欧冠冠军，同年晚些时候，又收获了个人第三座金球奖奖杯。对此，C 罗在人生中没有比这准备得更加充分的事情了。因为他早在欧冠决赛进行的半年之前，就已经在丰沙尔的家乡为存放这些奖杯建造了一个特殊的场所：一座关于他自己的公共博物馆。

第 8 章

# 从巴萨 vs. 皇马，到梅西 vs. C 罗

从代表安多里尼亚获得少儿足球比赛冠军到获得金球奖，C 罗将自己获得的每座奖杯都存放在位于马德拉群岛的 CR7 博物馆里。博物馆内还有一尊真人大小的 C 罗雕像，是用经过特殊冷藏方式处理的瑞士巧克力制成。而在博物馆之外，还竖立着另一座用铜制成的真人大小的 C 罗雕塑，有太多仰慕他的球迷来到这里表达敬意。不过，与 C 罗在马德拉群岛克里斯蒂亚诺·罗纳尔多国际机场的那座半身像相比，这座雕像的工艺有了很大的进步。机场那座半身像让他看起来像一个没有灵魂的《芝麻街》布偶，最后不得不被替换。

进入博物馆，沿着楼梯下到一间没有窗户的"地堡"内，展示柜里陈列着 C 罗职业生涯的 200 多件球衣、足球，以及一座座冠军奖杯，很多俱乐部一个世纪也赢不了这么多奖牌。作为一个喜欢收藏小物件的人，C 罗还保存着每一届主要赛事期间挂在他脖子上的塑封球员参赛证。就像一位追踪每一张披头士乐队的日本压制唱片的收藏家一样，C 罗在收集东西方面是个完美主义者。由于原版的奖杯都归属俱乐部所有，他申请了一项特殊的许可，为自己在英格

兰、西班牙，以及欧冠赛场上赢得的每一座奖杯都制作了一个实物大小的复制品摆在这里，从而展示它们所代表的那份厚重、闪亮的荣耀。

不过，博物馆里面的金球奖奖杯是如假包换的真品，它们被摆放在博物馆前面一处显眼的地方。离它们不远是 C 罗保留的一小块银砖，上面记录着他从 2014 年起所创下的另一个里程碑，这是一项来自 Facebook 的荣誉，奖励他在这个社交媒体的粉丝数突破了 1 亿。只要在这个博物馆内转上一圈，就足以让你领会到 C 罗的个人特征：他只将可量化的事物视为成功。

"他想在活着的时候给大家展示自己征服足球的每一次壮举。"负责运营博物馆的是 C 罗的朋友努诺·门德斯（Nuno Mendes），他说他能一口气列举出 C 罗的全部成就，比背诵自己的电话号码还要熟练轻松。

2016 年，C 罗征服来的"战利品"不断累积，超过了博物馆初建地点可容纳的限度，C 罗不得不把他的收藏转移到街道对面，也就是现在的展览地点。这样一来，他就可以将博物馆和他的 CR7 酒店连接起来，这座酒店拥有大量以他形象作为装饰的奢华房间，C 罗将酒店品牌授权给了佩斯塔纳集团（Pestana group）建造经营。其他几家 CR7 酒店最终将在里斯本、马德里落成，还有一家开到了纽约的时代广场。最初在丰沙尔开办的那家酒店内，大堂里遍布着 C 罗的签名球衣，房间里也装扮有他职业生涯的高光时刻，甚至连房卡信封上也写着：准备通往胜利。男洗手间的特色则是墙上挂有一幅 C 罗戴着飞行员眼镜的 1.2 米照片，镜片同时也设计为洗手池上方的镜子。

整个丰沙尔，每个人都声称自己和 C 罗所在的阿韦罗家族有关系。人们知道他住在哪里，和他的兄弟姐妹是同班同学，或者看到他妈妈出现在她那华丽公寓的阳台上。她这个全岛最受欢迎的儿子每年至少归乡一次，不知为何，马德拉群岛上的每一位居民似乎都知道他何时回家。

而在罗萨里奥，情况和马德拉群岛上如出一辙。每个人都会告诉你他和梅西的家人是好朋友，而且他们从认识小莱奥的第一天起就知道他能成为伟大的球星。距离巴萨训练基地只有20分钟路程的宁静海滨小城卡斯特尔德费尔斯里，同样的一幕也在上演。梅西在这里建造了一处白色的豪宅，离自己的队友们不远。梅西将这里打造成了一个能够让自己充分独处的社区。当他认定自己的邻居有一些吵闹之后，就干脆把他们的房子也买了下来。他的短途外出包括前往同样的几家餐厅，以及拜访他的邻居苏亚雷斯。而梅西最奢侈的要求无非是为自己的豪宅添加一个小型足球场，使他可以心满意足地陪自己的儿子们以及那头叫作浩克的大型法国獒犬一起在上面踢球。

截至目前，梅西还没有在这块地皮上建造个人博物馆的计划。虽然奖杯就在身旁，但梅西并未将它们对公众展出，只是偶尔会让它们出现在社交媒体照片中。这就是梅西和C罗二人间的一个本质区别，对于C罗来说，成功是一种实实在在的东西，是看得见摸得着的，能够被拍成照片，也能被擦得银光闪闪。因此，为了让自己的丰功伟绩响彻寰宇，将奖杯排列整齐、供人参观是C罗所能想出的最简洁明了的方式。在C罗的博物馆中漫步，就好像有人一遍又一遍地在耳边重复着一个观点：任何一支C罗效力过的球队没了他就不行。不管C罗去哪儿，球队的成功只仰仗他一个人。

## "梅西依赖症"和"C罗战绩本"

事实上，如果把这句话放在梅西身上也恰如其分，至少事情看上去已经开始呈现出这样的态势。在阿根廷国家队和巴萨，他们甚至发明了一个词来形容这种现象：梅西依赖症。

原来，在2011—2012和2012—2013两个赛季中，梅西仅在西甲赛场就取得了惊人的 96 个进球。然而在他刚刚经历了职业生涯两个最高产的赛季之后，焦虑也随之浮现。对于巴萨球迷来说，尽管正在经历自己观赛生涯中最振奋人心的一段时期，他们仍旧对梅西的进球数远超他所有队友这一事实感到有些伤脑筋。在巴萨，梅西一个人的进球数占据了球队总进球数的 42%。换到阿根廷国家队，随着队友的水平较俱乐部时大幅下滑，这一现象则更为凸显。经过长达两年令人精疲力尽的预选赛之后，阿根廷国家队终于锁定了一张 2014 年巴西世界杯的入场券。在此过程中，梅西不仅是国家队的头号射手，也是队内最高效的进攻组织者。尽管经常要在短短几天内坐飞机往返于巴塞罗那和巴西，但梅西仍然直接参与了球队预选赛总共 35 个进球中的 16 个，还在另外至少 6 个进球中起到了至关重要的作用。

在下一届世界杯来临之前，阿根廷主教练亚历杭德罗·萨维利亚（Alejandro Sabella）终于承认球队将全部重担都压在梅西那并不宽大的肩膀上了。"无论何时，只要球队拥有一位像梅西一样的球员，其他队员就一定会对他产生依赖，"萨维利亚 2014 年时说道，"其他人也尝试提升自己，但这份依赖会一直存在。我们所有人都要努力为梅西分担压力，因为我们是一个团队。"

对于阿根廷国家队的其他人来说，他们对球队最力所能及的帮助就是一有可能就把球传给梅西。代表蓝白军团（阿根廷国家队的绰号之一）征战的时候，梅西没有伊涅斯塔和哈维这样的队友在身边提供支持，每一次，奇迹都只能靠他自己创造。

"没有梅西依赖症是不可能的，"他的队友哈维尔·马斯切拉诺说，"既然拥有全世界最好的球员，你不依赖他还能依赖谁呢？"

巴萨对梅西依赖症这一现象的回应，则是更加清晰明了地围绕梅西建队，难道它还有别的选择吗？而且，能够见证历史最佳球员不断地进球并给队友们和观众带来欢乐，又有谁会说这是一件坏事呢？现在的球队正在同瓜迪奥拉时期那种耐心组织进攻、用一千脚传球杀死对手的足球风格渐行渐远，但至少从短期看来，这种变化无足轻重。回到 2008 年，瓜迪奥拉催促着球迷们要"系好安全带"。现在，他们应该把汽车的安全带换成战斗机的了，在梅西的全盘掌控下，巴萨已经成为一台火力全开的进攻机器。

以上就是巴托梅乌 2014 年上任时面临的局面。当时，时任俱乐部主席的罗塞尔陷入了内马尔转会产生的麻烦中，巴托梅乌也因此得以接任主席。作为一个此前几乎没有任何运营足球俱乐部背景的西班牙商人，他先前曾负责监管巴萨的手球和篮球部门，后来又担任了罗塞尔在任时俱乐部的副主席。以上这些履历都不足以帮助他经营这家每一笔买卖都价值数千万美元的全球性公司，而这家公司也与他从小到大一直支持的那家俱乐部的情况大相径庭。

在巴托梅乌任期内的首个完整赛季，他就又一次见证巴萨实现了西甲、欧冠、国王杯的三冠王，这使他确信自己的这门差事简直轻而易举——只要梅西一直在。

还有人争辩说，所谓的梅西依赖症无非是那些报纸头条的作者们编造出的东西。这么说的人实际上并没意识到梅西依赖症的影响有多么深远。尽管梅西说话的声音并不大，但他不仅在更衣室里发号施令，在整个俱乐部中也扮演着"位高权重"的角色，这和瓜迪奥拉还在时指导他如何踢球的时期完全不同了。

以梅西惯常的那种不显山不露水的方式，这个巴萨 10 号球员已经将自己视为俱乐部的"影子总经理"。尽管梅西并不实际负责运营球探部门或者商谈哪位球员的合同，但他会发表自己对于俱乐部人员及引援的看法和感受。他会和巴托梅乌交流，自己认为哪位球员应该或者不应该披上红蓝间条衫，有时候他通过一条简单的短信传达他的意见，更多时候则是由父亲代为转达。

2017 年夏天前后，梅西强烈地认为一位名叫安赫尔·迪马利亚（Ángel Di María）的阿根廷边锋应该披上巴萨球衣。

作为一名"能边能中"的全能球员，迪马利亚既能在两翼从对手身旁疾驰而过，又能通过内切直接冲击防守队员。早在 2008 年首次入选阿根廷国家队时，他就给梅西留下了深刻的印象，而球队从 2014 年巴西世界杯预选赛成功突围的征程中，这对组合配合默契，屡屡凭借创造力十足的方式撕开空当、清出传球路线。此外，迪马利亚还具备一项与生俱来的特质颇受梅西赏识：他同样来自罗萨里奥，尽管他从小到大都是罗萨里奥中央足球俱乐部（简称罗萨里奥中央）的支持者，而非梅西加盟过的纽维尔老男孩。

迪马利亚看上去与梅西就是天作之合，因此梅西父子没有浪费任何时间，马上行动起来。梅西发话，并由老梅西通知巴托梅乌。

"梅西认为你应该签下迪马利亚。"老梅西对巴托梅乌说。

巴托梅乌从前任主席们那里知道，处理同梅西父子之间的关系，对于一位巴萨主席来说是最需要审慎应对的任务。他并不想一口回绝老梅西，或是告诉他体育层面的决策应该交由体育主管来处理。事实上，巴托梅乌并不想签下迪马利亚，于是他打起了"太极"。

巴托梅乌向豪尔赫·梅西解释，一名像迪马利亚这样的球员可并不便宜，不仅因为他是巴黎圣日耳曼的球员，更因为他的经纪人是豪尔赫·门德斯。巴萨肯定需要付出 6 000 万或者 7 000 万欧元的转会费才能将其签下，更不用说还要支付给他一笔不菲的薪水。要知道，就在两年前，迪马利亚才刚刚以 5 000 多万欧元的价格从曼联转会至巴黎圣日耳曼。然而，豪尔赫·梅西仍然坚持自己的要求，并表示如果巴萨没有为此付出尝试，梅西将会非常失望。

当时巴托梅乌承诺自己会去争取一下。当他又找到豪尔赫·梅西的时候，巴托梅乌向他汇报了自己被断然拒绝的消息，就像预料中的一样。对此，他无能为力了。

"那么，"豪尔赫·梅西问道，"你给他们的报价是多少？"

正如事实所发生的那样，巴托梅乌向巴黎圣日耳曼报了一个介乎 3 000 万到 4 000 万欧元的低价。不过这已是俱乐部准备为此付出的最高代价，再高就超出了球员的市场价值，也是对俱乐部彻头彻尾的不负责任。

豪尔赫·梅西对此不以为然。但是这次"交手"提供了两条至关重要的信息：首先，巴托梅乌在这件事上没有足够尽力——梅西父子会记住这一点；其次，巴萨至少还有 3 000 万欧元可以挥霍。俱乐部该怎么使用这笔钱，豪尔赫·梅西有一些自己的想法。

"你应该把这笔钱给梅西。"豪尔赫·梅西告诉巴萨主席。

距离梅西上一次续约仅仅过去了一年，豪尔赫·梅西就再次提出了涨薪，这种胆大妄为的行为也充分说明了巴萨内部的权力分布状况。唯一一个盖过豪尔赫·梅西嗓门的，是巴托梅乌的顺从态度，俱乐部的这笔钱最终成了梅西新合同中大幅增加的薪水。巴萨拒绝对本次协商内情予以评论。

梅西对于俱乐部无处不在的影响已不是秘密，巴萨的做事方式现在等同于梅西的做事方式。2017 年初，一位叫作佩雷·格拉塔科斯（Pere Gratacós）的巴萨员工以一种残酷的方式学到了这一课。

作为一名前巴萨 B 队的球员和教练，格拉塔科斯的工作是负责维护俱乐部同西班牙足协在体育层面的关系。在一次国王杯的抽签中，他做出了一个在巴萨等同于犯罪的行为。"他是最好的球员，这是真的。"据加泰罗尼亚的《每日体育报》报道，格拉塔科斯如是说道，"但是如果没有伊涅斯塔、内马尔，以及队友们，他不会像现在一样出色。"

这并非格拉塔科斯第一次表达这种在巴萨看来仿佛是亵渎神明的观点。7年之前，他在接受西班牙《先锋报》（La Vanguardia）采访时就曾说过，"在非洲有很多梅西，我曾经教过梅西两年，后来我看到了这些球员，我可以说其中有很多人都具备与梅西相似的水平。"

在 2010 年，如果有人质疑梅西那完美无瑕、无人可比的才华，那还不足以导致他被解雇。但是在 2017 年这样说，那这个人就在劫难逃了。格拉塔科斯关于伊涅斯塔和内马尔的评论发出后还不到 24 小时，巴萨就发出声明，宣布将格拉塔科斯开除，原因是他公开发表和俱乐部立场不符的个人观点。

梅西是否注意到了格拉塔科斯的言论，或者他是否向俱乐部高管提及了此事，这些并不清楚，很可能无须他本人开口，俱乐部就会采取行动。不管是真实的还是传言中的，任何对梅西的冒犯性的言论都需要俱乐部有所回应。名誉管理和对球员轻微的审查现在已是巴萨日常运行的一部分。

早在 2014 年，有一个人就已经感受到了这种气氛上的转变。前主教练塔塔·马蒂诺没有在巴萨逗留太长时间，按理说他无法充分察觉这一点，但在被这支加泰罗尼亚球队解雇、转而执掌阿根廷国家队教鞭后不久，他还是将俱乐部当时的局面用语言表达了出来。

"每一件和梅西有关的事情都只能依照梅西的意愿进行，"马蒂诺说，"真实的情况就是，在巴萨，人们最后只能等着梅西来做决定。而在阿根廷国家队，情况也没什么两样。"

C罗如何看待这种只围绕他一个人的才华来搭建球队的行为？这个问题的答案人们无须猜测便能得出。C罗对此不仅仅是期待，更准确地来说是需要这种建队方式。C罗认为，本来就应该全都围绕自己进行，毕竟他才是进球的关键。在C罗看来，一个人但凡浏览一下他效力过的每一支球队所堆积起来的奖杯和冠军清单，就没有理由再去质疑这种建队方式正确与否。任何胆敢"以身试法"的人都会得到相同的回应，这也是C罗为了应对各种批评所准备的老一套回答："这些数字不会说谎。"

问题在于，随着奖杯和荣誉持续大量涌入皇马，更新这些数字变得愈发困难。幸运的是，C罗找到了一个解决这个问题的方法，他开始每时每刻都随身携带一份写有自己所有成就的记录，能够证明自己足够伟大的"实验数据"。

参观皇马训练基地的时候，卡洛斯·布鲁诺有机会得以一睹这份成就记录的全貌。2017年的一天，布鲁诺来到这家西班牙俱乐部的总部参加一个关于青少年球员培养的会议。当年，正是这位里斯本竞技的体能教练追着C罗把他赶出了训练房，而此时的他已经有将近20年没有见到自己昔日的弟子了。会议的最后一天上午，他被邀请观摩皇马一线队午餐前的训练课，训练结束之后，皇马球员蜂拥般回到了更衣室，参会的其他人则蜂拥般地赶往餐厅。而布鲁诺则询问一位俱乐部官员，自己能否和C罗简单地打个招呼。几分钟之后，这位官员回复他说，C罗会在离开基地的时候过来。

大约过了半个小时，开始有几个皇马球员缓缓离开更衣室前往停车场，C罗并不在他们中间。30分钟之后，又有一组球员先后穿过了巴尔德贝巴斯训练基地的大厅，而其中仍然没有C罗的身影。又一个小时过去，布鲁诺已经准备放弃等待C罗了，他走到那位官员那里，询问会不会是C罗忘了有人还在等他，或许他的时间不太方便呢？但他得到的回答很坚定。这位官员表示，如果 C 罗答应会在走的时候过来一下，那么他就一定会来。于是布鲁诺回到了自己的座位上，又多等了一段时间。

训练结束后的将近 3 小时，作为最后一个离开更衣室的球员，C 罗终于现身了。他蹦跳着跑了过来，给了布鲁诺一个大大的熊抱，并为让他等了这么久道歉。C 罗解释说，自己喜欢在训练结束之后再挤出时间到健身房里练一练，还会去游泳池里游几圈，此外，他还要进行一些水疗训练、一个全身按摩，还要快速地跳到冰浴缸里"走一遭"。布鲁诺开始意识到，自己只等了 3 个小时已经很幸运了。

顶着马德里高温的炙烤，两个人向 C 罗的座驾走去，这一段步行距离并不算短，因为在绝大部分日子里，C 罗都不会开着自己那辆免费的奥迪前来训练。他们聊起了共同的朋友、里斯本竞技的旧时光，以及葡萄牙的生活，C 罗摆好姿势照了几张照片，并为布鲁诺的小儿子专门录制了一段视频。

"这孩子马上把视频发到了 Instagram 上，然后就成为学校的孩子王。"布鲁诺后来说道。布鲁诺准备同 C 罗道别，然后去吃午饭。然而紧接着，他就犯下了一个致命的错误。

"在皇马一切顺利吗？"布鲁诺问，无辜的他还不知道接下来会发生什么。

听到这个问题，C 罗两眼一亮，他从兜里抽出一张折起来的纸，示意布鲁诺过来看一眼。C 罗手中的是一份打印文件，里面按时间顺序记录了他 18 年职业生涯中所取得的每一项主要成就，也有不少没那么重要的成就。这里面记录有他随队赢得的每一座国内和国际比赛的冠军奖杯，以及他自己赢下的每一项个人荣誉，还对他的进球进行了综合全面的分类，其中包括他所收获的每一个帽子戏法。

"教授，快看，快看。" C 罗指着自己在皇马获得的 3 个欧冠冠军、两个西甲冠军和两个国王杯冠军喊道。

"还有这些，还有这些。" C 罗继续给布鲁诺指出了自己的 4 座金球奖奖杯和象征欧洲最佳射手的 4 座欧洲金靴奖奖杯。

"还不错吧？" C 罗说，他指的是自己成为西甲历史上攻入 150 个、200 个和 300 个进球用时最短的球员这一纪录。

在这个炎热的下午，他们就这样仔细认真地阅读着 C 罗的职业生涯档案。布鲁诺注意到，两个人都开始汗流浃背，但 C 罗还在继续，看上去似乎对此毫无察觉。结束之前，他们又快速浏览了一些更加晦涩的数据，例如西班牙顶级联赛中第一位在赛季前 12 场比赛中攻入 20 个进球的球员，以及 2014 年世俱杯助攻次数最多的球员等。布鲁诺此时意识到，他们已经花了 20 多分钟来查看文档中的每一个条目。

C 罗扬长而去之后，有两个想法一直停留在皇马停车场里的布鲁诺的脑海里：第一，这绝对不是正常人干的事儿。第二，他错过了自己的午餐。

## 超越体育本身的吸引力

全世界的 C 罗球迷都能凭记忆背诵出 C 罗的成就列表，梅西的球迷同样也能做到，只不过梅西的球迷不认为 C 罗的成就有多么了不起。随着两位球星都在足球运动中开辟了自己的一席之地，关于谁的名字更加响亮的这场争论，早已超出了他们的掌控范围之外。

"对于我来说，这场争斗并不存在，"2017 年，C 罗在接受一家中国报纸采访时表示，"你不能这么比较。C 罗就是 C 罗，梅西就是梅西。无论是从个人角度还是从整体上看，两个人都是伟大的球员。"

"他们几乎都不向对方打招呼。"主持完 2013 年金球奖颁奖典礼之后，古利特评论道。尽管梅西和 C 罗之间的关系一度非常冷淡，但现在看上去两人已经准备好不再纠结于他们间的对决，但这组对决并没有准备停止。其中的原因在于，在这两个人奋力去证明谁才是全世界最伟大球员的每分每秒中，在世界的各个角落里，还有数千万完完全全陌生的人也在为同一个问题争得头破血流。关于"梅西还是 C 罗"的辩论已经成为超越其本身的实体，发展成体育界里最大、最愚蠢，同时也是渗透最广的一场大争吵。而争执的双方此时都已经因"入戏太深"而无法回头。

同一项运动中，两位历史最佳运动员在同一时间横空出世，这一令人欣喜的巧合终将在社交媒体上沦为一场超党派的、口沫横飞的争吵，这似乎也是不可避免的。毕竟，作为参与其中的两类"选民"，足球迷，特别是在网上尤为极端的足球迷都不以温和理性著称。21 世纪第二个 10 年，即便只是在糊里糊涂之间打开足球界大门的人，哪怕明确要求置身事外也躲不过这场大辩论。2013 年 10 月，在牛津大学的一场讲座中，国际足联主席布拉特用极其欠考虑的回答一头扎进了这场争议漩涡之中。"他们两个人我都喜欢，但我更喜欢梅西，"布拉特继续补充说，"这个阿根廷人就是每一位父母都想拥有的乖孩子。另一方面，C 罗则代表着'足球的另一面'，而且'在理发师那里花的钱更多'。"他打趣道，然后将这位皇马前锋比作一个军事指挥官，并在台上来回踱步以阐释自己的观点。

即使布拉特是"瞎话艺术家"，这一次的失言也实在令人迷惑不解，就好比奥斯卡颁奖典礼的主持人在拆开写有获奖人的信封之前说出自己最心仪的人选。没过几天，布拉特就不得不为自己不恰当的评论道歉。在此之前，布拉特还接到了皇马主席弗洛伦蒂诺一通怒气冲冲的电话，要知道，他可还是俱乐部的荣誉会员。

"我命令你立刻到马德里来向我们的会员和媒体解释清楚，为什么你选择了梅西而不是我们的球员 C 罗。"布拉特回想起弗洛伦蒂诺的怒不可遏说道："我告诉他，'你冷静一点，这是我的个人观点，我有权表达出来'。"

然而，跟网上那些言论相比，布拉特的评论已经算是尊重这两位球员了。

和那段时间的所有事物一样，在互联网上，"梅西还是 C 罗"的争论已经转移扩散到那片充斥着极端部落主义的"粪坑"般的网络论坛中。在其中最黑暗的蛮荒之地——例如 Reddit 的社区、男士健身论坛，还有 YouTube 里每一个不温不火的足球视频下面的评论区中，这场争论已经发展成为一场永恒的战争，每一则愤怒无比的推文、每一句尖酸刻薄的指责都是双方厮杀的战场，而每一个存疑的数据就好比他们所挥舞的那柄粗钝的武器。

当然，足球运动刚发明时，还只是互相对抗的村落间所进行的一系列介于自发和有组织之间的暴力活动。从那时起，关于最伟大球员的争论就不绝于耳。足球界此前也见证过球员评价两极化的先例，比如迭戈·马拉多纳不仅是一个恶棍，还承认自己是一个骗子，这些评论都足以说明他并不是每个人都喜欢来上一杯的马黛茶，但是马拉多纳那些古怪滑稽的行为从未像"梅西还是 C 罗"的大辩论一样这么无尽无休。

出现这样的局面，时机是其中的一部分原因。梅西和 C 罗的崛起与另一对改变世界的"双人组"诞生的时间恰好重合，那就是 Facebook 和 Twitter。社交媒体的到来从根本上改写了球迷的定义。历史上首次，在两位最伟大球员攀向各自巅峰的过程中，我们可以清楚地观察他们的每一个踢球动作，他们在比赛中做出的每一个踩单车动作。你甚至无须坐下来观看整场比赛，两人之间的较量就能在网上实时播放。

在媒体的帮助下，两位球星达到了历史上任何一位运动员都无法企及的全球超级巨星的高度，他们的知名度达到了通常只有美国总统和教皇才能拥有的级别，吸引力更是能够用一系列令人目眩的数字来衡量。梅西在 Instagram 上的粉丝数量是勒布朗·詹姆斯的两倍，而 C 罗的粉丝数比金·卡戴珊（Kim Kardashian）还要多出 5 000 多万，他在 Twitter 上的粉丝比这个平台本身的粉丝还要多。

更为重要的是，两位球星的个人追随者已经远远超过了他们所在俱乐部的拥趸者数量。对于这些"个人迷"中的很多人来说，他们对于梅西或 C 罗的情感联结要远深于自己对于巴萨或是皇马的仰慕之情。想象一下这样的场景，Instagram 上，C 罗晒出自己刷牙、在泳池里游泳，或是穿着自己品牌的内裤喝咖啡的照片，能够收获比自己驰骋赛场的图片多一倍的点赞量，虽然球场才是他最初的成名之地。2020 年，一张 C 罗庆祝自己第 7 个联赛冠军的照片，点赞量要比前一天他在自己的布加迪汽车旁赤裸着上身的图片少了 1 000 万。

有时候，他们是足球运动员这件事似乎已经变得无关紧要。C 罗和梅西已经成为生活方式的品牌代言人，其吸引力已经超越了体育本身。他们激起了一种对于个人主义的喜爱和尊崇，这种现象在职业运动员身上并不常见，倒更像是那种粉丝对于偶像的痴迷，以及经常与流行歌手、好莱坞影星，以及名人夫妇联系在一起的个人崇拜。

"人们总是在比较我们两人，" C罗说，"他们甚至比较我们的孩子，比较他们成长得怎么样、在学校的表现如何、谁跑得更快、谁更聪明。"

漫漫历史长河中，足球运动此前从未如此深受球员个人的影响。如果说是社交媒体开启了这样一个时代，不可否认的是，梅西和 C罗也是培育它生长到这种程度的"园丁"。举例来说，我们观察一下 C罗主罚任意球的习惯动作在这些年来的变化。C罗职业生涯早期效力于曼联的时候，他只是简单地助跑，直接把球轰向球门，然后脱掉上衣开始庆祝进球。然而在他转会到皇马的时候，情况有了变化，C罗那时已经是足坛巨星了，他希望让每个人都能知道这一点。当裁判示意主罚任意球的哨音响起，他不再直接朝向足球助跑，而是继续等待，一个深呼吸，让目光锁定在足球上，通过这些动作让人们对于这个任意球的期待累积再累积。他将这记简单的任意球转变为整个舞台的一部分，或者说仿佛是整场比赛中间一则 30 秒的商业广告。

点球大战中也是一样，C罗通常选择在第五名主罚，因为这个次序能让他有更多机会直接为球队赢得荣耀。尽管统计数据显示，更早主罚点球，能够一锤定音的概率更大。与此同时，梅西甚至在自己球队的更衣室里都成了超级球星。每次随巴萨征战球场载誉而归后，他都会发现自己和奖杯站在一起，而队友们则排成一队跟他合影留念。

"谁更好？"，这个普遍存在于其他体育运动中显得无伤大雅的辩论，却在足球项目里转变为两边阵营的球迷口中说出的更加恶劣肮脏的话语，两位球星有如地心引力般强大的影响力和号召力解释了其中的原因。站队梅西或是 C罗不仅是声明自己对其中一名球星的喜爱胜过了另一名，也是一种坚定的宗教信仰。就这样一个简单问题，在超过 15 年的时间里，人们总是不断地变着花样争个面红耳赤，虽然双方的核心论点几乎没什么新意，无非就是梅西需要在另一个俱乐部证明自己、C罗只能进点球、梅西是个骗子、C罗是个糟糕的队友、梅西在关键时刻难堪大任、C 罗是个骗子等。"梅西还是 C 罗"的大辩论经久不息，以至于围绕这场辩论又产生了一个新的辩论：我们为什么不能单纯地欣赏两位历史最佳球员的表演，却非得为他们谁更好而争个你死我活呢？

在另一个更加理性的世界里，两位职业生涯大部分时间都踢同一个位置的超级球星，在个人风格上居然能够如此迥异，这个事实足以成为世人欢庆的理由，提醒着他们足球运动本质的多姿多彩。然而在 21 世纪早期，这个事实却只能让人们更加疯癫。由于两位球星的比赛风格截然不同，一方承认另一方的伟大，就意味着承认自己对于足球运动的理解是错误的。

两人长期处于巅峰的事实也为这场大辩论的激烈程度"火上浇油"。多年来，梅西和 C 罗留下一项又一项神奇的数据，也打破了一项又一项原有的纪录，这些体量惊人的数字给足球界提供了无穷无尽的数据源泉。互相较劲的两个派系歪曲它们，试图将其用作证明自己的偶像高人一筹的武器。比如"对阵联赛前 8 名球队时进球最多"，或者"欧冠中攻入英格兰俱乐部球门次数最多（不包括小组赛阶段）"，这些晦涩的数据就是被拿出来用于捧一踩一的。

两位球星长期活跃在足球界的顶端，这也让人们感觉到，C 罗和梅西只能通过彼此才能在足球运动的历史中准确定义自己的伟大。这也导致足球运动产生了一种诡异而无趣的欣赏方式，当两人中的一个人取得了一些耀眼的成就之后，外界的反响总是直接聚焦在另一个人身上，看他是否能够取得与之匹敌的功绩。按照金球奖评奖的要求，评委在投票时不仅需要衡量一名球员这一年的表现，同样也需要将他们的历史成就考虑在内。就连评委们也在年复一年的评选中发现，每年其实只有两个选项供他们选择。

"这简直就成了一种巴甫洛夫式的条件反射。"作为金球奖的组织运行方，《法国足球》（France Football）杂志编辑帕斯卡尔·费雷（Pascal Ferré）说，

"每一年的评选，人们直接将其视为一道梅西和 C 罗二选一的选择题。"

可以说梅西和 C 罗感受不到自己身上背负的巨大重量，至少绝大部分时间里是意识不到的。然而在一些罕见的场合，观众的厚望带来的压力也几乎能将他们压垮，而这些场合都是这两位球星的祖国人民在注视着他们的时候。

## 退出阿根廷队的梅西

梅西从未设想过，自己的国家队生涯会在新泽西一条吵闹的通道内结束。在梅多兰兹的大都会体育场内，身披阿根廷球衣的他再次与奖杯失之交臂，又一次失败的滋味令他难受不已，就好像呛了几口过期牛奶。对于梅西来说，2016 年美洲杯上的经历可谓是不折不扣的失败，正如他此前参加过的每届美洲杯一样。"我在更衣室里考虑了一下，就这样了，"在智利欢庆胜利的同时，梅西还在向大家解释，"我的国家队生涯结束了。正如我说的那样，这已经是我第四次倒在决赛中了。我们很不走运，而我已经尽力了，退出国家队是我现在最想做的事情。"

此时的梅西已经 29 岁了，自从他跻身国家队常备阵容以来，美洲杯冠军已经从他眼前飘过 4 回，但阿根廷队一次也没有赢得美洲杯的冠军。赛事主办方甚至额外举办了一届，尽管这项赛事的举办周期原本是在 2 年和 4 年之间摇摆，但 2016 年的美洲杯距离上一届居然仅仅相隔一年。官方给出的理由是，为庆祝南美足联成立 100 周年而专门举办的百年美洲杯（Copa America Centenario）比赛。其实，他们的真实意图是借此机会来设置专区为南美足联赚取更多的电视转播权、市场，以及门票收入，这也是为何一项南美洲的赛事会放在北美洲举办。此举不仅为了与足球界策划更多高光比赛的人们的不懈努力同频共振，也是用另一种方式为梅西搭建一个大型舞台。

然而，最终展现在公众眼前的，却是梅西史无前例的沮丧。梅西此前已经三度踏上美洲杯决赛的赛场，每一次都铩羽而归，对他而言输球的方式要么是感到完完全全的心碎，要么是彻头彻尾的尴尬，要么两者兼有。2007 年，阿根廷队 0∶3 完败于平平无奇的巴西队。到了 2015 年，他们与智利队一直血战到加时赛结束，双方在长达 120 分钟的时间里互交白卷，却总共制造了多达50 次犯规，最终智利队在点球大战中胜出夺冠。2016 年的决赛在一座为 NFL比赛修建的体育场内举行，而智利队也认为自己"先拦截再说其他的"这一战术或许会再度奏效。他们也赌对了，在一场 0∶0 的成绩之后再次来到点球大战，梅西射出的点球高出横梁，智利队赢下了又一场决赛的胜利。巨大的失望将梅西压得喘不过气来，他很难理解眼前的一切。

这种感觉实在太熟悉了。每当梅西披上阿根廷队的蓝白间条衫，一种奇怪的相互作用力就会占据上风，贯穿他的职业生涯始终。在阿根廷之外的绝大部分地方，一位笑傲世界的足球天才会被当作君王一样崇拜。巴西直接将贝利称为"国王"。乌克兰的队史最佳射手安德烈·舍甫琴科（Andriy Shevchenko）则在自己的 40 岁生日前夕被任命为国家队主教练。历史上首位来自非洲的金球奖得主乔治·维阿（George Weah）在祖国利比里亚极受爱戴，后来当选为这个国家的总统。

阿根廷是一个与众不同的国家，这里的人们此前已经见识过一位历史上最伟大的球员，因此球迷的"口味"也更加专业而挑剔。他们将梅西和马拉多纳当成两杯高品质的马尔贝克红酒一样品评，把他们二人进行比较就成了不可避免的事情。

令人颇为惊讶的是，梅西和 C 罗都没有马拉多纳这种派对动物般的生活方式。球场上，两人难分高下。然而除此之外，有两件事在球迷们心目中格外重要。首先，梅西是一个少小离家的男孩，12 岁以后他就没有完完整整在阿根廷生活过了，也从来没有代表家乡球队登上过职业赛场。然后就是在一些阿根廷球迷的眼中，这也是梅西职业生涯中一个等同于滔天罪恶般的致命缺陷——马拉多纳赢得过世界杯，那时的梅西还没有。

2014年，在巴西举办的世界杯上，梅西戴上队长袖标被寄予厚望，希望他能够带领阿根廷队一路过关斩将，就像他在预选赛里做到的那样。结果，不管是身体上还是精神上，梅西都是肉眼可见的筋疲力尽。他在淘汰赛阶段颗粒无收，在同德国队的决赛中更是逐渐"隐身"，球队经过加时赛最终还是0：1负于对手。尽管如此，梅西还是被评为本届世界杯的最有价值球员，为他颁奖的布拉特后来称这个决定"并不正确"。

在里约热内卢进行决赛的那天，梅西有多么渴望以一己之力将球队的荣誉扛在肩上，阿根廷主教练萨维利亚都看在眼里。他深知，梅西会为自己的祖国竭尽全力，赛前训练时，他就不仅是最危险的进攻手，同时也是最聪明的防守人。顿悟的神情出现在萨维利亚脸上，就像他的前任和继任者们一样，一个又一个的教练需要留下一套新的说辞来叙述同样的旧事。

问题并不出在梅西身上，也不可能出在梅西身上。问题在于阿根廷队其他成员无法达到梅西的水准。

"他总是将集体置于首位，置于个人之前，他为了全队的利益牺牲了自己。"萨维利亚2014年时曾说道。

"真实的情况是，这支阿根廷队像乌云一样遮蔽了梅西的杰出表现，"豪尔赫·桑保利（Jorge Sampaoli）在4年之后如此强调，"梅西被限制了，因为球队并没有像理想中该有的那样团结在一起。"

真正的马拉多纳加入批判大军之中，同样没有为这位"新马拉多纳"产生多大帮助。2016 年美洲杯开始之前，球王马拉多纳直言不讳地说，自己认为梅西缺乏带领阿根廷队赢得任何荣耀的领导才能。"他是一个伟大的人，"马拉多纳说，"但是他毫无个性。"

他并非第一个有这种想法的人。而在谈到同年夏天进行的另外一届赛事，也就是在法国举办的欧洲杯时，马拉多纳继续往梅西的伤口上撒盐。"毫无疑问，C 罗是一个亮眼的球星，"马拉多纳宣称，"他是那种能够凭借一己之力将球队带入决赛的球员之一。他代表了足球的文化，每个喜欢足球的人都喜欢 C 罗。"

因此，当梅西在新泽西宣布自己将退出国家队时，他表示这对所有人都好。

"我觉得很多人都渴望这个冠军，"梅西继续说，"进入决赛却没拿到冠军，他们显然并不满意，我们自己也不满意……我是没能踢进点球的那个人，那么就这样吧。"

当然，事情远不会就这样结束。短短几个月之后，梅西就重新回到了国家队之中。但是在 2016 年 7 月，他在职业生涯中首次承认了自己彻头彻尾的失败。只要梅西不是身处自己如鱼得水般的巴萨体系之中，就总会有太多的窟窿需要他试着去填补，而这根本行不通。

梅西希望将国家队的舞台让给其他人。

## 赋予葡萄牙队勇气的 C 罗

阿根廷队失利的消息传到了巴黎南郊的马尔库西，C 罗正在这里置身于自己理想中的天堂。在一座从法国国家橄榄球队借用来的训练设施室里，他被各种负重器械和健身器材所"包围"，这里的健身设备数量是他前所未见的。更妙的是，他正在代表自己最钟爱的葡萄牙国家队征战。

此时此刻，C罗只希望葡萄牙队能够避免重蹈梅西所在的阿根廷队覆辙。本届欧洲杯上，葡萄牙队的开局与C罗所期望的样子实在相距甚远，他们的首个对手冰岛的全国人口只有33万，是任何一届重要足球赛事中成功晋级决赛圈的最小国家。然而即便如此，他们只用了11人就抵挡住了C罗的进攻，取得了一场1∶1的平局，整个过程看上去也让C罗倍感恶心。"这简直令人无法相信，"他说，"我们竭尽全力去争取胜利，而冰岛没为赢球做任何努力。在我看来，这体现了一种小国心态，他们不会在本届比赛中有任何作为。"

冰岛队后来在本届欧洲杯中淘汰了英格兰，C罗的言论只会让他们笑掉大牙，而C罗本人又在接下来同奥地利的小组赛中射失了一个点球，更让那些讨厌他的人偷着乐了好一阵子。葡萄牙队发现自己已经在被淘汰的边缘徘徊。

不过，如果说这个夏天见证了梅西统率全队的能力遭受质疑，那么在法国的这段时光里，C罗则开始把自己当成在诺曼底炸出一条血路的巴顿将军。从每场比赛到每次球队就餐，都是浮夸地展示自己指挥力的一个个机会。和巴顿有所不同的是，C罗并不会四处去掌掴别人。这也解释了与奥地利比赛结束那晚，C罗在球队下榻酒店召集了一场球员会议的行为，他尽量让自己言简意赅地发表言论。

"伙计们，我们还活着。"

前两场小组赛之后，葡萄牙仅仅收获了两个积分，但是欧洲杯的组织者在几年前将欧洲杯"扩军"的决定无意间帮了他们一把。本届欧洲杯上，参赛球队已经从 16 支增加至 24 支，意味着几个小组中的第三名队伍也能从小组赛中脱颖而出，继续自己前进的步伐。如果葡萄牙最终不得不通过小组第三名晋级，那也没什么丢人的，毕竟出线才是最重要的事情。C 罗还没准备好打道回府。

最后一场对阵匈牙利的小组赛中，葡萄牙至少需要收获 1 个积分，而 C 罗在比赛中梅开二度，最终为球队拼得了一场 3∶3 的平局。到了同克罗地亚的 1/8 决赛中，他又为球队的制胜一球献上助攻。那是在加时赛的第 27 分钟，撕开对手防线空当的 C 罗接到传球后的一脚射门迫使门将做出扑救，后来赶上的夸雷斯马只需轻轻一推就把球送入网窝。C 罗随后的庆祝行为就好像进球的是他一样。

对阵波兰的 1/4 决赛中，C 罗同样没有进球，一场 1∶1 的平局将比赛拖入了点球大战。此时 C 罗又让别人感觉到了他的存在。他自己承担了排兵布阵的工作，坚持让十分紧张的若奥·穆蒂尼奥（João Moutinho）前去主罚点球。"你点球罚得很好！"他在场上喊道，"如果没进，那就算了……现在就把命运交到上帝手里。"

而当上帝也鞭长莫及的时候，C 罗就会接管其余的工作。

在葡萄牙将 5 个点球全部轰入波兰球门之后，C 罗的进球又在战胜威尔士队的半决赛中为球队取得了决定性的领先地位。此时距离葡萄牙在本届欧洲杯中的灾难性开局已经过去了 4 周，距离梅西退出阿根廷国家队也已经过去了 9 天时间，C 罗终于随葡萄牙队重返大赛的决赛赛场。这是他为之而生的大舞台，C 罗需要做的就是在法兰西大球场的 8 万名观众面前击败赛前被普遍看好的东道主。

C 罗此前代表国家队出征的唯一一次大赛决赛经历发生在 12 年前，那

时的他和葡萄牙队正是被广泛看好的东道主。然而，里斯本的那个夜晚最终
成为一场灾难，不知怎的，球队因紧张而发挥失常，被球技低微的希腊队以
1∶0 的成绩击败。C 罗告诉自己，这一次将有所不同。毕竟，现在已经是
他在统领球队。C 罗已经远非 2004 年时那个花哨毛躁的 19 岁少年，如今的
他更像是希腊神话中的英雄阿喀琉斯，是战场上鼓舞人心的主心骨，是与自
身伟大角色不可分割的那个男人。当然，区别在于 C 罗随时都准备着面对镜
头，他在伯纳乌的更衣室里存放着一个冰桶，这并不是为了治疗赛后膝盖部位
的肿胀，而是用来缓解赛后自己脸上的浮肿。

　　然而，在 C 罗人生最重要的一场比赛中，他只在场上踢了 23 分钟。

　　事情发生在开场后的一系列对抗中，受到法国球员迪米特里·帕耶（Dimitri
Payet）的冲撞之后，C 罗发现自己很难再跑起来了，他刚一尝试发力，剧烈
的疼痛就马上贯穿他的左膝。C 罗咬紧牙关，一瘸一拐地跑着，他尝试继续比
赛，但是膝盖已经不允许他这么做了。比赛还没进行 1/4，C 罗就重重地坐倒
在了草坪上，眼里含着热泪。

　　他尽可能地打起精神，乞求队医把自己的膝盖包扎起来，使他能够继续参
赛。实际上，后来的扫描结果显示，此时他左膝的内侧副韧带已经扭伤。这次
治疗仅仅使 C 罗在场上又多待了几秒钟，一次极其痛苦的冲刺之后，他就向
场边的替补席示意自己已经无法坚持。C 罗扯掉了队长袖标，他知道自己的决
赛已经结束了。在被担架抬出场外的过程中，他收到了法兰西大球场观众的起
立致敬。

　　几乎空无一人的更衣室内，C 罗消沉哀伤了 15 分钟，他哭泣着看着更衣
室外的队友们在场上一次次抵御住了法国队前锋的攻势。医生此时则在不断捅
戳着他的膝盖。很快第一个好消息传来，C 罗的伤情不需要手术。接着，就在

医生清理绷带的时候，更衣室里的其余几个人注意到，C 罗的情绪发生了显著的转变，就好像他突然想起来外面还有一场决赛正在进行。

C 罗需要和自己的队友在一起。那些因目睹他受伤离场而心绪不宁的队友们，也需要听到 C 罗的声音。他穿上一件薄荷绿色的运动上衣，换上一双新的运动鞋，准备在半场时向球队发表更衣室讲话。

"大家听着，"C 罗在中场休息时说道（当时的比分还是 0 : 0），"我很确定我们能赢，接下来就让我们团结一心、奋力拼搏吧！"

到了下半场，C 罗又重新站了起来，在边线外走来走去，就好像是比主教练费尔南多·桑托斯更高、肌肉更发达的影子一样。全场观众都能看到，C 罗在大声指挥着球队，挥舞着自己的手臂，告诉葡萄牙球员该干什么。对于任何一个不在替补席上的人来说，在主教练桑托斯就在旁边的情况下，C 罗的行为看上去像是在不遗余力地试图抢教练的风头。然而，这一次 C 罗确实没想要成为舞台主角，他只是单纯在用极大的声音重复主教练说出的每一个字，老帅桑托斯此时已经失声了。

桑托斯从嘴里吐露出来的指示明显奏效了，法国队错过一个又一个进球机会，而葡萄牙队虽在场上处于劣势，但却并没有被击垮。毫无疑问这种场面略显尴尬，但葡萄牙队本就没有一场比赛是靠着赏心悦目的风格前行至今的。在半决赛之前，他们甚至都没有在常规时间内取得过哪怕一场胜利。这支葡萄牙队是围绕 3 个方面构建起来的：刻苦的工作、严明的纪律，以及将球传给 C 罗。当 C 罗不再是一个选项的时候，葡萄牙队别无选择，只能在另外两个方面加倍努力，寄希望于好运降临。

当晚的决赛已经进入加时赛的白热化阶段，到了第 109 分钟，他们终于迎来了自己的好运时刻。

运气降临在 28 岁的替补球员埃德尔头上。这位出生于几内亚比绍的球员在此前的国家队进球数只有 3 个，只见他在距离球门 18 米开外的地方，摆脱了一名防守球员后一记劲射，足球穿过了另外一名防守球员的两腿之间，最终钻入了球门的下角。这个进球再度让 C 罗热泪盈眶，这似乎已经是当晚的第 10 次了。

11 分钟之后，葡萄牙足球拥有了历史上第一座大赛冠军奖杯。C 罗也成为欧洲杯冠军，在尝试忍痛比赛之后，他现在则在忍痛庆祝。这场庆祝从球场上转移到了更衣室里，又从更衣室一直延续到球队返回马尔库西的路上。不可避免地，C 罗又处在了庆祝的中心位置，但他的队友们却丝毫不在意。相反，埃德尔说道："他仍然把自己全部的力量和勇气都赋予了我们。"尽管决赛中的绝大部分时间 C 罗都不在场上，但全队都知道他仍与他们同在。C 罗已经成长为葡萄牙队至关重要的一部分，即使不在场上踢球的情况下，他也是全队最重要的一名球员。

因此，在法兰西大球场的葡萄牙队更衣室内，由这位球队队长、护身符，偶尔也充当主教练扩音器的 C 罗来发表最终的胜利宣言简直再合适不过了。"致所有的队员、所有的工作人员，以及参与这场征途的每一个人，"他赤裸着上身说，"没有人相信葡萄牙，但事实就是，我们做到了……我非常非常开心。"

"这是我生命中最开心的一天。"C 罗如此说道。

# MESSI
## *v s.*
# RONALDO

第三部分

## 诸神的黄昏

第 9 章

# 当足球成为一门生意

C 罗感到怒不可遏。

2016 年底的一个夜晚，没有任何预兆的情况下，C 罗突然召集了那支由朋友、顾问以及攀附者们所组成的团队来到拉芬卡紧急开会。这里是马德里郊外一处有专属门岗的社区，C 罗和门德斯都在此地置办了豪宅。他们先在 C 罗的家里集合，然后又转移到了门德斯家的客厅里，所有人都坐了下来，只有 C 罗除外，焦躁不安的他实在难以保持平静。

原来，刚刚出版的德国杂志《明镜周刊》（*Der Spiegel*）将一位名叫鲁伊·平托（Rui Pinto）的葡萄牙黑客所挖掘出的文件库公之于众，其中，C 罗的名字一次又一次地反复出现。这项工程被称为"足球解密"，涉及数十个球员和俱乐部的超过 1 800 万份文件，它将 C 罗的财务事务描绘成一张由离岸控股公司和信箱公司编织成的巨大网络，据称是专门为了向西班牙税务部门隐瞒收入而设计的。C 罗觉得自己实在是倒霉透顶，他有很多火气要发泄。

"我跟你们说了！"他吼道，用手指向围坐在房间里的每一个人，"我不想惹上任何麻烦，而现在，你们却给我惹了麻烦。"

从门德斯到门德斯聘请的财务顾问，再到里卡多·雷古费（Ricardo Regufe），这位此前负责维护耐克与C罗关系的公司代表最终跳槽直接为C罗本人工作。现场在座的这群人就是C罗幕后集团的全部人马，他们都伴随着C罗走过了绝大部分的职业生涯，随着C罗逐渐累积起常人难以想象的财富，他们也在此过程中变得腰缠万贯。但在此时，没有一个人能够平息C罗的怒火。

据一位当时在场的人士透露，C罗的咆哮声一直在持续。他受够了他的团队，受够了这些人对他的窥视和刺探，更受够了西班牙。此前，这项足球解密工程曾用一个更加骇人听闻的标题揭露了C罗与沙特一家手机供应商之间的合同，上面写着单单一天的拍摄，后者就为C罗支付了110万欧元。但是现在，C罗整个金融帝国的精密运作都赤裸裸地袒露在所有人眼前。这次披露的文件中包含了太多的内幕细节，其中大部分甚至对C罗本人来说都是从未听过的新闻，他的个人名誉实时地被撕得粉碎。

"我付你们钱就是为了避免麻烦，"他对顾问们说，"麻烦真找上门来的时候，是我的名字在上面，不是你们的！"

自从C罗成为一名职业球员以来，他的生活就交由一家名为GestiFute的公司来组织打理。1996年，初出茅庐的门德斯创办了这家公司，它负责为C罗协商球员合同、管理他的财产，并为他寻找赞助合约。2015年，在C罗开启职业生涯的13年后，根据《明镜周刊》的报道，GestiFute的文件显示C罗的个人财富大致在2.27亿欧元左右。不过这充其量也只是一个最为接近的事实的数据，毕竟门德斯的机构所监管的是一个庞大的复合结构，据和他关系密切的人透露，C 罗本人也对自己究竟有多少财产没什么头绪。

　　不管数目有多少，这笔钱的大部分都保管在离 C 罗本人很远的地方。他在球场外挣来的收入遍布在百慕大、巴拿马、瑞士以及英属维尔京群岛等地，这些财富已经能够围绕地球一圈，甚至可以组织起一届秘密的银行"冠军联赛"。

　　虽然 C 罗的名字没有直接出现在揭秘文件之中，但他身边的代理人赫然在列。C 罗的档案里到处充斥着那些离岸公司的名字，例如布罗克顿基金会（Brockton Foundation）。在 C 罗转会加盟曼联之前，这家基金会于 2003 年在巴拿马被创建，它掌控着 C 罗全部的市场营销权，并通过那些离岸公司将他获得的每一笔赞助费都秘密输送走。布罗克顿基金会位于巴拿马的好处在于，别人无法强迫它透露存放这些钱的银行属于谁的管辖范围，它也无须说出自己应该向谁缴税。2004 年，这些权责悄悄转移到了位于英属维尔京群岛（又是一个避税天堂）的托林合伙人公司（Tollinn Associates）手中，最终交给了爱尔兰一家叫作 MIM（Multisports & Image Management）的机构。这个国家拥有全欧盟国家最低的企业税率（只有 12.5%），从而使自己受到了苹果、谷歌等大企业的青睐，这些公司都比 "C 罗股份有限公司" 要大得多。

　　离岸银行的设立本身并不违法，它只有在用来规避税收管辖权时才成为一个问题，而这正是设立离岸银行的头号目的。从 2015 年底开始，西班牙的调查官就开始打探 C 罗的财务状况，这次所解密的那些围绕 C 罗的财会操作已经足够引起他们的兴趣。C 罗否认自己犯有任何过错，他坚称自己向来是按时足额纳税的。

　　刚来到西班牙的前几年，C 罗以及几乎每一位在西班牙的外国明星实际上在税务部门一直享有极高的特权地位。这要感谢那项俗称的《贝克汉姆法案》（*Beckham Law*），时任西班牙首相的何塞·马里亚·阿斯纳尔（José María Aznar）同时也是伯纳乌包厢的常客，他于2005年通过了这项条款，本意是想为国家吸引更多各行各业的外国人才，从体育界到音乐界再到科学界，来者不拒。

　　然而，几乎没有人比弗洛伦蒂诺创建的银河战舰获益更多。在他的眼中，法案中的漏洞就好像无人把守的球门一样向观众大敞四开。来到西班牙的外籍球员被授予了一个特殊地位，使他们在西班牙收入的个人所得税税率不会超过25%，就好像他们是在国外生活超过10年的西班牙公民一样。而与这些外籍球员税级相同的其余人，则不得不将自己的几乎一半收入用来缴税。2010年，这项条款对于年收入在60万欧元以上的运动员不再生效，不过，在此之前来到西班牙的球员仍能享受一段相当长的宽限期免受新条款的追责。

　　法律条文的变化加上大量揭露事实的文件，这些加在一起鼓励着税务部门开始把手伸向足球运动员的账簿去一探究竟。在C罗的案件中，他们没花多长时间就发现，现金流向了世界上除西班牙之外的各个角落。到了2017年，西班牙官方从中得出结论，他们相信C罗在2011至2014年通过隐瞒收入而逃避了高达1 670万美元左右的税务。他被指控犯有4项税务欺诈的罪行，其中3项都是加重的累犯，这也将导致他可能面临7年的牢狱之灾。整起案件一直拖到了2019年才落幕，C罗最终承认了逃税的指控，并接受了两年监禁外加一笔罚款的处罚。出现在马德里法庭内的C罗穿了一件高领套头衫，外面披着一件黑色夹克，脚上则穿了一双白色运动鞋，为了彻底解决这个麻烦，他向西班牙政府支付了2 160万美元。

　　这笔罚款着实让C罗有些"肉疼"，但是罚款背后的整个混乱局面甚至更令他头疼。整起事件清晰地表明，C罗的财富管理情况对于他本人来说就像是个神秘莫测的黑匣子一样。在 C 罗全神贯注地朝着全世界最佳球员的目标迈进过程中，他并没有做好同时成为全世界最富有运动员的准备。大约就在 2016 年的那段时间，耐克甚至还可以让他变得更加富有，为他呈上了公司历史上第三份终身赞助合同，此前，只有乔丹和詹姆斯享有同样的待遇。但在处理这笔钱的时候，C 罗所了解的信息全部来源于门德斯，一个在他眼中绝对是懂得最多的人。然而在 2016 年，站在自己经纪人的起居室里，C 罗终于意识到一个问题：谁拿着我的钱？去干了什么？无论何时，只要他想为自己的车库再增添一辆跑车，或是想乘坐一架私人飞机，这种账单倒是总会很快被结清，但是自己的这些钱是从哪儿挣的，又投资到了哪些地方，甚至还有多少，他真的都毫无概念。最重要的是，C 罗现在能够看到，有一大批的债务责任随时有可能重新浮出水面，而每一笔交易上面都有他的亲笔签名。

"你说让我签字，我就签了，"他对门德斯吼道，"我对英属维尔京群岛能知道什么？"

## 官司缠身的梅西与 C 罗

这些被披露的财政秘闻并非足球解密工程产生的最具爆炸性的头条新闻，2009 年的一位名为凯瑟琳·马约尔加（Kathryn Mayorga）的女性指控 C 罗强奸一事的最终揭露，当仁不让地成为这项工程最爆炸的新闻。

这起指控此前一直不为人知，直到 2017 年，基于从黑客鲁伊·平托那里获得的信息，《明镜周刊》首次将这起事件发表。文章详细记述了事件的全过程，2009 年的夏休期间，正在拉斯维加斯度假的 C 罗在棕榈树赌场度假村内一家叫作 Rain 的夜总会 VIP 区域遇到了马约尔加，随后邀请她上楼来到自己的顶层豪华套房里。根据足球解密和一份克拉克县地区法院整理的民事起诉状，两人一进屋，C罗就强行压在了马约尔加的身上，而后者则不停地让他停下来。

"当C罗完成了对原告的性侵之后，"起诉状写道，"他允许她离开了卧室，并向她表示抱歉，表示自己通常都是一个绅士。"

2017年这起事件揭秘时，马约尔加已经34岁了。回到2009年，作为一个兼职模特的她立即将自己遭受性侵的事情报告给了警方。她并没有说出C罗的名字，只是称他为一个"很有名的名人"，她同样也说不清事件发生的具体地点。据马约尔加的律师们透露，警方的反应让她很失望，与她通话的警官并没有指导她继续完成起诉的后续流程，反而警告她说，不管这个很有名的名人是谁，都很有可能指控她说谎，并试图对他进行敲诈勒索。

C罗很快就证明警方所说的并非全无道理。在一份由自己的法务团队所发表的罕见公开声明中，他说道："强奸是一项令人发指的犯罪，与我为人和信仰的一切都完全背道而驰。尽管我迫切想要为自己正名，但是有人将此事炮制为媒体焦点，试图以我自身为代价让他出名，因此我不会再为此推波助澜。"

由于不了解这场性侵发生的具体地点，警察也并没有再在这起案件中浪费太多时间，他们还表示，能够显示当晚马约尔加与C罗互动的视频证据也已遗失。不过，因为马约尔加在事件发生后立即报警，随后接受的医学检查也显示出有几处损伤，根据当地法律，这起案件可以不受诉讼时效的限制，以后仍可以重新再审。

后来，马约尔加接受了C罗律师提供的37.5万美元，在一份封口协议上签下了自己的名字，这也使得这起案件看上去不可能重见天日。但是到了

2017 年，在 "Me Too"[①]运动的推动鼓励下，来自世界各地的女性勇敢大声地讲出自己遭遇性侵的经历。为了让指控自己的人闭嘴，这些有权势的男人们频繁在暗地里掏出一张张封口协议，她们的挺身而出则使人们对于这种封口协议的泛滥有了新的认识。马约尔加同样打破了沉默，她希望能够讲出自己的故事，告诉大家拉斯维加斯的那一晚给自己的生活带来了怎样毁灭性的影响。事件发生过后，她饱受"创伤后应激障碍和重度抑郁"困扰。马约尔加的律师们说，这些使得她不具备参与协商封口协议的行为能力。

足球解密工程自称，其掌握的文件展示了 C 罗与法务团队之间的对话，内容包含了一组 C 罗对于他和马约尔加在房间里接触的相关问题所做出的回答，其中，C 罗承认自己粗暴地进行着性侵的行为，并且违背了女方的意愿。与之相对，C 罗则搭建了一支由律师、私家侦探和危机公关经理组成的国际团队，在著名律师大卫·切斯诺夫（David Chesnoff）带领下，他们声称足球解密获取的这些文件是伪造的。

社交媒体上，这起案件的每一个新进展都会遭受大量球迷的质疑，这些人似乎突然就成为内华达州的法律专家，同时还能在从来没见过一名女性的情况下，就断然否认她曾受到过真实的创伤。这些指控在全世界范围受到了广泛报道，然而略显奇怪的是，它们与围绕 C 罗在球场上表现的主流讨论始终是泾渭分明的。C 罗则用一遍遍的否认来应对这些指控，他自信只要自己耐心等待，在一切新闻皆为泡沫的欧洲足坛，这件事也会渐渐淡出公众的视野。调查人员重新开始审理此案之后，才使得这件事艰难地重新获得了不少关注，然而当他们签发授权令向 C 罗索要他的 DNA 样本时，却发现他们根本无法强迫远

---

①女星艾丽莎·米兰诺（Alyssa Milano）等人 2017 年针对美国制作人哈维·韦恩斯坦性侵多名女星发起的运动，呼吁所有遭受性侵犯的女性挺身而出。——编者注

在大西洋对岸的 C 罗乖乖照办。

2019 年 7 月，克拉克县宣布将对此案不予起诉。"基于对现有信息的评估，"这里的地区检察官办公室表示，"针对 C 罗的性侵指控未能达到排除合理怀疑的证明程度。"

然而，马约尔加则继续向联邦法院提起了民事诉讼，这样只要有"证据优势"就可以完成举证责任，而无须达到"排除合理怀疑"的定罪标准。2022 年年中，一位美国地区法院的法官驳回了这起民事案件的起诉。

我们将目光转向梅西，严格意义上讲，梅西之所以惹上官司更多是其处理财政事务的天性使然。

梅西的父亲和几位从西班牙和南美洲精挑细选的顾问团队共同打理着自己的财务，这样梅西就可以将球场界外发生的一切事情都愉快地抛之脑后。他拥有进球、房子、狗、孩子，还有与自己青梅竹马的伴侣安东内拉。对于梅西来说，幸福源自简单，他很可能从来没朝自己的报税单瞅过哪怕一眼。

然而在 2013 年，这些文档却成为他的一个大麻烦。在西班牙对于足球运动员纳税状况的"大清扫"中，梅西和父亲也没能"幸免于难"，他们被指控于 2007 年至 2009 年以欺诈的手段逃税 410 万欧元。和 C 罗一案中类似，梅西的问题也出在了赞助费收入的部分，这些财产被转移至离岸地区存放，以避开西班牙税务部门的耳目。梅西从未成为过《贝克汉姆法案》的受益者，为了躲避其他俱乐部抛过来的橄榄枝，巴萨在梅西很小的时候就帮助他获得了西班牙公民的身份。

事情最终需要通过庭审来解决。2016 年 7 月，就在梅西应当前往征战百年美洲杯的几天前，他于巴塞罗那郊外的加瓦法庭现身，这也是梅西本人所在的地区。父子二人对此事的策略一直是坚称对此毫不知情。梅西辩称，无法知晓自己的纳税状况，因为那是父亲的工作。而豪尔赫·梅西同样无法知晓，因为那是律师和会计们的工作。梅西的全部非工资收入从最早期的商业代言开始累积，涉及几家在乌拉圭和伯利兹的空壳公司。一笔笔收入以怎样的方式存放在哪里，这些律师和会计此前在给豪尔赫·梅西解释时，他一直在点着头，但到了法庭上，他却坚称自己其实并没有完全理解。

"这对我来说就跟听天书一样。"豪尔赫·梅西告诉法官。

至于梅西，他对于自己财务的了解仅限于需要知道的事。"我觉得没必要把所有事情都告诉他。"豪尔赫·梅西说。

即使在检察官们的猛烈质问下，梅西也同样坚守住了这道"防线"。

"所以你是闭着眼签了全部合同的？"他们问道。

"我签这些合同是因为我信任我的父亲，我从没想过他会试图欺骗我。"梅西说。

法庭对此并不买账。不久，法官们就将自己的处罚狠狠拍向梅西，其中包括 21 个月的监禁和 210 万欧元的罚款。豪尔赫·梅西同样也受到了 21 个月的监禁判罚（后经上诉缩短为 15 个月）以及 160 万欧元的罚款。当然，在西班牙，被判决犯有税务欺诈行为但是刑期在两年以下的人无须入狱服刑，因此父子二人都不会进监狱，梅西所需要做的全部就是缴纳罚款并转身离开。

梅西和 C 罗与税务部门之间的事端并非个案。当时，西班牙政府正面向所有高收入的体育运动员严厉打击其中的税务欺诈行为。足球界人士因税务问题接受调查的新闻层出不穷，这已是家常便饭。作为门德斯的另一位客户，穆里尼奥也被指控并被判定存在税务欺诈行为，同样的事情也发生在梅西的几位巴萨队友身上。即使在西班牙以外的地方，官方部门也深知，足球运动员的账户完全能够成为自己大展拳脚的"狩猎天堂"。2016 年 3 月，内马尔就被巴西政府找上了麻烦，后者命令他支付一笔 5 200 万美元的罚款。

将工资付给球员后，巴萨就对这笔钱此后去了哪里所知甚少，对于球员们的外快更加一无所知。然而在涉及维护自己阵中的超级巨星之时，俱乐部的选择明智无比，给予了梅西无条件的支持。判决下发之后，俱乐部二话不说就发表了一则关于西班牙税务部门的声明，把它摆在了官网上球队最新训练图片的旁边。

"与检察院的意见一致，俱乐部认为梅西已经纠正了自己对于西班牙税务部门的立场，他不负有任何刑事责任。"俱乐部在声明中写道。

俱乐部的声援没让梅西的心情好多少，他认为法院是故意要拿他开刀来杀鸡儆猴。此举让梅西感到恶心，人生中的第一次，他认真考虑要离开巴萨。然而问题在于，他这样级别的球星能够去往的俱乐部屈指可数。

西班牙的其余地方肯定不行，毕竟除了巴萨之外，全国上下只有一个俱乐部真正配得上他的水平，虽然弗洛伦蒂诺一直都做着这样的美梦，但梅西不可能考虑去转投 C 罗所在的皇马。同时考虑到梅西对于寒冷的反感，去德国俱乐部的选项也被排除在外。于是，他只能在所剩不多的主流联赛里寻找一支富可敌国的球队，能够支付得起他高昂的薪水。此时此刻，没有谁比来自英超的俱乐部更加合适了。

切尔西曾于 2013 年评估引进梅西，据传言，阿迪达斯会负担其中至少一半的转会费，用来将巴萨的耐克球衣从自己的海报男孩身上扒下来，给他换上一身自己赞助的蓝色战袍。这个计划的麻烦在于梅西本人对这家伦敦俱乐部嗤之以鼻，这还要追溯到他职业生涯早期在冠军联赛中和这支球队结下的梁子。"我们这儿有球员痛恨切尔西要甚于皇马，"2006 年，梅西在接受《世界新闻》（*News of the World*）采访时说道，"从未想过有一天这句话会从我嘴里说出。"

然而就在此时，另一支英格兰球队最近突然使自己成为梅西的一个颇为诱人的选项。这不仅是因为身为暴发户的曼彻斯特城足球俱乐部（简称曼城）有大量的现金可以挥霍，也在于他们 2016 年夏天请来的那位主教练比地球上的其他任何人都更理解梅西的足球风格，他就是瓜迪奥拉。于是梅西拨通了他的电话。另一头也在思索，将梅西带离诺坎普与瓜迪奥拉重逢，再次尝试向欧冠冠军发起冲击，实现这些都需要自己做些什么呢？曼城那边准备洗耳恭听。

"梅西觉得自己在西班牙受到了迫害，"一位直接掌握这次谈话内容的人透露，"他认为自己没有受到公平的对待。"

在梅西职业生涯的大部分时间里，与曼城这种俱乐部进行接触的想法看上去都是荒唐至极的。这是因为在曼城的绝大部分历史中，它都不是一家能够吸引世界级南美进攻指挥官的俱乐部，那些名字叫作科林或是麦克的英格兰蓝领球员更像是它的选择。不过，如今的曼城已经具备了一些使自己敢于追求梅西的条件，在梅西付出昂贵的代价去西班牙法庭里兜了一圈之前，他从来都没把这些当回事。这家俱乐部拥有一个清晰的计划，也有无尽的雄心，以及一位准确无比地了解如何围绕这名杰出的 10 号球员构建球队的主教练。

尽管梅西真心希望离开巴萨，但这笔转会交易最终未能实现，因为曼城最终没能设法绕开巴萨为梅西设置的解约条款，其中的金额已经超过了 5 亿美元。梅西不得不选择依旧成为一个西班牙纳税人。

而对于曼城而言，没有梅西，俱乐部也能活得下去。

## 来自海湾国家的大规模投资

直到 2002 年，曼城都还只是一家在英格兰第二级别联赛中上下浮沉的俱乐部，现在却已经能够在现实中去认真地看一眼梅西的"价签"，然后决定自己还是不需要他。这个事实充分展现出了 21 世纪第二个 10 年塑造足球运动的另一大力量，那就是"富得流油"的海湾国家所进行的大规模投资。

在 20 世纪 90 年代，在这项运动首次迎来经济大繁荣期间，几乎没有人预料到这股力量的到来。在英超驱动下，电视转播版权收入实现爆炸式增长，从而导致此前通常由本地富商所拥有并运营的俱乐部完成转型。在足球诞生的百余年后，投资者正在以一种新的视角审视这项运动，那就是拥有足球俱乐部实际上也可以成为一门赚钱的生意。世界各地具有全球性思维的投资人向这里挥撒钞票，设法凭借足球运动的广受欢迎换取回报。

21 世纪初，英超迎来了最初的一拨外国投资者的到来，切尔西的俄罗斯寡头罗曼·阿布拉莫维奇（Roman Abramovich）和曼联的亿万富翁格雷泽家族都是其中的领军人物。但在此之后，新的投资者大驾光临，而他们所寻求的回报则完全不同。他们并不关心能否盈利，毕竟足球经济里的这点钱和海湾国家的主权财富基金比起来，连满满一桶石油中的一滴都算不上。这些高深莫测的富有投资者打算购买的是一个平台。

率先驾到的是阿拉伯联合酋长国（简称阿联酋）。这个国家于 1971 年才正式成立，由沙漠中的几个王国联合组成。成立后的前 30 年，阿联酋率先把目光集中在国内经济增长上。如今，这个昔日以潜水采珠闻名的国家已经围绕能源和房地产业大展身手。同样于 1971 年建国的卡塔尔则拥有丰富的天然气资源，他们也紧随阿联酋造访英超。在他们称之为"愿景 2030"的文件中，这些年轻的国家详细阐释了自己的计划，并以此作为路线图来推动自身发展、提升可持续性，以及最为重要的一点，就是增强他们的全球影响力。

"卡塔尔正位于十字路口，"卡塔尔政府 2008 年时写道，"国家的大量财富不仅创造出了此前做梦都想象不到的机遇，也带来了艰巨的挑战。"

一系列挑战中，居于首位的就是为自己精心塑造一个良好的形象。这不仅是因为这些国家都是相对较小的国家，更在于他们在别人眼中通常还是怀疑西方世界、依赖石油，以及对保障人权毫不负责的形象。因此，体育界就成了最理想的合作对象。从赞助、举办体育赛事，到最终完全拥有体育机构，阿联酋和卡塔尔为自己设计的战略计划都将在这 3 个领域依次展开。

赞助是其中最容易的部分。这些海湾国家只用四处撒钱、积攒名气即可，而无须建造任何基础设施。相比之下，举办体育赛事要稍微复杂一些，不过也很快就顺利实现。早些时候，迪拜和阿布扎比就已经将精力集中在周末高尔夫球赛事、网球巡回赛、赛马和 F1 大奖赛等比赛上了。世界各地的体育明星纷至沓来，同时涌来的还有来自瑞士的奢侈品牌，希望能够在这地球上最富足的市场里推广自己的产品。除了那些名牌手表、皮鞋和手提包，这些市场还能获得些什么呢？无非是一个世俗和精明的外表罢了。

不过，攀附足球运动的影响力与上述这些都完全不同。2008 年，一支由阿布扎比统治者的兄弟所率领的团队获得了一项名为曼城的不良资产，这也是体育史上见证过的最为大胆的形象塑造实践之一。凭借足够多的金钱，他们将打造一个胜利者，而在请来最聪慧的人才之后，他们将使这个胜利者"大而不倒"。对于数百万人来说，这台出色且机敏的"荣誉机器"就是他们同阿布扎比建立联系的起点。从一开始，这项战略就已经清晰无比地展现了出来。

"如果你想发展自己的国家，如果你想在国际舞台上占据一席之地，"曼城前首席执行官加里·库克（Garry Cook）对来自海湾地区的买家们说，"就让我们成为你们国家的代言品牌。"

正是在 2008 年的收购期间，曼城第一次向梅西示好，然而那次俱乐部的"调情"般的行为与其说是拥挤舞池中的深情凝视，倒不如说更像是在公交车上把咖啡撒了别人一身般的尴尬。曼城在那年夏天的转会截止日当天提交了一份 5 000 万欧元的报价，而这完全是俱乐部设在伦敦的办公室由于误解所造成的一场意外事故。巴萨几乎都不承认他们收到了报价的传真文件。

很快，曼城的引援策略就变得清晰明确得多。从"一穷二白"开始，俱乐部正努力使自己在各个方面都达到"行业翘楚"的地位，在此过程中，它意识到自己需要一种全新的足球文化。此前数十年来一直作为曼联小弟的痛苦经历让曼城始终被一种自卑感所困扰，于是它环顾欧洲，开始选择自己想要成为的榜样。早些时候，当曼城进军欧冠的最大竞争对手还是阿斯顿维拉队时，它直接将对手的最好球员"劫掠"了过来。之后，随着自己的声望与日俱增，俱乐部开始着眼于更高的目标。这一次，当曼城打算参照阿森纳那种赏心悦目的足球风格时，它采取的做法则是原原本本地引进阿森纳的球员。到了 2012 年，曼城已经在现实中成为英超和欧冠冠军的强有力竞争者，此时的欧洲足坛只剩下一支它希望效仿的俱乐部。如果曼城要成为高管口中的"行业翘楚"，它就必须变得像巴萨一样。

于是，在资金充足的情况下，曼城开始系统性地从加泰罗尼亚挖来管理人员，让自己从里到外都焕然一新。21 世纪初，为巴萨财政力挽狂澜的费兰·索里亚诺成为曼城的首席执行官。作为昔日克鲁伊夫"巴萨梦之队"的一员，曾一度担任巴萨体育主管的特西基·贝吉里斯坦来到俱乐部就任总经理一职。2016 年，这场朝向巴萨的转型随着瓜迪奥拉的到来而步入高潮，在他的带领下，曼城此后打破了英超单赛季的积分和进球纪录。在 10 年的时间里，来自阿布扎比的金钱财富和来自巴萨的天才大脑在英格兰共同打造了一支足以定义时代的球队。曼城上一次染指顶级联赛冠军还要追溯到遥远的 1968 年，当时甚至还没有阿联酋这个国家。如今，俱乐部在 9 年的时间里就豪取 5 座英超冠军奖杯。

"他们既有石油也有想法，"阿森纳主教练温格改述了一位前法国财政部长的话，"这使得他们的行动更加高效。"

在国家资本的赞助下将本国联赛搅得天翻地覆，曼城并非是唯一一支做到这一点的俱乐部。英吉利海峡对岸，卡塔尔正在巴黎圣日耳曼身上做着同样的事情。2011 年，就在卡塔尔出人意料成功地摘得 2022 年世界杯主办权的一年之后，这个国家又将法国首都的唯一一家大俱乐部揽入怀中。卡塔尔能够做成这两件事，背后都少不了一个它最喜爱的商业同盟——法国政府的支持。

直到当时，巴黎圣日耳曼都未充分发挥身为一个大俱乐部的潜能，所取得的成就多少与它的规模和体量并不相符。这个成立于 1970 年的俱乐部名下只有两个法甲冠军，唯一的欧洲赛事桂冠还是现在早已不复存在的欧洲优胜者杯（The Cup Winners' Cup）。作为卡塔尔主权财富基金的一个下设机构，卡塔尔体育投资公司（Qatar Sports Investments）组织策划了这笔收购。从一开始，俱乐部的新主人就明确指出，俱乐部在竞技层面的唯一目标就是赢得欧冠。"志存高远"，正如俱乐部的这个新座右铭所说的那样。

其实，引进一名 37 岁的球员并非实现目标所必需的最快方式。然而，当巴黎圣日耳曼 2013 年签下略显老迈的贝克汉姆时，更主要的目的在于借用一下他的"流量"。尽管贝克汉姆只代表球队出场了十几次，但他立即增加了俱乐部的曝光度。真正为球队同时带来品牌价值和进球的球员是伊布拉希莫维奇，他也代表了"大巴黎"在卡塔尔人接手后的早期岁月，然而即使是伊布拉希莫维奇也没能带领球队闯入欧冠决赛。到了 2017 年，俱乐部终于意识到，如果想实现更大的梦想，自己得先付出更大的代价。

很快，欧战赛场上面对巴萨时，巴黎圣日耳曼在首回合以 4∶0 领先的情况下挥霍掉了大好局面，在次回合被对手以 6∶1 的成绩逆转。这次终极羞辱之后，卡塔尔的埃米尔亲自采取行动，签字批准了两笔足球运动历史上转会费金额最高的球员引进交易。2017 年 8 月，巴黎圣日耳曼向巴萨发起了一笔单线转会交易，以 2.22 亿欧元的价格将内马尔招入帐下，也拆散了梅西的"MSN"组合。这位巴西球星已准备好踏出梅西的阴影，而"大巴黎"则告诉他有一个舞台正为他虚席以待。当月，巴黎圣日耳曼又签下了法国前锋基利安·姆巴佩（Kylian Mbappé），1.8 亿欧元的转会费也让他成为历史上身价最高的 20 岁以下球员。

对于欧洲足坛那些致力于积累世代财富的保守派卫道士来说，他们绝对不会像这样挥金如土，但是卡塔尔和阿布扎比却仅仅用了几个夏季转会窗就浓缩了欧洲足坛此前数十年的全部"挥霍"数目。现在，巴黎圣日耳曼的海报上拥有了经典人物，曼城也浸润在舶来的文化中，这些有海湾国家作为后盾的俱乐部要前去重塑足球运动的世界秩序了。

终有一天，梅西和 C 罗也会适应并成为这些计划的一部分。然而在此之前，海湾地区与两位球星之间所建立的联系早已坚固地延续了多年。在地球上最富有的这群体育消费者们眼中，两人的形象以及他们偶尔的现身都是可供自已收集的奢侈品牌。

　　这也能够解释，为何出生于阿根廷罗萨里奥工人阶级家庭的梅西会和一位图尔基王子（Turki Al-Sheikh）成为亲密好友，后者可是沙特阿拉伯王储穆罕默德·本·萨勒曼（Crown Prince Mohammed bin Salman）的王室顾问和首席政治执行官。

　　将这位王子形容成地球上最浮夸的足球迷也毫不为过。此前，完全是一时兴起，他就曾买下了一支埃及的足球队，并将其改名为金字塔足球俱乐部。仅仅过了一年，感到厌倦的王子又把球队卖了出去。随后，他的兴致又转移到了西乙上，他收购了位于西班牙南海岸的阿尔梅里亚俱乐部。在掌管球队后的前两年，图尔基王子继续自掏腰包投入了超过 5 000 万欧元。为推动季票销售，俱乐部用其中的一部分投资购买了十几辆奥迪汽车作为抽奖奖品。这个抽奖活动吸引了大量观众，甚至连梅西都想要深入了解一下，虽然他在巴萨拥有自己免费获取奥迪汽车的渠道。

　　除了在收购球队方面有所涉猎之外，这位王子还展示了一个超级富有的球迷到底是什么样子。凭借着自己的财富和人脉，就像其他球迷收集球星贴纸一样，他不断"收集"着自己与超级球星的会面。从穆里尼奥到齐达内，再到策划了阿根廷队 1978 年世界杯夺冠场面的塞萨尔·路易斯·梅诺蒂（César Luis Menotti），一个个世界级名帅被他用飞机邀请到沙特召开私人教练研讨会。2018 年，在图尔基王子担任沙特娱乐总局主席一职期间，他在吉达组织了一场巴西和阿根廷之间的国际展演赛。一年之后，又把同样的对阵双方请到了沙特首都利雅得，并使梅西打入了这场比赛的唯一进球。

　　在自己与梅西的友谊中，看上去最让王子感到激动万分的还得是梅西发给他的专属问候。虽然王子对西班牙语一窍不通，而梅西也只能说极为有限的英语，但这并不妨碍两个人已经达到了互相直呼其名的交情。每次梅西给他发来视频，王子就会立即将它分享给自己在 Instagram 上的数百万粉丝："图尔基……生日快乐。"

为了避免被粉丝怀疑，王子对"C罗之队"敬而远之。但对C罗而言无所谓，在海湾地区，C罗也培养出了属于自己的一个有权势的仰慕者团体，也就是阿联酋政府。2020 年，该国为C罗签发了一张"阿联酋金卡"。尽管听上去像是一张花里胡哨的信用卡，但这张塑料卡片实际上可能比信用卡更有价值得多：它其实相当于一个 10 年有效期的阿联酋签证，专门为专业领域的人才所准备，能够赋予C罗在本地居留和经商的权利。

所以，当C罗开启自己一年一度的迪拜环球足球奖之旅时，这个签证就派上了用场。这又是一个奢华的颁奖典礼，没有悠久的历史，完全由一家市场机构凭空创造的。通过与欧洲足球俱乐部协会（European Club Association）的合作，迪拜环球足球奖为自己寻觅到了一些合法性的定位。这个组织充当着游说团体的角色，目的是保护足球俱乐部而非联赛的利益，而同样的合作还在迪拜环球足球奖和欧洲足球经纪人协会之间达成。具体是谁在幕后操纵着奖项的运作尚不清晰，但迪拜环球足球奖已经明白无误地赢得了门德斯和他旗下头号客户的大肆称道。

从 2010 年迪拜环球足球奖创办时算起，C罗已经 6 次赢得了年度最佳球员的奖项。与之相对的是，梅西仅仅获得了一次，而门德斯则在前 10 届评选中 9 次包揽了年度最佳经纪人的奖杯。2020 年，C罗和门德斯又分别被授予 21 世纪最佳球员和最佳经纪人的称号，尽管那时 21 世纪还有 80 年才会结束。这个有些显得"急切"的颁奖没有给任何人造成困扰。迪拜把奖颁给他们，其余的伟大球星也乐于顺水推舟、逢场作戏。因为这些奖项的作用全部都是用来准确强调，在这项全球化的运动中，现在是谁拥有话语权。

## 石油资本重塑足球运动

弗洛伦蒂诺此前从未给予过曼城和巴黎圣日耳曼太多关注。

毕竟，他可是皇马的主席，皇马是被官方承认的 20 世纪最佳足球俱乐部。曼城甚至在曼彻斯特都不是 20 世纪最佳足球俱乐部，巴黎圣日耳曼就更别提了，它在 20 世纪存在的时间连 1/3 都不到。

不过在 2017 年秋天，当弗洛伦蒂诺坐在办公桌后认真思考俱乐部和他担任主席一职的状态时，他的思绪完全被这两支国家俱乐部以及它们给皇马制造的威胁所占据，他可是花了将近 20 年的时间和 15 亿欧元才将皇马打造成如今的模样。

表面上看，皇马的运转还是一切如常。6 月，在 C 罗的帮助下，俱乐部刚刚庆祝了自己在欧冠中的又一次胜利，这已是它连续第二年夺冠，更是 4 年中的第三次问鼎。但是弗洛伦蒂诺很清楚，在风光的外表之下，俱乐部的根基已经开始发生动摇。这些大量涌入却又缺乏监管的石油资本已经扭曲了职业足球的整个商业模式。几天之后，他就要在皇马的年度全体会议上面向所有会员讲话，他们需要知道一些会令他们感到不愉快的事实。

"我们创建的运营模式已经展示出了效果，拥有最好的球员能够提升收入，"弗洛伦蒂诺的讲话开始了，"但是现在，寻找一个平等的环境展开竞争正在变得越来越困难。"

巴黎圣日耳曼之前阻挠了弗洛伦蒂诺试图让姆巴佩成为下一代银河战舰成员的行动，而这位皇马主席现在仍对此耿耿于怀。原来在当年的 7 月，弗洛伦蒂诺确信皇马已经同摩纳哥足球俱乐部（简称摩纳哥）达成协议，将以 1.8 亿欧元的转会费引进这名年轻的法国球员。曾经，姆巴佩的卧室墙上贴满了 C 罗代表皇马征战的照片，弗洛伦蒂诺知道，他非常渴望能够和自己的偶像在伯纳乌并肩作战。这桩转会交易实际上也非常接近于完成状态，《马卡报》甚至公开发表了姆巴佩那份 6 年合同的全部细节，根据这份合约，他的年薪将达到税后 700 万欧元。然而此时，这位球员的父亲威尔弗雷德·姆巴佩（Wilfried Mbappé）却通知皇马，巴黎圣日耳曼向他们开出了 1400 万欧元的年薪，是他和皇马那份协议的两倍之多。所以即使已经过了几个月，弗洛伦蒂诺仍对此愤愤不平。

巴黎圣日耳曼的所作所为几乎展现了国家俱乐部的一切缺陷。弗洛伦蒂诺本人就曾先后 5 次打破转会费世界纪录，惹恼他的并非巴黎圣日耳曼在转会市场上的荒唐报价，而是这家俱乐部给勉强能派上用场的球员也开出超级球星一样的年薪，从而大幅抬高了足球市场的薪资水平。当足球转会市场的金字塔顶端尚且只有皇马和巴萨两队时，维持一支全是球星组成的阵容就已经颇为不易，现在，这种"颇为不易"已经变为了"几乎不可能"。皇马和巴萨手头握着足球界最大的一笔年薪账单，两家俱乐部每个赛季在球员工资上的支出要比其他球队多出几乎 1 亿欧元。

弗洛伦蒂诺本人已经察觉到了这种变化。过去几年间，他签字批准了十几名一线队球员的续约和涨薪，其中包括由 C 罗、贝尔和本泽马组成的完整锋线，以及托尼·克罗斯（Toni Kroos）、卢卡·莫德里奇（Luka Modrić）、卢卡斯·巴斯克斯（Lucas Vázquez）以及伊斯科（Isco）等关键的中场球员，外加两名主力边后卫。在 12 个月的时间里，俱乐部的工资支出一下子跃升了 32%。而且这还没有结束，尽管去年秋天门德斯刚刚为 C 罗从俱乐部那里谈下了一纸新约，但他此时已经在烦着弗洛伦蒂诺索要另一份新合同和另一次涨薪了。考虑到纳税的问题，门德斯希望 C 罗的年薪能够与梅西和内马尔持平，从现在的税后 2 400 万提升到税后 3 500 万的水平。

为了能让自己涨薪，C 罗也在努力给门德斯提供大量的帮助。33 岁的他现在在球场上奔跑的速度比自己巅峰期时慢了一半，但是他的思维却比以往任何时候都更加敏捷，这使得 C 罗总能凭借自己的灵光乍现改写比赛结果。正如 2017—2018 赛季对阵尤文图斯的欧冠 1/4 决赛中，他那脚脱离了地心引力、让球迷陷入痴狂，也几乎摔断了自己后背的倒钩破门。

2018 年 4 月，在都灵的那个夜晚，达尼·卡瓦哈尔（Dani Carvajal）从禁区右侧送出传中，C 罗判断后决定，最好的得分机会需要将自己头朝下"发射"到空中。要想完成这一整套惊人的即兴体操动作，从自己背对着球门的初始位置开始，身体的每一个部位都需要进行精密的合作。用右脚发力腾空后，C 罗在半空中拧动着自己的身体，从而使双腿达到肩膀的高度，他双臂展开，以此保持上半身的平衡。与此同时，他身边几乎每个防守球员都仿佛完全被定住了一样，因为都在发出这样的感叹：我的妈呀！C 罗居然真的尝试这样打门。只见他率先挥动自己的左腿，然后是右腿，出于完美的本能，在距离地面 2.3 米以上的高度，他的右脚精准地找到了这脚传中的运行轨迹。C 罗射中了！

尤文图斯门将詹路易吉·布冯（Gianluigi Buffon）只能看着足球越过自己从左侧飞入网窝，他摇了摇头，无法相信这是真的。对于在欧冠中攻入惊世骇俗的进球，皇马主教练齐达内也颇有经验，但此时的他却把手放在了头顶上倒吸一口冷气，对自己刚刚目睹的画面敬畏不已。当时的尤文图斯球迷还不知道 C 罗之后有一天会为自己的球队效力，但即使如此，他们也觉得自己不得不为对手的这个进球起立致敬。

"C 罗攻入了第二个进球！"尤文图斯后卫安德烈亚·巴尔扎利赛后说，"这是一个在 PS 游戏里才会出现的进球。"

　　"你不过瘾吗？"勒布朗·詹姆斯在 Twitter 上大赞 C 罗，"这有点不公平了，他真是变态！"

　　皇马前后卫阿尔瓦罗·阿韦洛亚（Álvaro Arbeloa）则认为，这个进球的影响已经远远不止让球迷有过瘾的视觉享受。在他眼中，凭借着这次伟大的一跃，C 罗已经实现了超出地球之外的成就。"现在 C 罗应该离开地球和火星人一起比赛了，他已经完成了在这里的一切任务。"阿韦洛亚说道。

　　回到"皇马星球"，弗洛伦蒂诺控制开支的决心依旧不可动摇，即使门德斯打电话的次数愈发频繁，语气也更加暴躁，他也毫不松口。不过，这样的形势很快就令弗洛伦蒂诺难以维持，即使合同协商中没有清晰地出现巴黎圣日耳曼和曼城的名字，它们仿佛也总会潜伏在幕后。这两支国家俱乐部不仅仅靠超高的竞价从公开转会市场中截走自己心仪的球员，现在甚至开始用同一招将魔爪伸向已在自己麾下的球员。弗洛伦蒂诺早些年为俱乐部设计的良性循环模式如今面临着分崩离析的危险。

　　"如果我们不修改莫德里奇和克罗斯等人的合同，他们就会去其他的地方，"弗洛伦蒂诺对会员们说，其中的每个人都准确无误地知道他口中的"其他的地方"指的是哪里，"失去了这些能够赢得欧冠的球员，我们就会失去赞助商。"

　　2017 年，皇马已经将全世界最富有俱乐部的宝座让给了曼联，这是 11 年来的首次，俱乐部的收益没能在足球界排行榜里高居榜首。当时，同样被曼联夺走的还有球员转会费世界纪录，前一年夏天，它以 1.05 亿欧元的价格引进了法国中场球员保罗·博格巴（Paul Pogba），从而终结了圣地亚哥·伯纳乌此前对这项纪录长达 16 年的占有。雪上加霜的是，由于皇马与阿布扎比的国际石油投资公司之间就一份价值 4 亿欧元的新球场冠名权协议谈判破裂，导致弗洛伦蒂诺重建伯纳乌的宏伟目标迟迟无法步入正轨。巧合的是，这家公司的首席执行官哈勒敦·阿尔一穆巴拉克（Khaldoon Al-Mubarak）正是曼城的俱乐部主席。

不过，有一件东西于弗洛伦蒂诺而言至少短期内没有丢失的危险，那就是他的主席职位。通过逐渐修改俱乐部章程，弗洛伦蒂诺逐步提升了成为主席候选人的门槛，除了其他要求之外，想要竞选俱乐部主席的人必须至少拥有 20 年以上的会员资格，并且有能力向一家西班牙银行提供超过 7 500 万欧元的个人保证金作为担保。全世界能够满足每一项条件的人完全有可能只有弗洛伦蒂诺本人。结果，自 2009 年以后就再没有人在俱乐部主席大选中向他发起挑战了。

当弗洛伦蒂诺把目光瞄向本赛季剩余赛程，以及设想俱乐部的未来时，他很清楚需要做出改变。他以前就曾经重塑欧洲足坛，现在是时候再来一次了。几个月以来，一个全新的、不同凡响的计划在他脑海中逐渐成形，如果能够成功实施，皇马就能留在属于自己的足球运动的食物链顶端位置。

这项计划会遇到阻挠，这是当然的。弗洛伦蒂诺知道，那些保守的传统主义者会大声嚷嚷着什么商业化或者足球运动的灵魂之类的东西，但他并不在乎，乱世本来就需要重典。如果他能让公众也为这项计划买单，那么这就将成为对于世界足坛现行秩序的大胆重建，进而为皇马开启一个新的黄金时代。

弗洛伦蒂诺认为，是时候建造一座主题公园了。

## 将皇马转型为超级品牌

对于伯纳乌的拥趸来说，过山车和碰碰车绝对算不上是他们在休赛期所期待的理想引援。新赛季刚到 10 月初，巴萨就已经以 5 分的优势领跑西甲积分榜，而皇马的银河战舰自 2014 年哈梅斯·罗德里格斯（James Rodríguez）加盟之后还没有迎来任何一位新成员。

但是在弗洛伦蒂诺看来，一个主题公园和一位银河战舰的新援没有什么不同，他计划中的下一个阶段是将皇马从一家足球俱乐部转型成为一个全球性的超级品牌，这些都是自己这一至高理念中的一部分。此前，弗洛伦蒂诺已经凭借从迪士尼的《狮子王》那部电影里汲取到的商业灵感将皇马推到了世界之巅，现在他计划修建属于自己的"飞越太空山"①来让俱乐部长久地留在那里。

其实，建造一座游乐园的念头已经在弗洛伦蒂诺的脑海中存在了很多年。早在 2004 年，俱乐部就曾内部讨论过这一话题。距现在更近的一次，则是俱乐部授权阿联酋的一个豪华度假区以自己的名字命名，其中包括一座主题公园、一座俱乐部博物馆，以及以皇马队徽为外形的游艇码头，结果这个项目最终因资金短缺而流产。现在与那时的不同之处在于，这种大胆的创新之举如今已不再是一个主观意愿上的幻想，而是一个必要的财政措施。唯一能让皇马跟上曼城和巴黎圣日耳曼脚步的方法，就是找到新的收入来源。

弗洛伦蒂诺对于这个计划的实施非常乐观，他甚至都已经开始对每个游乐设施进行简要的设计，而这些设施都将以俱乐部历史上的传奇球星命名。参观了阿布扎比的法拉利世界主题乐园之后，他的脑海中勾勒出这样的画面：过山车那一条条令人头晕目眩的下坡和一圈圈让人神魂颠倒的翻滚好似足球在空中的运行轨迹，可以借此唤起人们对一些经典进球的美好回忆，例如 2002 年欧冠决赛齐达内打入的那脚"天外飞仙"。当然，弗洛伦蒂诺对于机械工程学一

---

①迪士尼主题乐园的经典游戏项目。——编者注

窍不通，对于运营游乐园的生意经所知更少，不过这些对他来说都是小问题。他只要认识懂这些的人就够了，而且这一次，他恰好认识一些可以给新项目提出宝贵意见从而帮助他取得成功的人。

在长期担任迪士尼首席执行官的迈克尔·艾斯纳（Michael Eisner）带领下，一组前迪士尼管理人员受弗洛伦蒂诺邀请来到位于伯纳乌的俱乐部董事会会议室，在这里听弗洛伦蒂诺为自己的"皇马乐园"设想唱高调。"在我们的足球世界里，我们就像迪士尼一样伟大，"据一名参会的管理人员透露，弗洛伦蒂诺在会上如是说道，"皇马必须做出这样的创举，因为我们是全世界的头号俱乐部，我们今后能继续维持这个地位的唯一方式，就是永远成为第一个大创新家。"

随着弗洛伦蒂诺继续将自己的愿景铺陈开来，出席会议的管理人员很快明白过来，这个创新计划要比自己一开始认为的宏大很多。弗洛伦蒂诺的计划不只是要修建一座皇马主题公园，还要为俱乐部建造一个新的总部。根据他的构想，新的总部将由一大片多功能训练室和娱乐综合体构成，其中将包含一座游乐场，以及从 7 岁以下年龄段梯队直到一线队的全部训练场地设施。他甚至设计了一个特别的全新景点，能够容纳 9 万名观众，并且每次都能为他们提供绝不重样的独特体验。

此外，弗洛伦蒂诺还将为皇马建造一座新的球场，让伯纳乌成为历史。

当他讲完的时候，艾斯纳和顾问们都被这份提案的规模所震撼。即使在一切都十分顺利的情况下，建造一座主题公园都是一项颇为冒险的工程，而同时建造一座主题公园、一个训练基地，外加一座顶尖水准的体育场看上去更是一种全然不计后果的莽撞行为。弗洛伦蒂诺察觉到了他们的顾虑，他向大家展示陈列在会议室内的奖杯。俱乐部全部 12 座欧冠奖杯的复制品排成两列，位居中间的是一个小的银色圆形奖杯，它安放在一个玻璃底座上，上面刻有官方认证皇马作为国际足联 20 世纪最佳俱乐部的文字。"其他所有人都在为这些奖杯而奋斗，"弗洛伦蒂诺说，把手挥向那些欧冠奖杯，接着他又指向了中间这座小奖杯，"而皇马则是为这一座而战，我们想赢得它的下一座奖杯。"

弗洛伦蒂诺的强大自信和清晰愿景给艾斯纳的团队留下了深刻的印象，然而他们对提案中的一些基础要素却不怎么"感冒"。这个团队几乎花了整整 3 个月的时间仔细研究这项计划，然后反馈给了弗洛伦蒂诺一大堆他们的担忧，其中一项是，马德里已经拥有了一座华纳主题公园，因此"皇马乐园"的潜在游客也会有被对手"侵蚀"的风险。此外，如何能吸引消费者长时间驻足，而不是只逗留一天两天，这个提案也缺乏相应的计划，这将导致主题公园很难达到收支平衡，想要盈利更是天方夜谭。

除了建造这些主题公园所需要的经济学的基础知识外，艾斯纳的团队还"弱弱地"质疑了一下，让一座面向公众的主题公园坐落在一个职业球队的总部内，这样的计划是否明智。他们特别提到了从弗洛伦蒂诺设想中发现的一个隐患：主题公园会直接连通到俱乐部的训练场，从而使游客们能够像领略迪士尼动物王国一样近距离观赏皇马的一线队训练。这些来自美国的管理人员解释说，这会使得社会上大批的观众能够随心所欲地接近球队的训练活动，从而有可能致使球队的关键信息遭到泄露。

"如果你接下来有一场对阵巴萨的比赛，那么你可能就不希望人们观看你的训练，因为很可能就会有一名巴萨球迷将整个训练过程录下来，并研究清楚你的战术。"一位管理人员说道。

弗洛伦蒂诺认真地考虑了这个建议，然后否决了它。"不管怎样，人们都能看到这些东西的。"他说道。

最终，一个远比加泰罗尼亚间谍更为致命的因素扼杀了这个皇马的主题公园计划，那就是钱。弗洛伦蒂诺此前已经确保了将近 14 亿欧元的资金，并与当地政府就占用一处占地面积为 52 公顷左右的地点达成了初步协议，这片土地位于马德里机场附近，也将球队的巴尔德贝巴斯训练综合体的一部分包含在内。然而，艾斯纳的团队认为，这点资金和土地都远远不足以实现如此一项计划。尽管航拍镜头显示，这片土地足够容纳一座体育场、训练基地以及主题公园，但是对于这个量级的项目来说，这些还远远不是全部。一旦你开始将酒店和会议中心等设施考虑在内，那么你就至少需要 100 公顷左右的土地，他们还估算，整个项目的总开支将达到 25 亿欧元，比之前的预算高出了 75%。

这是一个连弗洛伦蒂诺都不愿去预估的价格。随后几周时间里，随着皇马继续朝着 2018 年的欧冠冠军迈进，主题公园计划也被悄悄地束之高阁。不过，"足球俱乐部要建造主题公园"这个想法却并没有消失。

为足球运动解锁新的收入来源，弗洛伦蒂诺的探索还在继续。

第 10 章

# 超级巨星的超长巅峰期带来的难题

和皇马一样，巴萨同样也有一个关于钱的苦恼，但他们的苦恼是手头还有太多钱没花出去。

巴萨的账户里，巴黎圣日耳曼为引进内马尔打过来的 2.22 亿欧元对于任何一家足球俱乐部都是一笔巨额财富。巴萨主席巴托梅乌原本并不想失去这名巴西球员，但他明白，这笔突如其来的巨款能够为自己提供一个千载难逢的机会。凭借合理的战略规划和稳健的财政政策，俱乐部就能用充足的资金实现球队阵容的大规模更新换代，为梅西带来一批活力四射的青年队友，并且能够帮助球队收获一连串的成功，从而将辉煌延续至下一个 10 年中。

巴托梅乌同时也清楚，没有人会买背后只是印着"战略规划"或是"稳健财政"的球衣。

在俱乐部会员们的眼中，巴托梅乌是那个让球队失去了内马尔的人。足球界里，俱乐部主席只有一种方法能平息这些支持者的怒火，那就是为球队签下一位大牌球星，像炫耀一座闪闪发光的奖杯一样将他展示在他们面前。在巴托梅乌探索引援的过程中，大笔大笔的金钱将会被巴萨花掉，就好像一个同时拥有信托基金和买鞋嗜好的青少年一样花销巨大。

在职业足球领域，狂野而鲁莽的消费本身就是这里唯一的消费方式。但即便如此，在内马尔离开之后的 18 个月里，巴萨开启的那场"疯狂购物"行动，仍可被列为这个领域所见证过最为狂野鲁莽的消费行为。当这场"火力全开"的引援行动终于告一段落的时候，巴萨已经在转会市场上豪掷了超过 7 亿美元转会费，又在球员工资上花费掉了数亿美元，将俱乐部的未来抵押在这批高价引援的球星上，希望他们能够在短期内就为球队建功立业，但实际上他们却从未达到俱乐部的预期。

不过，这些挥霍并非仅仅是巴托梅乌的自保行为。虽然感受到了来自本队球迷和皇马的压力，但是真正迫使他不得不挥金如土的最大原因来自巴萨球队中那个最矮的球员。是的，仅仅是梅西的存在就足以命令俱乐部每个赛季都要在转会市场上孤注一掷。

没错，当球队拥有一位正身处巅峰期的历史最佳球员时，这就是唯一的行事方式。没有所谓的重建或者过渡赛季，也不要尝试什么着眼于未来的引援，赢在当下就是唯一要紧的事情。因此，当梅西仍然处于职业生涯巅峰的时候，为了给他在身边配备一支市场上能买到的最佳团队，巴萨的管理层认为他们有义务花掉每一分钱，只要在这方面没做到位就无异于一种对足球的犯罪。然而令他们多少有些尴尬的是，梅西的巅峰期已经步入了第二个 10 年，但在短期内还丝毫没有告一段落的征兆。

此时的梅西已过而立之年，在这个年纪，绝大多数足球运动员已经在为自己那咯吱作响的膝盖和日渐消退的发际线感到忧虑，甚至产生了人生苦短的感伤，但梅西在球场的速度却没有变缓的迹象。实际上，在梅西职业生涯第 14 个赛季来临之际，距离他第一次被认定为世界最佳球员已经过去了将近 10 年，可梅西还在变得更加优秀。

2017—2018 赛季，巴萨失去了内马尔并迎来了新任主教练埃内斯托·巴尔韦德（Ernesto Valverde）。这个赛季中，梅西在场上移动到了中路更深的位置，回撤到苏亚雷斯身后。在更加接近球场正中央的位置，梅西对于球队进攻的作用更加关键，他仍像往常一样进球如麻，并且为全队创造了更多破门机会。梅西在本赛季西甲中一共斩获了 47 个进球和 21 次助攻，不仅高居射手榜和助攻榜榜首，在射门数、创造机会、成功盘带、禁区外进球、禁区内进球以及通过任意球进球等多项数据统计中也名列第一。在 30 岁的时候，梅西这一系列数字不仅对于绝大多数球员而言已是出类拔萃，甚至对他本人的过往成绩来说都堪称优秀。

此外，梅西的身体机能也没有衰退的迹象。事实上，此时梅西的身体正处于他人生中的最佳状态，而这要归功于他对自己饮食习惯的微调。比萨、百事可乐、爆米花和优质牛肉构成了以前梅西饮食结构的主要部分，但在 2014 年世界杯之后，他开始咨询一位营养师的意见，在减掉了糖、意大利面、小麦和白米饭的摄入之后，他不仅减掉了 3 公斤左右的体重，那些毁了他职业生涯早期的恼人伤病也很少再找上门来了。从 2009—2010 赛季起，梅西是西甲中除门将之外出场时间最长的球员。

以上这些都使得巴托梅乌对于如何花掉这笔 2.22 亿欧元的巨款感到更加焦虑。梅西的职业寿命已经令人惊叹，他还始终维持着极其优异的水准，对于俱乐部高管而言，这也意味着他们没有任何过往的发展蓝图可以效法。巴萨曾经打造出克鲁伊夫麾下的"巴萨梦之队"，后来传承给瓜迪奥拉的阵容也是绝妙的手笔，但现在，他们没有时间像过往一样再重新培育一代新的中场魔术师。而且在那些有着美好旧时光的年代，这笔钱也没法花，因为俱乐部的转会操作在当时很少成为令人瞩目的焦点。瓜迪奥拉从俱乐部青训营之外签下的球员往往都成为最令他失望的引援，这也是他执掌球队期间的一个小秘密。

但是现在时代变了，笑傲世界足坛的 10 年间，梅西已经彻底改写了打造一支冠军球队的公式。

弗格森曾发表见解说道，一支伟大球队的存续周期往往在 4 年左右，这也通常与一位球员的巅峰期相吻合。正如这位前曼联主教练的其余言论一样，这句话也马上被公认为足球运动中的醒世智慧。然而，弗格森从未预料到有梅西这样的球员出现，他一个人的"夺冠窗口期"已经敞开了将近 15 年。在瓜迪奥拉时期，梅西就已经获得冠军了，在"MSN"组合时期他也有一个欧冠冠军奖杯入账，现在他已经准备好开启一个新的周期了，一个几乎要靠一己之力引领球队赢得荣耀的周期。

## 巴萨的"疯狂购物"

在巴托梅乌看来，自己已经别无选择。当然，他在公众面前还说着正确无比的话，承诺自己会将内马尔的转会费"稳健、缜密、悄无声息地"投入转会市场上。但私下里，巴萨的高管们却让他们的计划尽人皆知，他们希望能立即将阵容更新换代，从而为梅西职业生涯的"第三幕演出"提供强力支持。2017年夏季转会窗关闭的前三周，一则流言在经纪人、中间人和对手的管理人员之间不胫而走，那就是巴萨要在球员转会市场上引发轰动了。

在足球界，这种信息得以四散传播绝非好事。巴萨高管们很快就会发现，当所有人都知道你准备在转会市场里消费的时候，没有任何时候比此时此刻更容易被人狠宰一刀了，这就好比你在二手车市场里闲逛的时候把自己的支票簿交到了销售员手里。

很快，多特蒙德足球俱乐部（简称多特蒙德）的主管们从德国看着巴托梅乌动身前来。

8月底，巴托梅乌动身前去与多特蒙德的高管们会面，就年轻的法国前锋奥斯曼·登贝莱（Ousmane Dembélé）转会一事展开协商。由于这属于欧洲足坛转会事务，因此这家德国俱乐部和西班牙冠军之间的谈判在摩纳哥的蒙特卡洛进行。一年之前，登贝莱加盟多特蒙德时的转会费仅为1 500万欧元。据《纽约时报》报道，这次会谈之前，巴萨针对引进登贝莱敲定计划，表示最多会为这个法国人付出8 000万欧元的转会费，而且如果他们听到任何高于这个价格的要求就会坚决地立即转身走人。在双方进入会议室之前，巴托梅乌和他的主要谈判对手互相拥抱，就好像他们在诺坎普的通道里一样。

然而进到会议室之后，对手就给他们呈上了一个"大惊喜"。多特蒙德高管说自己要赶飞机，没时间和他们闲扯。他们声称，对于登贝莱的转会，他们不会接受任何低于1.62亿欧元的报价，而这个价格将使登贝莱在当时成为历史上转会身价第二高的球员。事后证明，巴萨之前下定的决心还不如一块西班牙焦糖蛋奶冻牢固，巴托梅乌十分麻利地就对这个狮子大开口般的要求照单全收，同意先支付一笔1.05亿欧元的转会费，另有4 200万欧元的浮动奖金。巴托梅乌实在不敢双手空空地回家。

仅仅过了几个月，巴萨又从利物浦引进了来自巴西的进攻指挥官菲利普·库蒂尼奥（Phillipe Coutinho）。巴萨高管们看起来又在谈判桌上经历了一场大败，让利物浦从最初的8 100万欧元报价一直抬到最终敲定的1.6亿欧元。

只用了不到半年的时间，巴萨就把用内马尔换来的这笔意外之财消耗殆尽，而他们很快就意识到他们将局面完全搞砸了。库蒂尼奥到来后还没过半年，俱乐部就已经积极尝试将他卖掉。而他们之所以没将登贝莱放入转会市场的唯一原因在于他始终处于一种"不积极"的状态。加盟巴萨后的四年半时间里，这位法国前锋只代表球队首发出场过 58 次，却由于受伤和生病错过了多达 102 场比赛。

内马尔的转会费已经一去不返，但他在巴萨阵容中留下的"人形空缺"却依旧存在。接下来，巴萨的行为就像一个被几把臭牌折磨得精疲力尽的赌徒，他们又借了一些钱，重新回到了赌桌上。2019 年 7 月，通过抵押未来的收入，巴萨获得了一笔贷款，用来支付马德里竞技为经验丰富的法国前锋安托万·格里兹曼（Antoine Griezmann）所设置的 1.2 亿欧元解约金。而格里兹曼最终同样成为巴萨的一笔彻底失败的引援。

登贝莱、库蒂尼奥和格里兹曼 3 名球员的转会费总和达到了 4.27 亿欧元，而这只是巴萨挥霍掉的数亿欧元中的一部分。从很多方面来看，溢价购买球员只是俱乐部诸多问题中最小的那个。

更令人不安的是俱乐部在这一连串转会事件中展现出整体思路的缺陷。每个球队在转会市场上都会有看走眼的时候，巴萨一连串惨痛经历中真正值得注意的是，这些球员的档案中早已显示他们并不是球队目前合理的引援选择。库蒂尼奥被说成能够填补伊涅斯塔留下的空缺，然而实际上，在以传球为乐的巴萨中场，库蒂尼奥既缺乏在紧凑的范围内与梅西进行传切配合的技术，也没能获得在利物浦时带球疾进的空间，因此只能绝望地扮演一个不合时宜的角色。在主打反击的马德里竞技阵中，格里兹曼活力四射的表现让自己成为球队最主要的进攻威胁。但在以控球为主的巴萨，他被要求成为梅西之后的第二火力，这也使他在球场上彻底迷失了自我。在巴托梅乌治下，俱乐部在 6 年时间内走马灯似的换掉了 5 位体育主管，因此发生这样的事情也就不足为奇。俱乐部的引援计划毫无条理，对新援该如何在球队中发挥作用也缺乏远见。造成这样的局面并非仅仅是巴萨的运气不好，而是整个操作过程都糟糕透顶。

巴萨的高管们快速烧光了足坛历史上最大的一笔"横财"，却没给球队阵容带来任何显著的提升，这看上去令人感到不可思议。不过考虑到运营这家足球俱乐部的人并不认为自己的工作职责是领导球队，一切就都变得容易理解了。当 2014 年巴托梅乌当选为俱乐部主席时，他的首要目标是要领导巴萨成为历史上第一家年收入突破 10 亿欧元的俱乐部。他在纽约、香港和上海都开设了俱乐部办公室，往返奔波于世界各地，努力争取蓝筹企业的支持，而这些都是为了使巴萨成为国际大品牌。

巴萨尝试专注于球场之外的商业表现，这样做的全部意义在于将俱乐部与球队在赛场上的成绩进行"割离"。巴萨在尝试模仿曼联的商业模式，最终的结果则是，球员在球场上的胜负不再是俱乐部首要考虑的因素。在这样的背景下，他们将内马尔离队后的转会战略彻底搞砸也就不足为奇了，这实际上也是不可避免的。其实，一位擅长指出结构性漏洞的专家几年前就预见了巴萨这场全盘崩溃的到来。"钱只是次要的，"克鲁伊夫早在 2015 年指出，"原则和价值观应该居于一切之首，而巴萨已经失去了它们。"

最糟糕的是，这波巴萨高管欠考虑的疯狂引援已经给俱乐部造成了沉重的负担。此前的球队阵容中就已经囤积了多位薪资昂贵的老将，这些高价新援的涌入直接将巴萨在工资上的开支水平推到了极限。梅西在 2017 年 11 月签下的新合同使他成为世界上工资最高的球员，同时还包含一项高达 8.35 亿美元的买断条款。这让俱乐部的财政状况彻底失控了，巴萨现在每年的工资总额达到了 4.87 亿欧元，不仅冠绝世界足坛，甚至比其他任何一家俱乐部都至少高出了将近 1 亿欧元。2012—2013 赛季时，俱乐部的工资开支还只占年营业额的 42%，现在这个比例直接飙升到 70%，已经触及了欧足联规则允许范围内的上限。

"这场疯狂消费是现象级的，"前巴萨主席候选人维克托丰特后来说，"而其中绝大部分的决定都是错误的。"

## C 罗与尤文图斯的"公司并购"

弗洛伦蒂诺也对这种现象级的疯狂消费和俱乐部高管大错特错的决定了如指掌，因为类似的情况也发生在他的银河战舰工程上。就在他思考该如何对待自己麾下那些年华不再的超级球星时，21 世纪初那令他心碎的惨痛教训仍然萦绕在他心头。

事实上，由超级球星的超长巅峰期所产生的难题，绝不只是梅西和巴萨独有，皇马同样已经与这个略显尴尬的问题斗争了好几年。到 2018 年 2 月，C 罗就年满 33 周岁了，而此时的他仍然是一个现象级的得分手、一个球队守护神般的存在，而且至少在他自己眼中，还是全世界最帅的人。但是这一切还能再延续多长时间呢？弗洛伦蒂诺又将花费怎样的代价才能找到答案？

和巴萨与梅西之间的情况有所不同，皇马对 C 罗的绝大部分巅峰岁月所采取的"压榨"策略真正起到了作用。比如 2018 年 5 月，他们击败利物浦夺得了本赛季欧冠冠军，也成为这项赛事的现代历史上第一个连续三个赛季捧起冠军奖杯的球队。虽然看上去这个结果是花费了很多金钱"堆出来的"，但这一波连冠最终得以实现，完全是因为俱乐部中最重要的三个人目标一致。C罗、弗洛伦蒂诺以及主教练齐达内都清楚，只有赢得更多的欧冠奖杯，才能立刻让自己熠熠发光。就当梅西还在同一连串巴萨主教练争论不休时，弗洛伦蒂诺已于 2016 年将银河战舰成员之一的齐达内"开发"为主教练，让他来帮助

C罗延续高光表演，因为只有一位前银河战舰成员才能真正理解C罗。与C罗这种球员打交道，你要给予他一些忍让以及战术上的尊重，还要知道不该在什么时候插手他的事务。最重要的一点在于，C罗能听得进去齐达内说的话，这要归功于齐达内的职业生涯所取得的杰出成就。

"你需要那些具备高水平球员经验的人，因为现在球员的心理特点变化太大了，"法国队前主教练雷蒙·多梅内克（Raymond Domenech）说，他曾带领拥有齐达内的法国队闯入世界杯决赛，"他们的自我体系非常庞大，你得有那些仍然能镇得住他们的人。"

齐达内和C罗一致认为，最英明的决策是让C罗在对阵一些实力较弱的对手时轮休，然后在欧战赛场那些规模最盛大的足球之夜可以火力全开地比赛。连续3个赛季，C罗都荣膺欧冠金靴奖，平均每场进球超过了1个。这些就是C罗需要的全部证明。

"别问我为什么，"C罗当时说道，"但真相就是，球员们觉得和齐祖[①]有更多共鸣。"

对于弗洛伦蒂诺而言，他大肆烧钱的势头并没有怎么放缓，但皇马的钱大多是用在了为球员涨薪上，借此尝试维持球队现在星光熠熠的阵容。和巴萨不同，弗洛伦蒂诺已经悄悄停止了那种一掷千金引进大牌球星的行为。自从C罗的30岁生日过后，新一代的银河战舰就再没有新的成员加入。2017年9月，当皇马发布自己的财务报告时，它的账户上已经显示有1.78亿欧元的现金结余。

---

①齐达内在队内被队员称为"齐祖"（Zizou）。——编者注

　　这个结果并非偶然。如前所述，弗洛伦蒂诺担任皇马主席的第一段任期最终以一场宣布自己辞职的耻辱性新闻发布会告终，自那之后，他就发誓不会再犯下那些最终导致银河战舰倾覆的错误。至于这个项目，他已经让它慢慢度过了"保质期"，因为自己实在没有勇气推倒重来一遍。弗洛伦蒂诺向那些曾为伯纳乌奉上无数激情与幻觉的超级球星说了再见，这一回一定要和以前有所不同。他不会允许又一个项目在自己的注视和管理下慢慢萎缩。

　　于是，弗洛伦蒂诺想出了一个新奇的主意来解决这个关于球员职业生涯寿命的问题。2018 年夏天，此时距离 C 罗捧起自己第四座欧冠冠军奖杯刚刚过去了几周，而他的续约谈判也于几个月前陷入僵局，弗洛伦蒂诺安排了一场同门德斯的会面，他希望能够亲自向门德斯传达这个消息。

　　于是，在 438 次出场中攻入 450 个进球之后，C 罗可以离开皇马了。

　　C 罗随后加盟尤文图斯的行动与其说是一次转会，倒不如说更像是一起公司间的"并购"事件。

　　其中的一方是"C 罗股份有限公司"，这是一家拥有国际品牌知名度、高收益能力以及一位关键人物的跨国企业。另一方则是"尤文图斯公司"，这家创立已有 121 年的公司由菲亚特·克莱斯勒（Fiat Chrysler）帝国的后裔运营，并在股票交易所里公开交易。这支昵称为"老妇人"的俱乐部位于都灵，是这个有悠久的足球历史的国家中迄今为止最为成功的球队，相当于意大利足球界的纽约洋基队。巧合的是，两支球队的主场球衣甚至都是条纹衫。尤文图斯已经累积了 30 多座意大利联赛的冠军奖杯，俱乐部的影响力愈发强大，以至于基本上能够让意甲屈从于自己的意志，尽管并非每次都是通过合法的方式。2006 年，由于一桩被称为"电话门"的大型贿赂与操纵比赛丑闻，尤文图斯被逐出了顶级联赛。不过，对它而言，屈尊乙级联赛的尴尬毕竟只是暂时的，

2018 年 7 月，当俱乐部将注意力转移到 C 罗身上时，他们已经重新牢牢占据了意大利足球之巅长达多年。尤文图斯用一纸为期 4 年的合同将 C 罗作为球员和国际代言人的公司业务搬到了都灵，从而拥有了 C 罗这个重量级同盟。

自 7 月初就开始有流言不胫而走，C 罗转会尤文图斯的新闻最终在 7 月 10 日这一天曝出，很快就成为体育界最重磅的消息，当晚即将在圣彼得堡进行的那场世界杯半决赛都已经变得无足轻重。"他叫作克里斯蒂亚诺·罗纳尔多，他现在正式成为斑马军团①的一员！"俱乐部的公告很快让这场法国与比利时之间的比赛热度相形见绌。

到了 2018 年 7 月 18 日，尤文图斯的股价已经飙升了 32%，股票市值增加到将近 9 亿欧元。C 罗此时甚至还没为新东家踢过球，但是已经预示出鼓舞人心的迹象，那就是尤文图斯在他身上的豪赌很可能取得成功。

尤文图斯也急切地希望 C 罗能够带来成功，因为这笔转会交易可不是什么包赚不赔的生意，而是俱乐部历史上最大的一场赌博，它此前从未把如此多的筹码全部压在一名球员身上。单是支付给皇马的转会费就高达 1.17 亿欧元，而 C 罗一个赛季的工资更是达到了税后 3 100 万欧元。尤文图斯财务手中账单的真实数目累积起来比这还要更高得多。

在 C 罗的合同存续期间，将他的总工资和分期支付的转会费都算在内，尤文图斯将他带到意大利所付出的真实代价体现在俱乐部账簿上是每年 8 600 万欧元。

---

①尤文图斯的主场队服是黑白间条衫，和斑马花纹比较像，所以被球迷称为斑马军团。——编者注

在这场企业并购中，尤文图斯此次的尽职调查与签下其他球员之前的工作有些许不同。首先，他们不用考察 C 罗。像对待一个潜力新星一样，通过一遍遍看他的比赛录像来判断他最终能否成才，这种操作属实没有必要。他可是 C 罗啊——看看他的奖杯清单吧！

尤文图斯仍然能够意识到，它所签下的不是 2003 年的 C 罗或者 2009 年的 C 罗，甚至也不是 2016 年版本的 C 罗。尽管 C 罗像以往任何时候一样努力地保持着身体状态，但他毕竟已经 34 岁了，当合同期满时更是会达到 38 岁的"高龄"。而事实上，这个夏天，门德斯曾提出重返曼联的可能性，结果却被这家英格兰俱乐部告知他们会严格地执行专注于青年杰出球员的策略。

不过，C 罗能否在赛场上取得成功只是尤文图斯考量的其中一部分因素。决定是否签下 C 罗之前，俱乐部同时征询了体育和商业两个团队的建议，这也是俱乐部历史上的首次。当双方都对签约表示可以"开绿灯"之后，尤文图斯主席、菲亚特集团创始人的曾孙安德烈亚·阿涅利（Andrea Agnelli）登上了一架飞往希腊的飞机，与正在那里度假的 C 罗会面，推动这笔交易最终的达成。

尤文图斯此举是在为进球投资，或许也是为了一些奖杯，但最为重要的是，它希望能从全世界给予 C 罗每日生活的大量关注中分一杯羹。加盟尤文图斯的时候，C 罗在全球各主要社交媒体网络中的粉丝量达到了 3.32 亿，比自己新东家尤文图斯的官方粉丝量的 6 倍还要多。对于尤文图斯来说，单是这曝光度就值得自己掏钱，CR7 本身就相当于一个"真人版"的转发按钮。

在 Instagram 上，尤文图斯的官方粉丝量在 3 月时还只有 910 万，到 9 月时直接上升到了 1 610 万。在 Twitter 平台上，俱乐部的粉丝总数在两个月时间内提升了 5%。皇马 Twitter 上的粉丝数也显示出了显著变化：在 C 罗离队后的几周时间里，它失去了多达 30 万的粉丝。

这些变化只是开始。用专用术语来说，尤文图斯签下 C 罗，是期待在自己的每一项收入来源中都能取得由 C 罗驱动的增长。在双方秘密协商期间，同时也是在这笔交易被公之于众之前，俱乐部就已经在没有引起观众注意的情况下将季票价格提升了 30%，并卖出了全部 29 300 张票。俱乐部同样预判，自己同阿迪达斯和提供球衣广告赞助的 Jeep（部分属于阿涅利领导的菲亚特 – 克莱斯勒家族）终于能够一飞冲天，从而缩小与足球市场营销届的"三巨头"——曼联、巴萨及皇马之间的鸿沟。这三家俱乐部每年能从球衣胸前广告上分别挣到 1.56 亿欧元、1.4 亿欧元和 9 500 万欧元的赞助收入。与此同时，意大利最成功的俱乐部却只能从中拿到 4 000 万欧元。

这道鸿沟的形成很大部分要归因于这样一个简单的事实：意大利足球的发展态势已经持续滑落了 20 年。作为 20 世纪 80 年代到 90 年代全世界最负盛名的足球联赛，意甲自 90 年代之后就陷入了严重的停滞。2018 年，意甲一年内从电视转播商那里获得的收入只有 14 亿欧元，连英超天价转播收入的一半都达不到。意甲球星成群结队地涌向英格兰和西班牙，毕竟那里的电视转播收入能更加自由地流入俱乐部的口袋中，俱乐部转而继续将这笔钱投资到顶级球星、精英教练，以及光鲜亮丽的新球场上。与此同时，意甲却只能靠着劣质的电视节目和年代久远的体育场苟延残喘，这些球场中很多自 1990 年意大利举办完世界杯之后就再也没有翻新整修过。尤文图斯是仅有的几家从零开始修建了一座新球场的俱乐部，于 2011 年启用了被称为安联球场的新主场。

2018 年的夏天足以让尤文图斯感到未来的发展很乐观。由于 C 罗的加盟，尤文图斯预计其商业运营的每个方面都会有所动荡。俱乐部可以以"与 C 罗联系在一起"为由，"勒索"现有的赞助商支付更高的费用，也可以在全球范围内仔细搜寻新的赞助商，同时利用自己拥有的一部分 C 罗肖像权赚钱，尤其是在亚洲。毫无疑问，随着世界球迷的目光像昔日追随皇马一样转移到尤文图斯的比赛中，意甲的营收也会随之产生震荡。如果 C 罗在球场上完成了他应当的工作，甚至会有更多的奖金从欧冠赛场上注入这里。总之，只要一切按计划进展，俱乐部不仅能在与 C 罗的 4 年合同期限内收回成本，还能从中盈利。

而 C 罗本人也没用多长时间就开始为尤文图斯发挥作用。上一次加盟皇马时，虽然那时的他已是全世界身价最高的球员，刚刚赢得了金球奖，但在其余人看来毕竟还只是一个普通人罢了，还没有人把他置于历史上最伟大球员的行列。但在尤文图斯，他是以一个完完全全的历史缔造者身份到来的。从 C 罗迈入俱乐部大门的这一刻起，他就成为这支球队薪水最高也是最成功的球员。

C 罗在足球界的巅峰上已经驻足太久，他的一些新队友从十一二岁起就把他视为自己崇拜的偶像，而现在的他依然强壮。C 罗就是活着的传奇，是仍能翻雨覆云的球界元老，犹如拥有一身肌肉的老家伙，徘徊在健身房里纠正别人的硬举技术。

"作为一个球员，我的求胜心很强……这个家伙的求胜心也很强，"球队的美国中场球员韦斯·麦肯尼（Wes McKennie）说，他从小在得克萨斯州的小榆树镇看着 C 罗踢球长大，很快就发现自己竟然能受到 C 罗的教导和关照，"我就像是，'好吧，如果他要去健身房，那我现在也马上赶过去'的那个人。"

当时距离 C 罗偷偷溜进里斯本竞技健身房的时候已经过去了将近 20 年，足球在此期间发展成为一项更加明智、更注重细节表现的运动。运动员的膳食更健康，赛后恢复也更为理想，因此运动员处于巅峰状态的时间也比历史上的任何时期都要更长。研究数据表明，欧冠参赛球员的平均年龄从 1992 年时的 24.9 岁增长到 2017 年时的 26.5 岁。然而即使按照足球运动如今对身体机能的新标准来评判，依旧没有任何人比 C 罗更加精心地照料自己的身体。

每一场比赛后，尤文图斯都会让球员选择是否就在更衣室里接受按摩，而 C 罗从未错过其中任何一次。当球队搭乘航班从遥远的客场之旅打道回府，球员们到达训练场取车的时间通常已经过了凌晨 2 点，C 罗仍然会脱到只剩一条紧身内裤，然后来一次冰浴治疗。

队友们觉得他就是个变态，但他们也正想成为像他一样的人。

"他的干劲、思维、稳定性，还有对于自己身体的保养，这些和我们都不是同一级别的，"麦肯尼说，"只是看着他做这些事情都会促使你去成为一名更好的球员。"

在 C 罗三十四五岁的年纪，他的尤文图斯队友近距离地观察到了他在球场上的剧烈转型。C 罗的 1.0 版本是里斯本竞技和曼联时期那个狡黠机智的边锋。加盟皇马后，他的 2.0 版本又升级为一个十分全能且于别人而言是难以阻挡的进攻威胁。如今，下一次的系统更新将把他重新设置为一个纯粹的进球者。

对于绝大多数进攻球员来说，随着年龄的增长和脚下跑动频率的变缓，当职业生涯步入后期，他们在球场上的位置通常向后转移，从进攻的最前端后撤到更接近中场的位置，担任更具创造性的角色的同时，也能减少在场上的跑动。而 C 罗则打破了这一切逻辑，他的位置变化轨迹完全走向了相反的方向。就算他私下承认自己无法像过往那样奔跑，在公众面前他也只会把它看作好的一面。离开马德里来到都灵后，这个版本的 C 罗几乎只在球网门框制造的阴影范围内活动。

"他变得离禁区更近，而且他的决策也变得更明智，"曾在里斯本竞技执教过他的莱昂内尔·庞特斯（Leonel Pontes）评价新版本的 C 罗说，"以前他拥有更多的进球机会，但那些都是他为自己创造出来的。然而现在这些都将不复存在。"

C 罗现在几乎不再像他过往习惯的那样盘带，而是专注于自己的射门环节，那些在曼联随默伦斯丁进行的个人训练此时依旧牢牢扎根在他的记忆中。随着他砍掉了自己比赛中那些更注重跑动的部分，身体甚至允许他锻造出新的"武器"。不知怎的，身高接近 1.88 米的 C 罗（按足球标准来说并不算特别高大）将自己转为了历史上最伟大的头球得分手之一。他将娴熟的技术和 70 厘米的垂直纵跳完美结合，使自己既能高高跃起通过角球破门，也能在他愿意的情况下上演"扣篮"，很少有足球运动员能做到这一点。

C 罗这些头球破门中最精彩的莫过于 2019 年 12 月对阵桑普多利亚时打入的那个进球，当时他在空中悬停了很久，用前额将球顶入了球门远角，触球的高度甚至已经距离地面高达 2.56 米。对手主教练克劳迪奥·拉涅利（Claudio Ranieri）则认为他刚刚目睹了只会在麦迪逊花园广场发生的事情。"C 罗进了一个 NBA 式的进球，"拉涅利说，"他在空中待了得有一个半小时。"

留给尤文图斯的问题恰恰在于，该如何部署 C 罗带来的这一大批新武器。一切有 C 罗参与的进攻都必须是为他而打造。这个问题在 3 个赛季里难倒了3 位不同的尤文图斯主教练，而他们中没有一人对此给出了清晰的解决方案。3 人的共同点在于，他们都认为 C 罗在赛事中的上场时间应该减少一些，与他效力皇马的最后两个赛季十分相似。C 罗早在 2014 年世界杯时就已透露，自己早已记不清上一次在膝盖并不疼痛的情况下踏上赛场是什么时候。既然这样，他就没必要一场不落地出现在一个赛季全部的 38 场意甲比赛中，而应该把自己的双腿留给欧冠赛场上那些最重要的时刻。

然而事与愿违的是，在 C 罗来到意大利后的前两个赛季中，尤文图斯分别在 1/4 决赛和 1/8 赛就早早从欧战赛场上被淘汰出局，这也成为他焦虑的源泉。在连续 3 年捧起欧冠奖杯之后，C 罗突然发现自己在当年 5 月底有了很多闲暇的傍晚。

## 一个不是真心卖，一个不是真心买

回到梅西这边，梅西距离欧冠决赛要更近一些，然而他的出局却给自己造成了更大的痛苦。2018 年，策划上演了巴萨对巴黎圣日耳曼史诗级大翻盘的两年后，梅西在 1/4 决赛对阵罗马队时发现，自己正身处于另一场让世界震撼的反败为胜经典案例之中，只不过这一次他成了被逆转的一方。一年之后，当巴萨带着首回合 3∶0 领先的优势飞往利物浦时，上一次的结局还深深印刻在梅西的脑海里。这一回，只要不是最惨痛的失利，球队就将重新回到欧冠决赛的舞台。在安菲尔德球场的赛前动员讲话中，梅西竭尽全力尝试阐明这一点。

"我们不能浪费这次机会，好吗？"戴着队长袖标的梅西对队友说道，"我们要从一开始就展现出强势。记住，在罗马队身上犯的错，绝不要再犯第二次。"

然而那次比赛巴萨的开局并不强势。开场哨刚一吹响，比赛就以风驰电掣般的节奏进行，遇到这样的局面，梅西那种不紧不慢的踢球方式就显得有些格格不入了。在他状态最好的时候（绝大部分时间里都是这样），这种"低能耗"运转的风格能够给对手带来毁灭性的打击。梅西会在场上来回踱步，像一个捕食者一样悄悄靠近自己的猎物，他靠这种方式保存自己的体力，直到发动突袭的时刻到来。然而当这招不管用时，这种场上的四处"闲逛"只会让他愈发意识到整场比赛的时间都将从自己身边溜走，而这恰恰是正在安菲尔德球场内所发生的事情。

在比赛的 90 分钟时间里，梅西几乎都没怎么摸到球，巴萨 3：0 的领先优势最终被 0：4 的溃败所倾覆。终场哨响的那一刻，梅西只是茫然地望着前方。回到更衣室，他也一言不发，强忍着怒火。"梅西赛后真的伤心难过了很长时间。"巴萨的塞尔吉·罗伯托（Sergi Roberto）说。

就这样，梅西和 C 罗都没能出现在欧冠决赛赛场上，这是近 6 年来的首次，甚至自 2007 年以来也只发生了 4 次。在本应以他们为主角的欧冠征程中，他们扮演着一个新的角色：在家看电视的观众。

"我们是唯一要为那场比赛负责的人，"梅西几天后说，"我们以为去年的一幕不会在今年再度发生，可它确实发生了。我认为这场比赛我们踢得糟糕透顶。"

赛后遭受一些野蛮的羞辱，梅西却并不感到意外。他很清楚，自己身边队友的水准已经下降，从每天的训练中就看得出来。那么下一批拉玛西亚培养出来的孩子哪儿去了？那些知道如何按照巴萨风格踢球的男孩们又在何方？梅西往前追溯上一次感觉比赛一切顺利是什么时候，答案显而易见。MSN 组合的强大足以击溃任何西甲中的对手，也完全能够统治欧洲足坛。他需要把自己的老朋友们都找回来。

在社交软件上的一个群聊里，梅西和苏亚雷斯邀请内马尔重返巴萨。至于俱乐部该怎样将这位全世界最昂贵的球员请回来，这不关梅西的事。他只知道，自己需要巴萨的进攻线上能有具备这种水准和天赋的球员。

　　巧合的是，此时似乎也是将内马尔带回巴萨的最佳时机。这位巴西球星已经在水平较低的法国联赛里大杀四方，但始终未能在欧冠中有太多的建树，因此他也对回到巴萨乐意至极。来到巴黎后的前两个赛季，内马尔都刚好在欧冠淘汰赛阶段刚开始的时候遭遇伤病，而球队也未能闯过 1/4 决赛。随后，事情在 2018—2019 赛季法国杯决赛失利之后真正一发不可收拾，内马尔不仅掌掴了一位球迷，还公开批评了队内的年轻球员。"这些孩子们有一点迷失了自己，"他对记者说，"他们不听劝，前辈给他们提出建议，他们却直接反驳回来。"

　　内马尔决定不再和这帮人扯上任何关系了，他点开群聊对话框，告诉梅西自己赞同他的想法。

　　于是，正如那次与迪马利亚重逢的失败尝试中自己的所作所为一样，梅西也让巴萨高层知道了自己希望内马尔这个密友重回球队的想法。巴托梅乌知道自己最好不要反对，于是他发起了转会谈判，但据参与双方协商的内部人士透露，当时的真实的情形是，巴萨并不是真心想买，而巴黎圣日耳曼也不是诚意要卖。巴黎圣日耳曼发布的每一则官方声明中总会包含"以合理的价格"这样的字眼，而它所指的"合理价格"远非巴萨所能承受的数字。那年 7 月，为了支付格里兹曼 1.2 亿欧元的转会费，巴萨已经需要借一笔 3 500 万欧元的巨款了。

　　由此看来，整件事实际上就是一出精心编排的"舞蹈"，专门演给梅西和内马尔看的，需要让他们相信俱乐部都是在尽力促成这笔转会交易。

　　内马尔缺席了巴黎圣日耳曼新赛季的一部分季前训练，而前往巴黎的巴萨体育主管埃里克·阿比达尔（Eric Abidal）则认为自己有机会敲定这笔转会交易。但即便按照法国和西班牙体育媒体各种乱报的价格计算，双方仍然有数千万欧元的分歧。不把当年付出的 2.2 亿欧元追回来,巴黎圣日耳曼就绝不会放内马尔离队。

自此之后的 2019—2020 赛季,巴萨的情况则更加糟糕。即使在梅西的痛苦已经肉眼可见的情况下,巴萨的梅西依赖症仍在继续。他们将这个赛季的西甲冠军拱手让给了皇马,皇马那时也在证明自己不靠 C 罗依然能够收获胜利。在欧战赛场,多年来的傲慢自大和管理不善让巴萨在一个夜晚全盘崩溃。对阵拜仁慕尼黑的欧冠 1/4 决赛是俱乐部本赛季最重要的一场比赛,而巴萨竟然以 2∶8 的成绩输给了拜仁慕尼黑。要知道,他们可是自 1951 年以来就再没有在一场比赛中丢过 6 个球以上了。一家马德里报纸和一家加泰罗尼亚报纸在赛后都使用了同一个巨幅标题,只见两家报纸上都赫然印着"历史耻辱"。

后来被泄露的半场休息时巴萨更衣室内的快照,比这些标题更能说明队内的真实情况。当时巴萨已经以 1∶4 大比分落后,门将马克 – 安德烈·特尔施特根(Marc-André ter Stegen)倚着门框,完全被吓昏了头。而梅西则一个人形单影只地坐在长凳的一头,看上去完全就像是 20 年前初来乍到时那个 12 岁的安静少年。

这次比赛的耻辱比分只不过再次印证了一个梅西已经知道的事实:如今的这支巴萨只不过空有一副原先的躯壳,队徽还是那个队徽,一些熟悉的球员名字也依然"健在",但是他身处其中的如以前一般的宏伟建筑已经坍塌。梅西下定了决心。他看向俱乐部的领导,相信其中没有人能够让俱乐部重回正轨。

## 梅西未能行使的离队权力

事实上,梅西此前一整个赛季都在警告巴托梅乌,自己已经准备离开俱乐部了，但巴托梅乌始终都不相信他是认真的，一直拖到夏天的时候才展开谈话。在巴托梅乌看来，这个"游戏"他和梅西父子以前就玩过，无非就是梅西并不开心，等等。过往的经验告诉他，没有什么是包含一些全新奖励政策的一纸新合同所解决不了的。

然而事实上，梅西连半句话都不想听他说。在他眼中，从被掏空的青训培养系统到被误导的转会市场决策，巴萨一系列问题都始于这位俱乐部主席本人。"真相就是，俱乐部对于未来的发展或者说任何事情都没有长远规划，"梅西后来说道，"他们只喜欢耍花招，只有在出现问题后才忙着填补漏洞。"

虽然这么说有些疯狂，但梅西实际上并不需要任何的长远规划，他所追寻的是下一座欧冠冠军奖杯，而不是什么球队重建。在梅西此前的职业生涯中，拿到的这项欧洲足坛至高荣誉从未间隔超过 5 年。但是按照巴萨现在的踢法，别说 5 年，可能再过 10 年、20 年他都会继续与欧冠无缘。这种局面是他绝对不能接受的。按他以往处理问题的方式，梅西尽可能悄悄地向别人倾吐衷肠。他在自己家里待了好几天，与父亲和妻子仔细考虑自己的选择，他也会怒气冲冲编好短信，然后快速发给朋友和董事会成员，或者向自己的密友说悄悄话。

没想到，当局势真正恶化到不可逆的严重程度时，梅西发送了一封传真。

足球界里的每个人正是在那时才了解到，在西班牙，公务是通过一种叫作 burofax 的邮政专递方式来操作执行的。它相当于一份公证信，也等同于一份法律文件。虽然名称中含有 fax，但从 20 世纪 80 年代开始，burofax 并非必须通过传真技术来传递。梅西于 8 月 24 日发送的信息很简短。内容是既然赛季已经结束了，他希望行使合同中的离队选项。

"根据 2017 年 11 月 25 日签署合同中第 3.1 条的规定，"传真中写道，"我特此表达希望自 2020 年 8 月 30 日起终止自己作为职业球员的雇用合同。"

　　这份梅西希望终止的合约恰恰是整个体育界最荒谬的一份文件。据西班牙《世界报》（*El Mundo*）泄露，这份签署于 2017 年 11 月的合同有两方面的影响。一方面，它迅速使梅西成为全世界所有体育项目中薪水最高的运动员。另一方面，它慢慢吸干了巴萨的血液。在 4 年的合同期内，这份协议使得俱乐部一下子多出了约 5.55 亿欧元的负担。用同样多的钱，巴萨已经可以从美国空军那里购买 6 架 F-35 战斗机了。

　　这份合同中，包含有雇用和肖像权协议的一大堆令人眼花缭乱的数字写满了足足 30 页纸，详细解释了其中的每一项条款。单单是梅西的签字费就达到了 9 800 万欧元，需要分两次付清。每一项与场上表现挂钩的奖金则在 200 万欧元左右，例如出场次数达到球队总场次的 60%，以及闯入欧冠 16 强等，夺得西甲冠军则将为他赢得 240 万欧元的奖励。除此之外，为了奖励他的忠诚，俱乐部还将再支付 6 600 万欧元奖金。

　　当梅西这封传真送达的时候，一些巴萨内部人士背地里甚至有一丝如释重负的感觉。梅西的工资几乎占据了全队薪资总额的 1/3，无论他在场上的表现有多优异，俱乐部都已沦为这笔高薪的俘虏。它挣来的每一分钱似乎都直接进了队中那个 10 号球员的口袋，当然，巴托梅乌绝不会站出来说这些。他的官方立场始终坚定，俱乐部会尽全力把自己的明星球员留在队内。

　　这个消息给足球界造成的冲击实在太过震撼，这一次，整个世界几乎都不确定该如何应对。这会是真的吗？梅西会穿上另一支球队的队服吗？还是说这只是梅西为了让他痛恨的那些高管做出更多让步所使出的又一个计谋？会有别的俱乐部负担得起他的工资吗？

前巴萨队长普约尔常自封为俱乐部价值观的捍卫者，但这一次他也知道应该倒向哪一头。"梅西，我向你致以尊重和敬仰，"他发 Twitter 写道，"全力支持你，我的朋友。"当被一大堆挤来挤去的记者追问儿子的未来时，老梅西的态度更加闪烁其词，只是称现在的处境"很难，很难"。

一场全球性疫情拯救了那些真心想让梅西留在巴萨的人们。由于新冠疫情在整个欧洲蔓延，欧洲足坛的比赛在 2020 年春天中断了一段时间，也使得西甲的赛历一直延迟到 7 月才结束。梅西确信，无论赛季什么时候结束，合同中的离队选项在赛季结束时都处于生效状态。然而实际上，这个选项存在一个有效期限，那时早已过期。

如果这个赛季照惯例在 5 月结束，梅西将有一整个 6 月的时间规划未来并离队走人，俱乐部完全无力阻止。虽然他和他的律师们在传真中注明，这场全球性疫情属于不可抗力的范畴，因此离队选项的有效期限应当被认定为无效，但巴萨的律师团则坚称截止日期在这项条款中仍然适用。梅西没辙了，除非有其他俱乐部能够为他支付合同中的解约金。但在 2020 年，这个数额已经达到了 7 亿欧元，大体相当于萨摩亚全国的国内生产总值。然而令人震惊的部分不在于这个金额有多高，而是真有几家俱乐部在认真考虑掏出这笔钱。

据一位与曼城决策层关系密切的人士透露，这家由阿布扎比支持的英超俱乐部再次在这次争夺梅西的队列中位居前列，它匆匆忙忙地采取行动，尝试寻找将梅西带到英超的方法。但在几天的努力搜索之后，曼城最终没能想出，该如何在不违反人们熟知的每一条收支平衡规则的情况下挥霍掉将近 10 亿欧元。

因此，如果梅西想要离开巴萨，他需要从合同中将解约金条款去除，而这就意味着要走上法庭据理力争，疫情造成的意外状况使得自己做出的离队选择中的有效期限不具备任何意义。梅西知道自己应当成为一名自由球员，但是他终究没有勇气和俱乐部对簿公堂。

　　"我绝不会在法庭上站到巴萨的对立面，因为这是我深爱的俱乐部，它自从我到来之后给予了我一切，"梅西后来说，"我的人生在这里展开，巴萨给了我一切，我也竭尽全力予以回报。我从没想过要将巴萨告上法庭。"

　　那么，梅西也并无选择，只能暂时退让。他乖乖地留在了家里。

第 11 章

# 足球界的一场经济危机

当梅西接受了自己哪儿也去不了这一事实的时候，全世界很多人也因疫情不得不待在家里。

2020 年初，一种传染性极强的新病毒开始像野火一样席卷世界的各个角落。这场全球性疫情让人们的生活陷入停滞，它不仅使数千万人被感染，也夺走了很多人的生命。在生活的方方面面，这场疫情也引发了人们的疑问：既然当前人与人之间的接触被强行限制，该如何权衡个人、家庭和生产经营活动之间的关系？作为一项数万亿美元的生产经营活动，建立在人与人的接触之上的职业体育运动也要接受类似的拷问。如果没有人能前往球场观赛，举办现场比赛的意义又在哪里？

在新冠疫情肆虐的早期，虽然全亚洲的体育赛事都已被关停，但座无虚席的足球比赛依旧在欧洲各地照常进行，导致足球运动悄悄成为病毒的"超级传播者"。2020 年 2 月，在意大利北部的贝尔加莫，这座城市的许多人要么自己驾车，要么跳上火车，蜂拥前往米兰观看主队亚特兰大同瓦伦西亚的一场欧冠比赛。而亚特兰大获胜之后，他们又回到了贝尔加莫，在城市的大街上和酒吧里欢庆到深夜。

几周之内，这座城市就成了新冠病毒在欧洲扩散的中心，不过足球比赛依旧持续到了 2020 年 3 月。甚至自 NBA 关停了主要体育赛事之后，欧冠依旧没有结束。在法国首都，当巴黎圣日耳曼击败了多特蒙德之后，数万名球迷在巴黎王子公园球场外庆祝了很久。在英格兰，利物浦和马德里竞技之间的比赛门票同样销售一空，而本场比赛最终也导致默西赛德郡的感染病例数急剧上升。

以前，足球比赛可以在暴风雪中开展，也能顶着酷暑坚持进行，甚至连偶发的足球暴动都不能让它停歇，然而这一次，它不得不完全停止了。

2020 年 3 月后，俱乐部所有者们就开始遭受经济上的损失。与这场全球性公共卫生危机同时发生的是一场经济危机。随着比赛日的取消，门票销售、现场餐饮零售等方面的收入都不复存在，也没有人再到纪念品商店里消费。以前一直出现在人们视线中的球队和赞助商仿佛一夜间就消失不见，然而球员的薪水还需要他们按时支付。即使足球赛事在五六月份逐步恢复，在严格的公共健康协议要求下，俱乐部也只能进行空场比赛。然而，在几乎完全静默的环境里开展体育赛事并非赚钱妙招，俱乐部进行比赛纯粹是为了完成合同中的要求，无论球队踢还是不踢，俱乐部都做好了迎来巨额损失的准备。正如 C 罗和梅西这 10 多年来所展示的那样，球员薪资上涨的速度不断加快，俱乐部需要马上勒紧裤腰带。

一些俱乐部尝试说服球员接受降薪，但收到的反响不一。以前，巴萨通常都享受着巨额门票收入，有大量的观众前往俱乐部博物馆参观，这一切的消失也导致俱乐部的经济危机格外严重。巴萨也是少数几家让一线队队员临时降薪，并承诺以后再进行偿还的俱乐部之一。在其他地方，球员们坚持认为还有别的方法渡过难关，但很少有俱乐部能拿出切实的解决方案。几十家俱乐部让清洁工、安保人员及餐厅员工短期下岗。阿森纳的老板是一位房地产大亨，配偶则是沃尔玛公司的继承人，但他们的俱乐部不仅解雇了上述几类员工，甚至还炒掉了那位穿着 2 米多高的恐龙服装扮演球队吉祥物的工作人员。

局势以迅雷不及掩耳之势恶化，到了 5 月，英超俱乐部已需要向电视转播商就春季损失的转播时间退款。其中，曼联所需支付的账单预计达到了 2 000 万英镑左右。

在西班牙，西甲主席特巴斯立即行动了起来。在自己的岗位上，特巴斯已经为成本控制和工资限制两方面的工作努力了多年。在尝试效仿联赛巨头的过程中，已经有太多俱乐部在他眼前由于大手大脚地"烧钱"而濒临破产。于是，特巴斯立即召集俱乐部主管们开会，一起讨论能帮助这些举步维艰的俱乐部摆脱危机的措施。

"其中最重要的方面在于，我们是在守护我们的未来。"特巴斯在 2020 年 4 月时说道，"我们在这里齐心协力地工作，就是为了挽救足球运动的未来。"

不过，未来状况可没他嘴上说的那么乐观。根据特巴斯的评估，在绝大部分足球比赛停赛的一年时间里，西班牙足球经受的全部损失达到了 20 亿欧元。唯一能真正解决问题的方案，就是想办法为这项运动重新注入更多的资金。

或许是有史以来的第一次，弗洛伦蒂诺恰好与特巴斯英雄所见略同。俱乐部确实急需现金，尽管皇马在 2020 年仍旧设法实现了总共 31.3 万欧元的盈利，但弗洛伦蒂诺能够预见到，最艰辛的日子还在前方等待着他。在过去的 18 个月里，他卖掉了全世界最具商业价值的运动员，还在疫情袭来的不久前刚刚启动了伯纳乌的大规模翻新工程。

但与特巴斯不同的是，弗洛伦蒂诺对于为其他 19 家西甲俱乐部招徕钱财的做法并不感兴趣。皇马永远坚持"皇马例外论"。"面对如今这样的艰难局面，我们都知道前行的道路上会遍布荆棘、障碍丛生，" 弗洛伦蒂诺在俱乐部会员大会上讲话时说，"但我们是一家独一无二的俱乐部，是永不服输的俱乐部，也是一家夺得了 23 座欧冠奖杯的俱乐部——其中 13 座来自足球，10 座来自篮球。"

身为独一无二的俱乐部意味着皇马要做创新之路上的领军者，要在其他人之前想出新主意。

"足球运动需要适应这些新变化，"弗洛伦蒂诺继续说，"而皇马会像过往一样处于最前列，改革足球运动时不我待，我们需要尽快认真采取行动。欧洲豪门俱乐部在全世界拥有无数球迷，我们有责任为了改革而奋斗。"

那时，弗洛伦蒂诺的脑海中已经有了一个明确的计划，而这并不包含赢得更多的篮球奖杯。接到他打来电话的那些欧洲超级俱乐部都知道他所说的计划具体指什么，同样了解内情的还有一位居住在马德里的美国金融家约翰·哈恩（John Hahn），以及一支叫作 Key Capital Partners 的基金，这家基金同弗洛伦蒂诺的建筑公司一直维持着长期的合作关系。但弗洛伦蒂诺传递给他们的信息都是一样的。他告诉他们，这次疫情是一场危机，但它同时也是为一场足球运动的革命点燃导火索的理想时机。他已经为此筹划了多年，至少从他的主题公园计划全面瓦解之后就开始了。

这一次，弗洛伦蒂诺要打造一个欧洲超级联赛（简称欧超）。

## 欧洲豪门间的"企业联合"

与弗洛伦蒂诺一直给大家留下的印象相反，欧超的概念并非他想出的，事实上，这个概念已经在欧洲足坛流传了数十年。

早在 1987 年，另一位强权在握的俱乐部主席，同时作为媒体大亨和意大利未来总理的西尔维奥·贝卢斯科尼（Silvio Berlusconi）宣称当时的欧洲冠军杯已经是"过时的古董"。与现在这种纯粹由淘汰赛组成的赛事相比，他希望自己的 AC 米兰能够参加一项体量更大的循环赛赛制比赛，从而有更多比赛供电视转播，也会有更多重量级球队之间的对决。长达 5 年的辩论和妥协终于将贝卢斯科尼的想法转化为"现代版"的欧洲冠军联赛，1992 年，改制后的欧冠迎来了首个赛季的比赛，包含有小组赛和淘汰赛两个阶段。

然而没过多久，阿贾克斯、巴萨、拜仁慕尼黑和曼联等俱乐部一致认为这次改制的程度还不够剧烈。在一家意大利媒体公司的支持下，他们开始探索创办一项由 36 支球队参加的超级联赛，这看上去很像是 NFL。此举非常合乎情理，毕竟英超的创办者们也是受到了 NFL 的魅力、激情和营收的启发和鼓舞，而且 32 支 NFL 球队老板全部互有商业往来。现在，这些欧洲豪门想要打造他们自己的"企业联合"。

对于大西洋对岸的足球投资人来说，一个只有精英俱乐部参加的"小圈子赛事"这个概念已经足够有吸引力，只要自己在这个圈子里就行。因为这样他们对赛程安排就有了更多的自主权，也能从电视转播和商业开发领域索取更多的费用，还可以童叟无欺地给出承诺称自己呈现的全部是激烈的重磅对决表演，踏上赛场的都是全世界最知名的球队。更为重要的是，一个问题始终困扰着随 20 世纪的外国资本收购浪潮登陆欧洲足坛的每一位投资人，而一个封闭的"小圈子赛事"恰恰就是解决这个问题的灵丹妙药。它浓缩为 5 个字就是：受保障收入。

具体来说，球队在场上的表现优秀与否，能给俱乐部的资产负债表造成高达 8 位数的巨大影响，如果有人购买了一支足球队，并希望将其作为一门合法且可盈利的生意经营，恐怕他们中没有一个人能够承担如此之大的风险。举例来说，单单是没能获得赛季的冠军，就能轻易地在其第二年的财务报表上炸出一个 5 000 万美元的缺口。这个问题在英超中表现得尤为明显，因为有 6 支富有的英超球队发现他们每个赛季都要为仅有的 4 个欧冠席位争得头破血流。此外，虽然降级的可能性距离这些财大气粗的俱乐部非常遥远，但它所产生的后果远比 5 000 万美元的亏空要更加严重。降级意味着营收的减少。

从某种角度看，这也是国际冠军杯所尝试解决的问题。这项夏天在北美洲进行的赛事由一系列赛程紧凑的展演赛构成，实际上就是欧超的雏形。背后运营国际冠军杯的 Relevent Sports 公司于 2019 年为获得举办正式比赛的权利，针对美国足协和国际足联采取了法律行动，这家公司曾希望将巴萨的西甲比赛放在迈阿密进行，并以此作为开始，但最后终止了这个计划。

无论是 20 世纪 80 年代、90 年代，还是 21 世纪初，欧超都没能取得进展，但欧超这一概念本身却发展为更有用的东西。对于那些最富有的球队来说，欧超的威胁已经成为他们讨价还价过程中永远可以使用的筹码。

只要这些富可敌国的俱乐部需要从周围人身上获取更多让步和妥协，那么无论对象是英超所谓的"Big 6"[①]之外的 14 家俱乐部也好，还是国际足联、

---

[①]英超的 6 大豪门俱乐部，分别是曼城、曼联、切尔西、阿森纳、热刺、利物浦。——编者注

欧足联等足球运动管理者也罢，他们都会将欧超的计划作为自己的武器。他们问道，凭什么国际足联或者欧足联可以垄断组织大型赛事的权力？他们对于俱乐部的需要难道不是远远超过了俱乐部对他们的需要吗？不管怎么说，超级球星是从俱乐部产生的。而且在梅西和 C 罗所效力过的球队中，超级球星也在定义着那些俱乐部。

此外，在这一切的背后还长期进行着一场更大的斗争，目标则是国际足球赛历的掌控权。各自打着算盘，但又同样希望设计出更多梅西和 C 罗的场上交锋，因此国际足联和欧足联结下了深仇大恨。双方都希望增设更多的赛事，增加球员重量级对决的场次，为此，欧足联在寻求让欧冠扩军，而国际足联则打算创办一项奢华的世俱杯，这项自给自足的赛事计划汇聚全球 24 家顶尖俱乐部，从各路大亨、亿万富翁或是石油国家中选择出价最高的那位获得支持。

这些计划的共同之处在于，它们都需要这些欧洲的"名门望族"买账才行。而在 2021 年，这些"名门望族"直接决定，由自己组织比赛会更好。

在他们打造的计划中，欧超将包含 15 个永久成员，外加不断轮换的 5 支参赛球队。然而就在官宣的几周前，这个联赛小组却遇上了一点麻烦，它没能成功说服巴黎圣日耳曼、拜仁慕尼黑和多特蒙德一起"入伙"，不过那时小组决定，12 支球队也已足够启动这项计划。只要让他们看到联赛有多么赚钱、多么受观众欢迎，其他球队毫无疑问也会紧紧跟上他们的脚步并加入。联赛组织者们已经从 J.P. 摩根公司那里拿到了一笔 40 亿美元的最高额度信用贷款。

这 12 支牵涉其中的俱乐部都是欧洲足坛历史上非常伟大的球队：AC 米兰、阿森纳、马德里竞技、切尔西、巴萨、国际米兰、尤文图斯、利物浦、曼城、曼联、皇马和热刺，都是欧冠冠军或者商业巨擘，也有的俱乐部两者皆是。这些俱乐部的所有者包含了美国的亿万富翁、西班牙的商界贵族、一位中国零售业大亨、一位英国货币交易商、一位阿联酋王室成员以及一位俄罗斯石油寡头。这组形形色色的人聚在一起是出于同一个坚定的信念：欧洲足球的现行系统已被破坏，如果他们都不能保护自己的商业利益，就更没有人能够代办了。每家俱乐部都被承诺了一笔 3.5 亿美元左右的"基础设施建设贷款"作为一份欢迎奖金。

## 欧超计划的破灭

"这项计划会遇到令人难以想象的困难，"2021 年 4 月，在欧超即将揭开面纱的最后几天前，一位顾问对俱乐部的管理者们说，"你们确定要继续做下去吗？"

这些俱乐部并没有畏缩，他们在弗洛伦蒂诺、阿涅利以及刚刚赢得选举、取代巴托梅乌开启自己新一届巴萨主席任期的拉波尔塔共同带领下跃跃欲试。然而，这些管理者在时间把控上铸成大错。一个春天的下午，俱乐部暗中酝酿欧超计划的消息被泄露给了《泰晤士报》，几个小时之内，欧超计划已经从"虚张声势的威胁"转变为"正在发生的现实"，很快，这一情况就清晰地呈现在世人面前。接下来，足球界全都乱成了一锅粥。

球迷们极力反对这项赛事，公开谴责自己的俱乐部并发誓要退掉自己的季票。没受到邀请的俱乐部彻底失控，他们担心这个新的赛事会导致本国联赛的收入减少，而且这种损失是无法弥补的，它会给所有被排斥在外的俱乐部造成伤害。欧足联则与英格兰、意大利和西班牙的联赛发布了一则联合声明，指责欧超计划是一个"自私自利的计划……完全建立在一些俱乐部当下一己私利的基础上"。

　　而当时，欧超组织者的身影却一直消失在人们视线范围之外。他们一直等
到那个周日的接近午夜时分才发表了一份最初的新闻通告，证实了所有人的担
忧是真的。是的，这 12 家俱乐部将成为这项赛事的永久成员，在未来 23 年的
期限内都是如此。没错，他们最早于 2022 年就将启动这项赛事。他们正式拒
绝参加欧冠，转而青睐一种规模更大的循环赛赛制，并最终以 8 支球队的季后
赛争夺作为每个赛季的收官。这是一个极为重大的转变，因为正如欧超的组织
者所说："全球疫情导致现存于欧洲足球经济模型中的不稳定趋势加速发展，
而欧超正是在这个时间节点组建形成的。"

　　上面这句话的大部分内容都是真的，然而它的问题在于，这 12 家反叛俱
乐部只是在为自己的利益强调这些不稳定性。欧超声称自己产生的经济利益
能够向下惠及足球界的其他俱乐部，这种争辩压根就没有人买账，毕竟皇马
和巴萨在欧超里能赚到更多的钱，与拉科鲁尼亚这样的球队无关。

　　欧超的组织者们一直对自己会经受的猛烈抨击做足了准备。这些俱乐部高
管经验丰富，他们深知这些怒火来得快去得也快。只要他们能够抵御包括欧足
联的攻势在内的第一波密集炮火，那么欧超计划就有可能幸存下来。"他们知
道自己将步入怎样的境地。"一位内部人士说。

　　真正让这些组织者感到措手不及的，与其说是抨击的猛烈程度，倒不如说
是抨击的来源。周一，大众的怒火在英格兰燃烧得更为猛烈，甚至连英国首相
鲍里斯都加入这场声讨中。他指责这些反叛俱乐部是给自己办了一个私人派
对，这种行为无异于是对英国文化遗产的一种玷污和亵渎，并发誓要"通过立
法的手段把这个计划炸毁"。在马德里，组织者们没想到真会有一个国家的主
权政府出手干预，他们对于英国的失望之情溢于言表，就像欧超背后的一位关

键角色所说，"鲍里斯脑子有病"。

　　然而在发布了那份最初的声明之后，组织者们在随后的 24 小时内始终一言不发。当他们终于打破沉默，却选择了一个最出人意料的载体传递他们的信息：一档午夜之后全部用西班牙语播出的低成本电视栏目。

　　负责传递信息的人是弗洛伦蒂诺，他出现在周一晚的一档名为《球员们的海滩酒吧》体育谈话节目，其严肃程度和美版《幸运之轮》（Wheel of Fortune）类似。作为一个关于西班牙足球的节目，它一周播出 5 期，播放时间从凌晨 2 点 45 分开始，一直围绕仅有的两个话题大呼小叫，那就是巴萨和皇马。这档节目由炫目的灯光、搞笑的音效，以及很多离谱的观点构成，而这些离谱的观点恰恰是这档节目全部的意义所在。在这里，弗洛伦蒂诺打算通过他自以为正确实际略显草率的观点为这场引发地震般轰动的组建联赛事件正名。

　　"没有人对欧冠 1/4 决赛之前的比赛感兴趣。"弗洛伦蒂诺说，"是什么让人产生了最大的兴趣？是那些伟大球队的比赛。我们是在尽力为这项运动着想，欧冠已经失去了它对观众的吸引力，而我们创办欧超是为了拯救足球运动。"

　　弗洛伦蒂诺随后的话更加直截了当。"有很多比赛根本就没人看，"他说，"实际上，我自己就很少看。无论是在西班牙，还是在英格兰、意大利，总得有人提供另一种能挣更多钱的比赛模式。没有更多的钱，大家都玩不下去。"

　　没想到到了周二，欧超计划已经危在旦夕了。组织者们的解释不但没有起到预期的效果，反而引发球迷走上街头进行抗议。在西伦敦的傍晚，切尔西的主场比赛之前，球队支持者们在斯坦福桥球场外集结，谴责自家俱乐部赤裸裸的贪婪。在几百千米之外的曼彻斯特，曼城的管理层同样注意到了众人的怒火，开始打起了退堂鼓。它是最后一个入伙的俱乐部，现在已经想着第一个离开。

事实上，只有凭借团结一心的阵营，以及协调一致的利益，这项计划才有可能取得成功。然而在 48 小时内，事实愈发清晰地表明，这两个要素都不存在。几乎是在同时，曼城和切尔西正式启动了退出程序。绝非巧合的是，这两家是对实施整个计划最不"忠心"的俱乐部，同时也是其中资金最充足的俱乐部。两家俱乐部的拥有者都是超级富豪，他们对于足球领域的投资很大程度上是形象管理的操作实践，而不是为了赚取利润。"我有很多比投资足球风险小很多的赚钱手段。"2003 年收购切尔西之后，阿布拉莫维奇接受英国广播公司采访时说道。因此，他们不会将球迷推向俱乐部的对立面。

很快，其他英超俱乐部也纷纷得出了和曼城、切尔西同样的结论。他们都是欧超成员中最不急需用钱的俱乐部，至少同西班牙和意大利的同行相比，英超已经证明了自己抵御疫情风险的能力。如果说皇马和巴萨感觉只有欧超才能挽救自己，那么英超球队则发现，他们其实并不真正需要这项赛事。说实话，英超本身其实已是某种意义上的欧超，毕竟转播商为电视转播版权支付的金额是一个天文数字，Big 6 中的任何一支球队在现实中对于联赛冠军有追求都不算非分之想，而且，它们生产出的产品质量非常高。

终于，在那个周二夜晚，欧超基本确定没有开展的希望了。周三早晨，英格兰俱乐部的老板们开始接连道歉。"我很抱歉，我要为过去几天内给大家带来的不必要的负面影响负责，"利物浦俱乐部主席约翰·W.亨利（John W. Henry）的语气就好像录像带里的人质一样，"我希望你们能够理解，虽然我们犯了错误，但我们的出发点也是给你们的俱乐部争取最大的利益。"

就连 J.P. 摩根都表达了自己的悔过之意。10 年间，这家银行的很多行为都导致自己不得不花费大量的和解金才得以摆平事端，那些行为可都比把钱借给欧超的操作罪大恶极多了。

"我们很明显误判了广大的足球观众对于这笔交易的看法，以及这会对他们的未来所造成的影响，"这家银行的一位发言人说，"我们会从中吸取教训。"

与此同时，球员们则毫不犹豫地开始对自己的雇主发号施令。"我们不喜欢这项赛事，也不希望它能够举办。"利物浦全队发布的声明写道。通常在每个周末，英超各支球队的队长都会竭尽全力让对手变得灰头土脸，但是在社交软件上的一个由队长组成的群聊里，他们一致认为其中一些球队老板的所作所为完全错误。他们此前从来没什么意愿去考虑老板、俱乐部收入，或者是弗洛伦蒂诺之类的想法，但这件事做得太过火了。

"我们不能理解，这些人怎么能对足球做出这样的事情，"伯恩利足球俱乐部（简称伯恩利）队长本·米（Ben Mee）写道，"球员们是为了球迷踢球，而不是为了董事……弗洛伦蒂诺听上去就好像迫切需要我们给他欠了一屁股债的俱乐部挣钱一样。"

在这场事关足球灵魂的争斗中，尽管球迷和球员都在为捍卫这项运动而摇旗呐喊，有一对球员却"失声"了。在欧超所引发的骚动最为激烈的时候，这代球员中最重要的两个人物仍旧保持着沉默。

梅西和 C 罗仍然在社交媒体上十分活跃，向 2 人总共 5 亿左右的粉丝分享最新的重要消息。2021 年 4 月 19 日，也就是欧超宣布成立的第二天，C 罗想让所有人知道自己又在训练场上度过了充实的一天，于是他在 Instagram 上分享了一张自己只穿一条内裤、绷紧肌肉的照片，并获得了 1 040 万点赞。第二天；梅西也打破了沉寂，他发布了一双阿迪达斯球鞋的广告，内容是他穿上这双鞋的照片。在这个关乎生死存亡的时刻，这位历史最佳球员之一所发布的文案并不是足球界所期盼的那般强有力的信息。

"新战靴。"梅西用西班牙语写道，后面还加了一个"着火"的绘文字表情。

## 不可持续的商业模式

欧超计划破灭了，但仍有 3 家俱乐部试图垂死挣扎。

2021 年 5 月，巴萨、皇马和尤文图斯发布了一则联合声明，坚称它们仍将致力于创办这个另起炉灶的联赛，并强烈反对欧足联对欧洲足坛的垄断，指责该机构向 3 家俱乐部施加非法且无法承受的压力，从而迫使他们退让。

而为了从梅西和 C 罗身上分一杯羹的这 3 家俱乐部，他们现在的账户严重透支。尤文图斯在 2020—2021 赛季的损失高达 2.1 亿欧元，亏损程度名列欧洲足坛的第三，高居榜首的正是亏损 4.81 亿欧元的巴萨。长达十多年的时间里，这 3 家俱乐部都卷入了一场军备竞赛。数十亿美元的主权财富和石油资本快速涌入，重新塑造了全球足球转会市场的形态，为了继续维持在这个市场的"食物链"顶端，他们豪爽地用荒谬的价格签下球员，而这些费用实际上是他们几乎无法承受的。即使他们的营收保持攀升，能够帮助弥补一些赤字和过度支出，但是，世界上最著名的几家俱乐部已经步入财政深渊的边缘，这种感觉变得愈发强烈。一次不幸的伤病、一段突然平庸的状态、一个糟糕的赛季……稍有不慎走错一步，就能让负债累累的俱乐部的整个结构轰然崩塌。

　　而这正是当时发生的事情。疫情导致这几家俱乐部的营收大幅缩水，也压低了阵中球员的价值，还在他们的资产负债表上留下了一个巨坑。欧超本来能成为他们的"免死金牌"，但现在，获取金牌的计划已经破产。

　　没有人比弗洛伦蒂诺在欧超上倾注的希望更多了，但至少他清楚自己能够平安度过最后的"审判"，他已经修改了皇马的主席选举章程来确保这一点。尤文图斯主席阿涅利同样可以免受此事不良后果的影响，这要归功于他的姓氏。但是在巴萨，拉波尔塔则不得不一人背下这口"黑锅"。当选为俱乐部主席时，他就承诺要扭转巴托梅乌时期由于管理不善所造成的不利局面，挽救财务危机。然而他的应急手段失效。

　　更糟糕的是，每过一周，巴萨财政的损失都会更重，现在的债务已经高达 12 亿欧元。即使在疫情之前，巴萨的商业模式看上去就不可持续，现在则更像是轮胎上迅速蔓延的火势一样无可救药。德勤会计师事务所的一项审计发现，在拉波尔塔 2021 年 3 月接管巴萨时，巴萨这个价值一度接近 50 亿美元的企业，同时也作为这项全世界最受欢迎的体育运动中最富有、最有名望的俱乐部之一，从技术上来讲已经破产。

　　像往常一样，当俱乐部在经营上遇到大麻烦的时候，巴萨主席首先考虑的是照顾自己最重要雇员的情绪。梅西的合同将于 2021 年 6 月到期，而拉波尔塔向球迷承诺将会同梅西续约，把他继续留在诺坎普。俱乐部随后会想出支付这笔钱的方法。

　　"最重要的事情在于，"2021 年，拉波尔塔对《华尔街日报》记者说，"梅西在这里仍然感受到了爱。"而事实上，在 2020 年的绝大部分时间里，梅西并不好过。2020 年夏天，他勉强同意继续留在巴萨，俱乐部也立即"奖励"了他的忠诚表现——把他在球队中最好的朋友辞退。苏亚雷斯不仅是梅西在场上最好的锋线搭档，也曾是他的邻居。他们两家经常在周日共进午餐，或者一同度假，他们的儿子在巴萨 U8 梯队里还是队友。

那个夏天，巴萨将苏亚雷斯卖给了其直接竞争对手马德里竞技。当这一切发生的时候，梅西感觉自己完全遭到了背叛。此时此刻，梅西已不再羞于让巴萨高层准确了解自己对他们的看法。

"你应该得到一个与你地位相匹配的离队仪式，"在 Instagram 上，梅西罕见地发布了一封写给苏亚雷斯的信，"你是俱乐部历史上最重要的球员之一，绝不应该受到他们如此的对待而被扫地出门。但现在我并不对此感到惊讶。"

2021 年 3 月，当巴萨在欧冠 1/16 决赛中被巴黎圣日耳曼淘汰出局时，梅西都已经见惯不怪了。巴萨两回合失利的总比分是 2∶5，而就在 24 小时之前，C 罗所在的尤文图斯刚刚被波尔图阻挡在八强的大门之外。这一失利意味着，欧冠 1/4 决赛近 16 年来首次在同时没有梅西和 C 罗参加的情况下进行。

其实，经历了这些遭遇之后，梅西早就应该离开巴萨了，但不知怎地，拉波尔塔的"魅力攻势"又发挥了作用。2021 年春天，拉波尔塔重新当选为俱乐部主席，这被梅西视为一个积极的进展，他的心情也突然好转。毕竟梅西跻身球队首发阵容、瓜迪奥拉被任命为主教练、球队 2009 年首次实现三冠王，都正是这位 59 岁的律师首度执掌俱乐部期间发生的事情。拉波尔塔知道球队的美好旧时光是什么样，而且，他对俱乐部的等级制度也有着清晰的认知。重返主席办公室后，拉波尔塔最先采取的行动就是请梅西吃饭。

7 月 1 日，当梅西的合同期满后，他就将成为足球历史上最具价值的自由球员。两人一致认为此时没必要对此感到惊慌，在传真事件过去一年之后，梅西将会继续留在他唯一了解的这家职业足球俱乐部。但他此时却面临一个现状：这家俱乐部再也付不起那么高薪酬来留住他了。

根据西甲的规章制度，俱乐部在球员薪资上的开支不能超过俱乐部总收入的 70% 这一上限。在巴萨每赛季能够赚到 10 亿欧元的时期，人们很少想到这一规定，在疫情来袭之前，巴萨每年的工资账单已经快速增长到超过 6 亿欧元。现在，随着俱乐部收入以每赛季 5 亿欧元的速度下滑，工资限额的威胁听上去就严重了很多。2021—2022 赛季开始之前，除非俱乐部能缩减 2.85 亿的工资开销，否则就不能在新赛季注册球员。在相关背景下，考虑到 2021 年 NFL 球队的工资帽达到了 1.54 亿欧元左右，这就意味着巴萨不得不腾出几乎两支 NFL 球队完整阵容的工资额度才能符合要求。

对此，梅西做了自己分内的努力，接受 50% 的降薪以帮助俱乐部节省开支，但这也无济于事。如果俱乐部迅速摆脱此前失败的引援或许能有所帮助，在当前的环境下，像登贝莱和库蒂尼奥这样的球员都相当于不良资产，他们的年薪和身价都过度虚高，使得俱乐部很难为他们找到下家。随着夏季的转会窗口期一天天流逝，巴萨始终没能通过出售主要球员来抵消自身的亏损，很明显，账簿上的数字无法达到规定的要求了。算上梅西的新合同，俱乐部的工资总额已经高达营收的 110%，就算不把梅西的薪资计算在内，这个比例也已经达到了 95%。这种情况下，除了向西甲寻求豁免之外已别无他法，不过，西甲可没兴趣给予巴萨这种特殊待遇。

此时距离欧超计划土崩瓦解刚刚过去了 3 个月，而西甲主席特巴斯仍在对此耿耿于怀。即使在正常情况下，他也不是一个倾向于帮助巴萨寻找喘息之机的人。他一直在背后推动着可持续发展规则不断建立完善，而这些恰恰就是巴萨现在直接违反的规则，特巴斯设计这些法条正是为了杜绝巴萨目前遇到的这种局面的出现。

　　"规则一定要遵守，我们不会去改变规则，"特巴斯说，"也不会专门为梅西临时开一个口子。"更何况，特巴斯之前早已给拉波尔塔指明了一条出路，而且还不用违反规则。一个月之前，他在与这位巴萨主席会面的时候提出了一项为西甲各支球队注入资金的新计划，或许能帮助巴萨摆脱眼前的危机。特巴斯给出的提案是，将联赛的商业利益整合到一家由 42 支西甲西乙球队组成的合资企业中，然后将其中 10% 的股份出售给一家叫作 CVC 资本的私募股权基金（CVC Capital Partners），从而换取对方的 27 亿欧元资金。这笔资金随后将分发到所有西甲俱乐部手中，帮助球队抵御住目前广泛存在的破产风险。

　　至关重要的是，特巴斯解释道，这笔资金的注入将使巴萨能够顺利延续梅西的合同。这看上去是一个完美的解决方案。

　　特巴斯发现，西甲的利益并不总是与那些最大的俱乐部利益相符。原来，巴萨和皇马双双拒绝了这项提议，争辩称此举将抵押掉自己未来 50 年的电视转播权。在西甲执行委员会投票一致批准了这笔交易的几天之后，弗洛伦蒂诺宣布自己将把西甲、特巴斯、CVC 资本，以及这个基金的主管告上法庭。

　　既然这样，特巴斯不会再向巴萨伸出援手了，出现这样的状况全部是巴萨自己的问题，西甲也只能袖手旁观。所以不管梅西愿不愿意，他都不得不离开巴萨。

　　2021 年 8 月 5 日，晚上 7 点 30 分，巴萨在官方网站上传了一份简短的声明，正式宣布俱乐部历史上最伟大的球员梅西将离开球队。如果说 C 罗离开皇马的消息让一场世界杯半决赛黯然失色，那么梅西与巴萨分手的消息则成为周四晚间的爆点新闻。

　　"尽管巴萨同梅西已经达成一致，双方均表达了在今日签署一份新合同的明确意图，但财政和结构上的障碍（西甲的规定），导致这些都无法实现，"这份声明写道，"在这种情况下，梅西无法继续留在巴萨。球员和俱乐部的意愿最终都无法实现，双方均对此感到非常遗憾。"

事实上，梅西和所有人一样目瞪口呆。即使在 3 天之后召开的告别发布会上，自始至终都在啜泣的他看上去都还没准备好要离开这里。面对着一整屋现在及昔日的队友们，梅西呜咽不清的话语中夹杂了太多的情感，从不解，到忧郁，再到苦涩，可谓五味杂陈。

"我不知道在这里该说些什么……我还没有准备好，"即使已经在加泰罗尼亚度过了 20 年的时光，梅西仍然留有一些阿根廷口音，"说实话，经历了去年传真事件这样荒唐的事之后，我很确信知道自己想要说什么，但今年，今年不一样了。"

梅西擤了擤鼻子，一直以来，无论是他本人，他父亲，或是他们的法律顾问，没有人理解为什么事情会走到今天的地步，巴萨历史上的最佳球员离开了这家自己从小就加盟的俱乐部，不是因为他想离开，也不是因为俱乐部想让他离开，而是因为巴萨在财政方面的亏损撞上了西甲对于财政的严格管控，这使得每一个牵涉其中的人都没有别的选择。梅西不知道还可以信任谁，他甚至不能百分之百断言拉波尔塔为留住他是否做出了最大努力。当被问到这种局面是否应该归咎于谁的时候，豪尔赫·梅西也暗示性地说道："问俱乐部去。"

"我很清楚，我已经竭尽了自己的所能，"梅西说，他在为巴萨征战的778 场比赛中总共攻入 672 个进球，现在要成为俱乐部的历史了，"拉波尔塔说联赛的规定让我们无法续约。我可以告诉大家的是我已经尽了自己最大的努力留在俱乐部，因为我想要留下来。"但是现在，一切都太晚了。

　　"我经历过很多困难的时刻，也曾度过很多艰辛的时期，遭受过很多失利的打击，"他继续说，"但是今天结束之后，我无法再重新踏上这里的训练场，也不能再和队友在场上并肩作战，我回不去了，我在这个俱乐部的时光结束了。"

　　而就在那时，豪尔赫·梅西已经拨通了巴黎圣日耳曼的电话。

MESSI
*vs.*
RONALDO

第 12 章

# 后 "梅西 vs. C 罗" 时代

晚上 10 点，在法国兰斯香槟地区的中心，整个足球界的目光聚焦在兰斯足球俱乐部[①]主场边的板凳席上。这是一个温暖的夏夜，2 万多名球迷涌入了体育场，只为见证一个重要时刻的到来。巴黎圣日耳曼的一位助理教练示意场边第四官员，本队的 30 号球员将替补登场，这个时刻终于到来。

在法国足球一个世纪以来的历史中，从没有哪一次场上换人能受到观众如此狂热的期盼，而距离巴黎两小时车程的奥古斯特 - 德洛纳球场将见证这一过程。超过 200 名记者提交了本场比赛的采访申请，兰斯足球俱乐部不得不暂停了本场比赛的门票销售，以便能够提高票价，但即便如此，在此之前仍有 4 000 张球票被眼疾手快的球迷抢走。这些操作全都是为了一场普通的国内联赛，但除了巴黎和兰斯的球迷之外，几乎没人真正关心比赛的结果。

---

①一家位于法国兰斯的足球俱乐部，成立于 1931 年，是法甲球队之一。——编者注

比赛进行到 63 分钟时，客队进行人员调整，在主客场双方球迷的掌声中，他来了！巴萨历史上最伟大的球员身着一身巴黎圣日耳曼球衣慢跑上了球场。

过去 15 年间，关注过足球运动的人，都会觉得梅西穿错了球衣，而这在一定程度上是因为他的转会发生得实在是太快了。老梅西在与拉波尔塔会谈了几个小时后，就同巴黎圣日耳曼主席纳赛尔·阿尔 - 赫莱菲（Nasser Al-Khelaifi）展开了磋商，这位卡塔尔前网球运动员如今已经跃升为卡塔尔体育投资公司董事长，该公司也是这个国家主权财富基金会的一个下设机构。

周五，赫莱菲就给巴黎圣日耳曼内部的各部门打了一圈电话，当时正值 8 月中旬，整个法国的人都在海滩度假，但赫莱菲把他们从休假中召集回来。当时，这笔交易正在进行。

10 年来，卡塔尔人围绕巴黎圣日耳曼做出的计划正是为了这一时刻的到来，如果将法国同这个富有的酋长小国之间的关系考虑在内，那么这段时间应该更长。

早在 21 世纪初，卡塔尔就开始向法国投资，他们不仅持有了法国大型公司的股票，也投资了几十项不动产，从香榭丽舍大街到戛纳十字大道上的马丁内斯酒店背后都有他们的身影。除此之外，卡塔尔还成为法国在军事防御方面最大的客户，他们在花费数亿欧元让梅西披上巴黎圣日耳曼战袍之前，就已经豪掷超过 150 亿欧元，用于购买法国战斗机和空中客车公司的大型客机。

因此，在卡塔尔从这里收购了奢华地产和精密武器的十多年之后，他们的旗舰足球队也完全理所应当拥有属于自己的豪华"武器"。

# 梅西"大巴黎"首秀

对于已经 30 多岁的梅西来说，他实际上能为俱乐部带来的远比他在球场上的贡献要多得多。自从 2011 年被收购之后，巴黎圣日耳曼的运营方式就是全世界绝无仅有的。一组体育运动队、一个生活方式品牌、一个红人的集合体、一个时尚品牌的合作方、一支电子竞技职业战队、一座内容生产工厂，以及一个社会名流的聚集地，巴黎圣日耳曼同时将这些角色集于一身。

有多少体育运动队生产过和滚石乐队联名的时尚滑板和限量版运动鞋，或者曾专门面向日本市场生产假蝇钓鱼的高端渔具盒？又有谁举办过 T 台走秀和展览的开幕典礼？卡塔尔人的策略从一开始就非常明确，就是让巴黎圣日耳曼的标识尽可能多地出现在社会名流身上，然后再将这些名流请到巴黎王子公园的 VIP 包厢里。他们已经铺好了红毯，只需要让这些人从上面走过去。他们希望米克·贾格尔（Mick Jagger）和蕾哈娜能够在这里和法国前总统尼古拉·萨科齐（Nicolas Sarkozy）这样的球队长期支持者把酒言欢。这个灵感要源于纽约尼克斯队比赛期间在麦迪逊花园广场的场边座位，那里既能对比赛情况一览无遗，又能汇聚全场的目光。并非巧合的是，巴黎圣日耳曼努力邀请过斯派克·李（Spike Lee）。

"我们尝试让人们大吃一惊，我们致力于去做那些别人没有涉足的事情，"一位巴黎圣日耳曼的内部人士说，"足球一直在我们的计划中，但不是最重要的部分。"

巴黎圣日耳曼的视线永远聚焦在时尚、影响力和社交媒体上，这也使它成为足球俱乐部中的"潮流狂"（Hypebeast FC），并由耐克的"空中飞人"品牌呈现出来。它成为全世界唯一一个有权将"飞人"（Jumpman）标识印在球衣上的足球俱乐部，而此举也是俱乐部计划中的一部分，目的是让俱乐部的一切都展现出新潮的味道，以便它们的信息能够在 Instagram 上广泛传播。他们甚至聘请了一位时尚摄影师而不是体育摄影师。这位摄影师每年中有 80 天跟随在球员们身后，让他们看起来更像是性感模特或者穿着时髦的"衣架子"。在俱乐部内部的这些极具创新思维的人看来，巴黎圣日耳曼完全有理由像香奈儿、迪奥和路易威登一样，成为法国出口的又一个标志性品牌。

为什么这么做？"因为这里是巴黎。"俱乐部的品牌主管法比安·阿莱格尔（Fabien Allègre）说，"并非我傲慢自大，但在建筑、设计和美食等领域，全世界最好的东西全是在这里完成的。"

从他刚来到俱乐部工作开始，阿莱格尔就从赫莱菲那里得到指示，将巴黎圣日耳曼球衣打造成"欧洲版本"的纽约扬基队棒球帽，这样无须与体育联系在一起就能成为一座城市的象征，购买它们的人是否关心足球或者棒球都无所谓，只要他们的标识能出现在说唱录像带中、时装走秀的 T 型台上，以及从肯尼迪机场到戴高乐机场的每一间候机室里就够了。

俱乐部用了多年时间将与自己有关的美丽元素"组建"成形、精心打磨，现在是时候将这台喧闹、多彩、奇异的潮流机器对准梅西了。

在梅西亮相前的那个周末，巴黎圣日耳曼的高管们急忙赶回了巴黎，他们急于为梅西精心设计一个新形象，并打电话告诉赞助商们这个消息：第一是梅西要来了，第二是你的赞助费得涨一涨了。

此时，巴黎圣日耳曼正好在同两家竞争成为俱乐部加密货币赞助商的公司展开谈判，这个被称为"官方合作伙伴"级别的赞助价格通常在每赛季 300 万欧元到 600 万欧元之间。然而一旦把"梅西税"也计算在内之后，这个价格几乎翻了一番。最终，只有一家公司坚持下来并支付了这笔赞助费。

此外，赫莱菲本人也拨通了俱乐部几个最重要合作伙伴的电话，告知他们即将从中得到多少新增价值。尽管巴黎圣日耳曼通过自由转会签下了梅西，但俱乐部仍然急需想办法找人分担梅西带来的巨大薪资负担。对于卡塔尔人来说，1 亿美元也就相当于从自己的沙发坐垫下面翻出来的一些零钱，但俱乐部仍然不得不使用足球相关的收入流来支付他的薪水，这样才能符合欧洲足坛关于收支平衡的相关规定。

在此期间，巴黎圣日耳曼也一直在尝试让这笔转会交易秘密进行。因为一旦有新闻泄露出去，全世界的媒体将炮制出厚颜无耻的新闻标题。

"你们虽然有过引进内马尔的经历，"梅西的随行人员警告巴黎圣日耳曼高层说，"但你们会看到，这将是另一回事。"

梅西签署了合同之后经历的每一件事都让他有些手足无措。成千上万人长途跋涉到位于巴黎市郊的勒布尔歇机场私人飞机航站楼，只为了能在飞机降落后瞥一眼他的真容。上一次有这么多人来到勒布尔歇机场观看一架飞机降落还要追溯到 1927 年，当时查尔斯·林德伯格（Charles Lindbergh）在这里完成了世界上首个单人无间断横跨大西洋飞行的壮举。

和林德伯格相比，梅西从西班牙开始的旅程要短得多，但他仍然感觉自己仿佛飞过了一个世界。

梅西走下飞机，向围观的人们挥了挥手，他穿着一件新 T 恤，上面写着"Ici c'est Paris"（这就是巴黎）。俱乐部人员迅速带着他到俱乐部的训练场和主场转了一圈，然后来到了他位于皇家蒙索酒店的新家，这里离凯旋门只有一箭之遥。他前往的每一个地方，都有巴黎圣日耳曼的视频拍摄人员尾随。在梅西抵达这里的第一周，俱乐部就拍摄了 200 条关于他的视频片段，他们知道，梅西本身就是流量。加盟球队的首日，俱乐部的公关团队就为他安排了 11 场采访，很可能比他过去 10 年答应的采访次数都要多。

不过俱乐部也确实注意到，虽然梅西的确是在说话，但他说得还不够多。像贝克汉姆或是伊布拉希莫维奇等过往的"大巴黎"球星总会讲得更多一点。换句话说，俱乐部的公关团队发现梅西有一点害羞，就像是不抽烟喝酒的乖孩子。"他和伊布正好相反。"阿莱格尔说道。不过事实上，人们看上去丝毫不关心这一点，短短 4 天时间里，巴黎圣日耳曼在各社交媒体平台上就增长了 1 300 万粉丝。人们总想了解更多关于梅西的消息。

俱乐部球衣的订单更是直线增长，让巴黎圣日耳曼和耐克都有些难以招架。这是因为俱乐部通常需要提前 18 到 24 个月就提交自己的订购需求，而他们当时无法知晓两个赛季后哪位球员在或者不在球队大名单中。在香榭丽舍大街的俱乐部官方商店上，客户们为了买到梅西的球衣要排好几个小时的队，却被告知每个人购买球衣的数量不能超过两件。还不到半年，俱乐部官方特许商品的销售额就已经比梅西加盟之前的一整年还要多。

尽管当时疫情还在肆虐，但为了尽可能广泛、迅速地将梅西的加盟变现，俱乐部已经竭尽全力。虽然几乎没人持同样观点，但巴黎圣日耳曼明白，在梅西的全部职业生涯期间，他的市场价值始终都没有被充分挖掘，如果他是一名美国职业体育的明星运动员，那么围绕他所组织的市场开发活动会比现在多很多。佩雷·瓜迪奥拉（Pere Guardiola）是何塞普·瓜迪奥拉的兄弟兼经纪人，他曾目睹了巴萨对梅西的市场开发是如何展开的，作为加泰罗尼亚篮球运动员保罗·加索尔（Pau Gasol）的熟人，他深知，一个运动员来到美国本土并拥有属于自己的商标之后，就能成为比之前更大牌的明星。

"如何面对媒体，怎样从商业角度应对它们，在镜头面前的举止该是什么样……在欧洲，这些方面我们都差远了，"佩雷·瓜迪奥拉说，"这些一直在发生变化，但是在足球界，人们就好像一直在强调，'嗨，我们应该把功夫下在球场上'。"

于是巴黎圣日耳曼开始采取行动，当梅西还在艰难地面对法语和巴黎的交通状况时，俱乐部甚至已经改变了他的外表。梅西在合同上签字后不久，迪奥也成为俱乐部的合作伙伴。梅西得把自己的牛仔短裤换成羊绒外套和定制的裤子了，考虑到他过去 20 年间所效力的地方，这一切都让人感到很不习惯。

当十一二岁的梅西刚来到巴萨的时候，他就被灌输了"巴萨不只是一家俱乐部"的概念，他一直认为一支足球队可以代表一整套政治理想和一个地区。然而直到他将加泰罗尼亚的红黄令旗覆盖在自己心头、感受伯纳乌 9 万名皇马支持者的盛怒之前，梅西从未思考过关于加泰罗尼亚身份认同的事情。他现在明白，当你代表巴萨踏上赛场，你就是在为一座城市和它的历史而战。

巴黎圣日耳曼一直缺乏历史厚重感。俱乐部清楚，其他所有俱乐部都比自己早起跑了一个世纪，因此它不得不去生产一些别的东西，例如一个生活方式品牌、一个形象，或是一种兴奋的情感。梅西曾经象征着纯粹的足球运动，至少在场上是，而他如今所效力的俱乐部却将球场上发生的事情视为一种不重要的附加物，或者只是一个更大的市场战略中的支柱之一。2021 年，梅西在巴黎领悟到了"不只是一家俱乐部"的新含义。当这种商业驱动的思维模式主导巴萨的时候，梅西曾对此非常沮丧，但它现在恰恰是这支时髦的巴黎圣日耳曼球队的本质。梅西选择加入的这家新俱乐部和之前的几乎没什么不同。

梅西所能做的一切就是集中精力完成好这项任务，他感觉自己能拿到数额高到荒谬的薪水就是为了要做好这件事：随着巴黎圣日耳曼在春天赢下欧冠冠军。这项任务的缺点在于，它同时意味着在其余的时间里，梅西需要代表巴黎圣日耳曼征战"由优步美食（Uber Eats）"赞助的法甲。

当有人用"没在另一个国家赢得过冠军"这一理由来质疑梅西的历史最佳球员地位时，在欧足联排名欧洲第五的法甲并不在他们的考虑范围之内。从巴黎圣日耳曼到其余 19 支球队的实力呈现断崖式下滑的趋势。当然，西班牙联赛里也有很多小规模的球队，但总归还有 3 家俱乐部每个赛季都能向冠军发起冲击。而在梅西加盟之前，巴黎圣日耳曼就已经在最近 9 个赛季中夺得了 7 届联赛冠军，在最近 7 个赛季的法国杯比赛中更是 6 度夺魁。这不是一支需要梅西带来进步的球队，他唯一能体现自身价值的地方或许仅限于一个赛季的 7 场欧冠淘汰赛之中。

"人们总说我们的联赛烂透了，说联赛有很多不正常的事情，"布雷斯特足球俱乐部（简称布雷斯特）主教练米歇尔·德尔·扎卡里安（Michel Der Zakarian）在梅西登陆法甲之后说，"如果我们当时能让这样的球员来到这里，那就太棒了。"

德尔·扎卡里安随后说话的尺度越来越大，声称联赛的前景让自己非常兴奋。

8 月底，当巴黎圣日耳曼宣布梅西将在客场同兰斯足球俱乐部的比赛中迎来首秀时，这场比赛的门票马上就成了全法国最炙手可热的球票。而在奥古斯特－德洛纳球场内的所有人中，没有谁比球场上那 11 名穿着兰斯队服的队员更加兴奋了。

宣告梅西"大巴黎"首秀落下帷幕的终场哨声刚一吹响，梅西就发现自己已经被 5 名希望和他交换球衣的对手球员所包围，就好像慈善赛结束之后的情形一样。兰斯门将普雷德拉格·拉伊科维奇（Predrag Rajković）无疑是其中最大胆的那个，他突然把自己两岁大的儿子从看台上抱了下来，把小家伙交到梅西的手里，想给二人拍一张合影。梅西答应了这个请求，于是，世界上薪水最高的运动员抱着一个他从没见过的、还在蹒跚学步的幼儿拍了照，这张照片立刻走红于网络。与此同时，作为几位向梅西索要球衣的球员之一，兰斯后卫安德鲁·格拉维永（Andrew Gravillon）希望能帮自己的弟弟把这件球衣抢过来，不过梅西告诉他自己已经答应把球衣送给别人了。很快，这样的场景就会成为法国各地体育场内每周的例行仪式。

"我们在还是孩子的时候就在电视上看他踢球，"格拉维永说，"不管怎么说，这次我已经试过了，下次再努力吧！"

## C 罗上演"游子归乡"

当梅西正积极地去适应法国的新环境时，C 罗却在尝试放弃意大利的生活。

他已经在尤文图斯度过了 3 年时光，在此期间不断积累着自己的比赛数据，继续填充着自己的奖杯陈列箱，也让"克里斯蒂亚诺官方成就清单"一直在加长。前两个赛季他都随队夺得了意甲冠军，此外还有一个意大利杯冠军和意大利超级杯冠军。当然，C 罗依旧贡献着大量的进球数。即使已经步入职业生涯的黄昏期，他仍然能保持着几乎每场一球的进球频率，准确来讲，C 罗在 134 场比赛中攻入 101 个进球。但是这些数据都无法掩盖一个事实：C 罗转会到意大利所取得的结果令人失望。他与教练们心生龃龉，认为对方没有恰当地运用自己的才干。队友们则几乎沦为他的"追星族"，他们太过于期待 C 罗用"魔力"解决一切问题，结果自己反而在场上踢得更差了。尤文图斯就没有任何鲜明的战术风格，只会"把球交给 C 罗"，这个战术有时确实能起到作用，但始终无法将球队提升到俱乐部引进 C 罗的整个计划所希望达到的高度。C 罗真正关心的也只有一座奖杯，而它并不是意大利超级杯。

2021 年 7 月中旬，就在 C 罗应该向球队季前训练营报到的几天前，他指示门德斯尝试与自己潜在的"追求者"进行接触。他想要迎接新的挑战，也希望能有更好的机会向自己的第六块欧冠冠军奖牌发起冲击，这意味着他需要一组新的队友。

然而这件事的问题在于，能够签下 C 罗的俱乐部本身就已经少得可怜，而随着梅西转会巴黎圣日耳曼，C 罗的潜在选择就又少了一个。门德斯向有可能引进 C 罗的几家俱乐部打探了一下，这些俱乐部包括皇马、切尔西、曼城和曼联，但没有一家俱乐部对这位 36 岁的老将感兴趣，特别是考虑到他的能力已经不可否认地出现下滑，他的薪资要求却始终如旧。

对于门德斯来说，这只是会给他的工作带来一个小小的不便。作为一个擅长提供解决方案的人，不管情况怎样他都已经开始运作转会事宜了。

到了夏季转会窗关闭前的最后一周，门德斯的努力看上去可以得到回报：他正在同曼城展开会谈，曼城在 C 罗看来是一个理想的选择。这支球队将瓜迪奥拉的执教智慧以及一套全世界造价最昂贵的阵容结合了起来，既然自己的唯一目标就是赢下另一座欧冠奖杯，C 罗感觉曼城这种举世无双的配置能够给予他绝佳的机会。他可以作为经典中锋立刻融入曼城的战术体系中，唯一的任务就是配合球队精细复杂的进攻最后将球射入网窝，这也正是"3.0 版本"的 C 罗一直寻求的场上角色。

曼城同样也接受了这个提议。一年前签下梅西的尝试以失败告终之后，曼城对于引进 C 罗进行了冷静而谨慎的思考。这个夏天，俱乐部刚刚一掷千金地以 1.4 亿美元的价格签下了中场球员杰克·格里利什（Jack Grealish），但瓜迪奥拉仍然迫切希望能为阵容增添更多的火力点。不管他人如何说 C 罗已经步入职业生涯晚期，毫无疑问的是他肯定能为俱乐部进球。

然而，转会费成为双方的分歧点。曼城愿意承担 C 罗高昂的工资，但坚持只会以自由转会的形式将他从尤文图斯免费带走。而这家意大利的俱乐部则不会接受任何低于 3 000 万欧元的价格，因为 3 年前它从皇马签来 C 罗之后，现在还欠着皇马 3 000 万欧元的转会费没给。距离转会窗口关闭只剩几天，两家俱乐部的谈判陷入僵局。

不过，多年来，门德斯一直在为一家俱乐部输送着各种各样的球员，从杰出的天才球星到平庸球员应有尽有。他把电话打给了这个自己在足球界最喜欢的客户——曼联，并给了他们一些提示。"你知道，"他对他们说，"克里斯（C 罗）正在和曼城谈判。"这并非门德斯最微妙的一次赌博，但他准确地知道该如何对身穿红色球衣的曼联采取激将法。C 罗将有可能穿着曼彻斯特另一头那家俱乐部的蓝色球衣在球场摧城拔寨。果然没过几个小时，曼联就开始采取行动了。

C 罗本人并不确定是否应该重返曼联。这家俱乐部自 2013 年开始就再没有拿到过联赛冠军了，自 2009 年他离开球队之后也再没有赢过一场欧冠决赛。不过一些 C 罗的老朋友介入了此事，俱乐部的葡萄牙国家队队友布鲁诺·费尔南德斯（Bruno Fernandes）用当前球队阵容的强大实力招揽他加盟。以前和他做邻居的前曼联队友费迪南德则一直和他通话到凌晨 3 点，提醒他任何一段在曼城效力的经历都会成为他职业生涯中的污点。曼联成就了如今的 C 罗，他不能背弃这支俱乐部，转而从它的同城死敌那里领取工资。

"你真想让曼城经历成为你的遗憾吗？"费迪南德问他。

第二天一早，曼联同尤文图斯就 C 罗的转会费达成了一致，整个转会过程在 24 小时内就"孵化"完毕，以令人动容的游子归乡般的情节呈现给世人，而球迷们也非常乐意买单。Instagram 上，曼联宣布 C 罗回归的消息马上获得了 1 300 万的点赞，创造了体育运动队在该社交媒体平台上点赞数的历史新高。4 天之后，在上演曼联首秀的 18 年后，C 罗迎来了自己在曼联的第二次"首秀"，即将在主场对阵纽卡斯尔的比赛。

与梅西加盟巴黎圣日耳曼不同，C 罗的转会没有让观众感到任何不适应。但是，在观众心中，梅西就是巴萨，一个人象征着这个拥有 123 年历史的机构，也是一个穿着红蓝间条衫的吉祥物，所以看到他出现在巴萨之外的任何地方，都会觉得非常古怪。但 C 罗始终是不一样的，他就好比是单人版的银河战舰，一直想要"停靠"在顶级联赛中的顶级俱乐部。他实在是太重要了，以至于曼联愿意签下他两次。

令人担忧的事情还是发生在了随后的几个月之中。人们愈发明显感觉到，职业生涯正在走下坡路的 C 罗还在长时间地劳累苦干，而他签约加盟的这家全世界最受欢迎的俱乐部却步履维艰，比赛踢得沉闷无趣，这让人感到奇怪。更令人大惑不解的是，上赛季还能夺得英超亚军的曼联，为何在增添了 C 罗这位历史级别的伟大球员、全球超级巨星，同时也是俱乐部标志性人物之后反而表现得更差了。因此突然之间，C 罗开始被各种理由攻击，从他的身体语言到他在防守端的付出无不被诟病。事实上，就好像应该用每 90 分钟在防守端给予对手的压力来衡量他的贡献一样，而如果将评判的指标换成进球和助攻的话，C 罗毫无疑问是全队表现最好的人。他被公开批评为打乱球队战术体系的罪魁祸首，也因不像年轻队员们那样四处跑动而遭到谴责。实际上，这些攻击都略微有些不尊重人。

当 39 岁的费德勒在拿到大满贯的第一周就毫无抵抗力地倒在球场上时，没有人落井下石。当首次复出的伍兹在大满贯赛事中被淘汰出局时，也没有人恨得想杀了他。但这就是个人运动和饱受严峻考验的欧洲足球之间的根本性区别。就算费德勒输了，也只会影响他一个人，而不会波及他身边的其他 10 位球员。一名网球运动员的愉快告别之旅不会让任何人损失积分、奖杯或是金钱。C 罗人生中第一次被当成了一个碍事的累赘。

其实，在自己职业生涯的"晚年"阶段，C 罗已经对这些不尊重他的迹象习以为常了。他用 20 年的时间将自己的遗产打造得熠熠发光，现在，他不想让自己职业生涯末端的几个低于平均水准的赛季就贬损了自己此前的丰功伟绩。C 罗同梅西之间的对决已经结束了，但他不打算结束这段长期的争执，尤其是在社交媒体上，在那里，每个故意侮辱他的言论都会换来他的一记"双脚飞铲"。

德国足球新闻网站"转会市场"的两位编辑就用一种痛苦的方式领悟到了这一点。那是在 2020 年 3 月，C 罗当时还没转会到曼联，但对他的批评声音到处都是。"转会市场"在 Instagram 上发布了一条无关痛痒的动态，将门德斯旗下的球员按市场价格排名。C 罗看到了这个排名，他并不喜欢这个网站给他评估的价格，于是就直接"找上了门"。他想知道，为什么他们给自己定的价格只有少得可怜的 7 500 万欧元。"转会市场"的编辑回复说，这个价格反映了他现在已经 35 岁的事实，不过他依然是这个年龄段上的全世界价值最高的球员。这不是一个 C 罗喜欢的答案。"他给我们发了几个'呵呵'，"其中一位编辑说，"然后把我们拉黑了。"

接下来 C 罗又有了新的行动。在巴黎举行的 2021 年金球奖颁奖典礼上，梅西身着一套带亮片的礼服，创纪录地第七次捧走了金球奖奖杯。Instagram 上，有一位球迷在自己的账号上用长篇大论的文字为 C 罗打抱不平，认为这位葡萄牙球星比梅西更配得上金球奖。"对于 C 罗来说，攻入全年最漂亮的进球、为一支俱乐部赢下一切奖项的冠军、荣膺所有赛事的最佳射手，以及在世界杯上上演帽子戏法，这些全都没有用，他必须达到观众们 300% 的肯定才有希望赢得金球奖。"这位球迷写道，"但梅西获得了相反的待遇，他可以有状态下滑的低产赛季，但他们总会找到一种对他有利的方式把金球奖颁给他。这是肮脏的偷窃，是一种可耻的行为，C 罗实在是太不幸了。"

C 罗很赞赏这段言论中的逻辑。"这是事实。"他回复道。"我职业生涯中最大的追求就是在世界足球历史上用金色烙印刻下我的名字。"C 罗后来解释说道。

然而关于金球奖的事实在于，梅西在 2021 年取得了自己职业生涯中最伟大的成就之一。这个成就并非发生于巴萨的最终赛季，也没有出现在梅西不温不火的法国生活的开端中。身披阿根廷国家队球衣的梅西等待已久的荣耀时刻终于来临。在那一年的夏天，他捧起了美洲杯。

穿着这件天蓝色和白色相间的球衣，梅西此前 10 年在国家队的征程都令他心碎。如今，在巴西各地空场进行的这届美洲杯期间，他兼天天时地利人和。梅西不仅以 4 个进球成为本届赛事的最佳射手，而且在那梦幻般的一个月中，他在阿根廷队所上演的一切精彩表现中都居于中心位置。最终，正是在梅西丢掉 2014 年世界杯冠军的那座体育场内，他的球队这一次击败巴西队夺得了美洲杯冠军。队友们将奖杯献给了梅西，当这项荣誉正式归属于他的时候，梅西把头埋进了膝盖里，沉浸在解脱后的释然之中。在他不可思议地转投巴黎圣日耳曼之前，这次夺冠既是一场竞技上的胜利，也是他驱除自己心魔的过程。"我需要了却这桩心事，证明自己有能力随国家队取得一些成就。"梅西说道。

现在，在大型国家队赛事奖杯的记分牌上，C 罗和梅西打成了平手。葡萄牙队 2019 年夺得了欧足联国家联赛的冠军,但这一成就无法和美洲杯相提并论,虽然 C 罗的 CR7 博物馆展现的并不是这样。到了现在这个阶段,C 罗若想再去为自己的简历中增添一项能够与之匹敌的荣誉,这并不是容易的事。

C 罗回归之后还没经历一个完整的赛季,曼联就已经退出了联赛冠军的争夺行列,更衣室内球员的不满情绪很大,C 罗也感到非常不开心。3 月,至关重要的"曼市德比"到来之前,球队临时主教练、脾气火暴的德国教练拉尔夫·朗尼克(Ralf Rangnick)通知 C 罗,将不会把他列入德比战的出场阵容之中,这使得 C 罗在整个回归之旅的"体验"跌入谷底。C 罗完全没有兴致坐在替补席上,在未经球队允许的情况下,他悄悄溜回了葡萄牙,曼联对外宣称这是伤病的原因,强忍怒火的 C 罗则没有争辩。人们一度怀疑他是否还会从葡萄牙回来。

考虑到梅西几天后就将在欧冠的舞台中央闪亮登场,相较之下,C 罗此次闹脾气的时机就显得更不当了。在主场进行的首回合较量中,巴黎圣日耳曼让皇马彻底俯首称臣,现在他们正前往西班牙完成最后的任务,就是锁定一张1/4 决赛的入场券。即使没有身着巴萨球衣,梅西也将再一次回到伯纳乌折磨皇马。当梅西和 C 罗的较量进入最终阶段,当时的形势却突然给人一种一边倒的感觉。

这种感觉一直持续到皇马众将拯救他们的老队友。在又一场令梅西蒙受羞辱(也是令巴黎圣日耳曼蒙羞)的欧冠中,这支法甲冠军队没能保住总比分2 : 0 的领先优势,最终被皇马以 3 : 2 完成逆转。这场失利中,最令人吃惊的倒不是巴黎圣日耳曼的球员居然会因紧张而发挥得如此糟糕,毕竟他们已经养成这样的习惯了,而是俱乐部专门签来治疗球队怯场毛病的那名球员看上去完全没有作为。比这还糟的是,梅西在场上也毫无亮点,隐身般地踢完了自己在巴黎圣日耳曼这段短暂时光中的最重要比赛。巴黎圣日耳曼针对"梅西实验"

指出，这是一次造价极为昂贵的失败。

不知道因为老对手的不幸，还是因为被 C 罗称为"另一位历史最佳"的 7 次超级碗冠军得主汤姆·布雷迪（Tom Brady）突然现身老特拉福德的人群之中，不知 C 罗是受到了其中哪件事情鼓舞，那个周末他重新振作了起来。从葡萄牙归队的 C 罗晒黑了皮肤，得到了休息，也保持着愤怒情绪。

凭借着一个帽子戏法，C 罗将自己的全部沮丧转化为单枪匹马地把热刺"大卸八块"的实际行动。这个帽子戏法精确描绘了他职业生涯的全部 3 个时代。第一脚 20 多米开外的远射是其经典的曼联时期代表作，第二个门前推射则代表其在皇马时代那个纯粹的得分手，而在攻入第三个头球时，C 罗就像飘浮在热刺禁区上空一样，这也是他在尤文图斯时期担任支点型中锋的直接体现。

这 3 个进球共同组成了 C 罗职业生涯的第 59 个帽子戏法，根据国际足联的统计数据，这也推动他迈过了原先的里程碑，成为历史最佳射手——这是又一项可以列入清单的成就。梅西和 C 罗二人之间的天平再次摇动，这一次回到了 C 罗这一边。

这种代表实力的钟摆在两人之间来回摇摆的情况看上去经常发生。在二人共同书写的职业生涯终章里面，他们所做的任何一件事都会呈现出巨大的影响。属于两个人的时代已经明显步入尾声，唯一有意义的讨论就是他们的遗产，这场"梅西还是 C 罗"的大辩论会在短短几天时间内就向其中一方或另一方猛烈倾斜。正是出于这个原因，他们的每一个高光时刻或低迷时刻都会被放大。

回到二人的巅峰岁月，当二人还在忙于改写足球历史时，他们之间这组对决从未间断。两位球星取得一个又一个极具分量的成就，都使得胜负天平上的变化几乎令人无法察觉。除非有不寻常的地震般的事件发生，比如其中一个人捧起了欧冠冠军奖杯，或者另一个人拿下了美洲杯冠军。

不过，当他们的职业生涯到了现在这个阶段，单独一场比赛甚至都会引发一场"余震"。就在 C 罗为老特拉福德奉上大师级杰作的几天之后，回到西班牙的他就体验到了和梅西一样的命运：在欧冠 1/8 决赛中表现绵软无力，被一支来自马德里的球队淘汰出局。连续两年，两人都没能在自己曾经垄断的这项赛事中晋级八强。

球迷们并不介意时刻提醒梅西和 C 罗他们仍是凡人。巴黎圣日耳曼在西班牙被淘汰出欧冠比赛之后，回到巴黎王子公园球场的梅西每次触球都会遭遇观众的嘘声。即使球队取得进球，他也几乎没庆祝。梅西加盟巴黎圣日耳曼的那个夏天，法国《队报》（*L'Equipe*）在长达好几周的时间里一直在头版连篇累牍地报道这笔法国足球历史上最令人叹为观止的签约，现在，这家报纸却提出了一个此前根本没人想过的问题：巴黎圣日耳曼签下梅西是正确的吗？私下里，梅西自己都开始觉得答案或许是否定的。没过多久，就开始有传言说他可能重回巴萨。

不过在此之前，C 罗早已意识到回归曼联是一个错误。在他离开的 12 年间，曼联作为一个俱乐部没有任何进步，而 C 罗同样并不介意将这一点告诉足球界里愿意倾听的每一个人。凭借体育科学领域的每一个新发明和每一项新进展，C 罗一直使自己的身体机能保持在巅峰状态。他已经树立了身体机能训练和恢复的标杆，但是环顾曼联全队，为什么就不能有人像他一样全情投入、尽心尽力呢？自他走了之后，这里的一切都没有改变。因此到了夏天，门德斯再一次把 C 罗推销给其他有意引进他的欧冠球队。

无论是自己在老特拉福德目前的处境，还是将球队沦落至此的原因归咎到他一个人头上的那些人，都令 C 罗作呕。一次国际足联活动期间，他将这些感受直言不讳地概括为一句话："这就是一场灾难。"

## 以世界杯冠军一决胜负

那么，梅西和 C 罗仍在为何而奔波忙碌？

他们已经离开了自己所熟悉的"自然环境"，他们赚到的钱比足球历史上任何其他球员都要多，而在绝大多数时间里，他们所追逐的纪录如今已不在他们力所能及的范围之内，他们的时代明显已经接近终点。然而，仍然有一件事促使他们继续奋战，这件事在二人的所有要事中高居首位，比创造纪录、兑现支票，或是赢下又一座欧冠奖杯都要重要。这件事使他们感觉自己在国家队的舞台上还有未竟事业需要完成。梅西和 C 罗仍然在球场奋战，就是为了向那座两人同时缺失的重要奖杯世界杯冠军再一次发起几乎不可能的冲击。

世界杯此时已经被赶下了足球之巅的位置。讽刺的是，和别人一样，梅西和 C 罗也需要为此负责。在二人主导世界足坛的重要纪元，不能否认的一点是，俱乐部赛事的水准已经远远胜过国家队比赛的水平。欧洲的超级俱乐部将更多的天才球员和更精密的战术部署结合在一起，代表了全世界最高的足球水平。衡量一位球员是不是历史最佳球员，不再取决于他在这项 4 年一度、为期 5 周的赛事中表现如何，他赢得过几次欧冠冠军，或是手里有几座金球奖奖杯才是真正的评判标尺。

不过，世界杯总有一部分重要意义是无法被撼动的。梅西和 C 罗都清楚，捧起这座奖杯能够让他们在体育界里流芳百世，正如它曾赋予贝利和马拉多纳神圣地位一样。更重要的是，夺得世界杯或许能够一劳永逸地解决两人长时间较量却分不出胜负的问题。

无论梅西和 C 罗一直以来的表现如何影响观众的想法，对决的概念一直存在于二人的脑海之中。尽管现在的运动员非常聪明，也深谙应对媒体之道，不会在公众面前承认自己和谁暗中较劲，但这场较量的确已经存续了 15 年之久。在两人职业生涯的绝大部分时间里，当面对这个话题的时候，梅西和 C 罗要么开始绕圈子，要么干脆完全避而不谈。而随着他们步入职业生涯的末期，摆脱了反复上演的巴萨对决皇马的大型"心理剧"之后，他们终于能够承认，两人间的对决鞭策着自己不断前行——虽然这么多年来两个人一直未曾坐下来一起吃顿饭。

"这种感觉很奇特，我和他，我们两个人分享了这个舞台 15 年，"2019年在摩纳哥举行的金球奖颁奖典礼上，坐在梅西身旁的 C 罗说道，"相似的两个人一直分享着同样的舞台，我不知道这在足球运动历史上是否曾经发生过，你知道，这很不容易。当然，我们的关系不错，虽然我们到现在还没有一起吃过饭，但我希望这在未来可以实现。"

在足球界有着神一般地位的两个人拥有的"温情时刻"非常短暂，因此记录下这一时刻的视频片段在 YouTube 上被播放了超过 5 000 万次。

"这场决斗会永远持续下去，因为它已经进行了很多年，让自己如此长时间地处在最高水平并不容易，"梅西说，"特别还要考虑到我们两个效力的俱乐部，巴萨和皇马，它们是全世界最好的俱乐部，但也是最苛刻的。"

梅西和 C 罗两人之间的区别往往被球迷以卡通般的夸张方式呈现出来，然而其背后的真相却是，无论是作为球员还是作为人，梅西和 C 罗拥有的共同点比所有人看到的都要多。但是，球迷们就是钟爱那种将两人描绘成处于完全相反的两个极端的叙事方式：梅西是谦逊的英雄，是一名团队型球员的终极形态，他对名和利避之不及，只想做一个善良的人，而不是足坛伟人；C罗则是那个喜欢臭美的超人，他戴着飞行员墨镜的形象总是出现在巨幅广告板上，而且这个家伙看上去经常对队友的存在略有不忿。

实际上，从来就没有所谓"不需要精心呵护"的天才。重返曼联的C罗索要他曾经身披的号码。虽然此时的7号已经归属于埃丁森·卡瓦尼（Edinson Cavani），而且按理说在本赛季的剩余时间里都已不可更改，但英超还是为他网开了一面。此举又成了C罗气量狭小、妄自尊大的铁证，特别是在考虑到梅西加盟巴黎后允许内马尔继续保有10号球衣的情况下。其实，梅西身披30号球衣本身也已是规则通融的结果。在法国，30号是为门将保留的号码。

与公众认知相反的是，梅西和C罗并不是彼此的对立面，他们都有着对于胜利的渴望，也都矢志不渝地追求着完美。人们很难判定谁更胜一筹，恰恰是因为他们拥有太多的相似性，而并非因为两人有区别。

"从宏大的历史格局出发，你几乎可以把他们二人当作一名球员来看待，"负责组织运行金球奖的帕斯卡尔·费雷说，"拥有疯狂的数据和迥异的风格，两个人在同一时期双双成为足球运动的主宰者……一个人刚刚在周六踢进一球，另一个就在周日的比赛中梅开二度，这不可能只是一个巧合。"

过去长达十余年的时间里，球迷和俱乐部高管每周都能频繁地看到两张熟悉的面孔在球场上呼风唤雨，这让他们几乎把这当成了一件理所当然的事情。毕竟没有人曾经看过这么多贝利或者马拉多纳的比赛，因此人们确信，由两位传奇巨星间的重量级对决所推动发展的足坛现状，才是足球运动一直以来应有的模样。俱乐部同样对此习以为常，它们甚至相信只要自己寻觅得够仔细、钱花得够多，就能够复制这组"绝代双骄"。而如果你碰巧找到了一个梅西或是一个 C 罗，那你就能在钓鱼台上稳坐 10 年，看着奖杯在自己面前不断堆积。

欧洲各俱乐部专门做出的转会决策正是建立在这个假设的基础上。巴黎圣日耳曼在内马尔和姆巴佩身上砸了 5 亿美元；曼联于 2016 年豪掷 1.4 亿美元签下了博格巴；2019 年，马德里竞技则用 1.42 亿美元的天价签下了年仅 19 岁的葡萄牙神童若昂·菲利克斯（João Félix）。人们似乎很容易就忘记，在非常优秀的球员和天才球员之间，还存在一道巨大的鸿沟。梅西和 C 罗就是独角兽一样的存在。

这并没有阻止足球界的球探在全球各地寻找梅西和 C 罗这类球员的踪迹。一个炙手可热的希望之星可能是"非洲梅西"，也可以是"美洲 C 罗"。瓜迪奥拉就曾将他最喜欢的膝关节损伤专家称为"医学界的梅西"。维拉特·科利（Virat Kohli）究竟是不是"板球场上的 C 罗"，则成了印度体育迷日常讨论的问题。两人对于世界足坛的"双头垄断"甚至塑造了人们未来看待足球运动的方式，人们都认为足球运动以后会一次性寻觅到两个天才球员。

从今往后，只拥有一名足以定义时代的球员再也不够用了——不管这个人是谁，他都需要有一个对手。如果说梅西和 C 罗的对决定义了足球界 21 世纪的第二个 10 年，那么球迷们已准备好由姆巴佩和埃尔林·哈兰德（Erling Haaland）之间的对决来塑造下一个 10 年。不过这个 10 年恰恰是以梅西第七次夺得金球奖为开端，这两头"恐龙"般的人物可是还没有灭绝呢！相比之下，被他们遗留在身后的俱乐部的状态却更接近成为化石。

在"后梅西 vs. C 罗时代"的"残骸"里，皇马和巴萨发现他们既要为了赚钱操劳忙碌，也不得不死守着超级联赛的残余热气。两位巨星留给了他们一屋子的奖杯和全世界最长的高光集锦，但俱乐部还想知道，这两份遗产究竟给他们带来了什么帮助。

巴萨身上背负的债务达到了难以平衡的水平，俱乐部的主场上座率急剧下跌，一些诺坎普的比赛看台上甚至只有一半左右的观众。近些年来，俱乐部愈发深陷绝望之中，俱乐部的工作人员甚至开设了一间电视节目工作室，制作了一档关于拉玛西亚孩子们的儿童节目。

上一次俱乐部面临如此严峻的形势还要追溯到 2003 年，当时他们选择将青训营培养的这些本土的年轻人提拔到一线队阵容中来渡过难关。而到了2022 年，俱乐部的"妙招"变成了拍摄这些孩子的卡通动画片。

至于皇马，他们只进行了一次银河战舰级别的引援来取代 C 罗，那就是签下来自比利时的进攻指挥官埃登·阿扎尔（Eden Hazard）。但他在以 1 亿欧元的价格加盟球队之后就受伤了，在皇马的前两个赛季，他在联赛中的出场次数连一半都不到，而且即使在没有伤病的情况下，他的身体状况也在不断恶化。有了 C 罗珠玉在前，他的继任者们需要面临高不可攀的评判标尺——自从 C 罗离开球队之后，俱乐部的每一个重要引援都被批评为努力得还不够。

不难看出，"绝代双骄"在西班牙的时代结束也最终让俱乐部付出了惨痛的代价，那就是皇马和巴萨又重新回到了两颗璀璨流星划过之前的沉寂年代里。只不过这一次，这两头足坛内的"庞然大物"变得比以前更加脆弱，和那些由石油国家主权财富基金或是全球寡头们控制的俱乐部比起来，他们银行账户中的数字简直不值一提。如果按照传统的规则用传统的方式在足球界参与竞争，皇马和巴萨不可能再赢得这场军备竞赛。

幸运的是，转会市场带来了一线希望。随着梅西离开西班牙，一个理性的观点在整个欧洲传播开来：现在球员转会价格攀升得实在太高，以至于没有人能同时负担高昂的转会费和巨额的球员薪水，必须在两者之中做出取舍。而此时，居于转会市场顶端的泡沫看起来终于要破裂了。

"你会看到最好的球员以免费的形式自由流动。"正如温格所言，这就是它的后果。

不过，这种自由流动不应被误解为球员的力量。在足球界，梅西和 C 罗将一位球员能够拥有的名望发展到了新的高度，并且改写了与这项运动的相关经济学历史。然而，即便他们看上去已经成为推动这场盛大演出进行的背后引擎，就结果而言，他们在足球运动中终究并不具备足以影响走势的话语权或影响力。

在梅西 vs. C 罗的时代，球员的绝对力量仍然只是幻象和错觉，在迫不得已时，梅西不得不违背自己的意愿，选择离开巴萨。而已经不再是俱乐部净资产的 C 罗，也只能不断搜寻一个愿意接纳自己的地方容身。

正因如此，他们选择了在最出乎人们意料的地方书写自己的职业生涯终章。对于 C 罗来说，曼彻斯特是梦开始的地方，而并非告别之处。对于梅西而言，巴黎之旅则相当于一场欧洲迪士尼的购物旅行，他的好兄弟内马尔几年前就已经开始想要逃离此地。

梅西和 C 罗一边兑换着自己的支票，一边耐心地等待世界杯的到来。他们每到一处都会引起骚动，但也只有当他们在球场上模仿曾经的自己时才能造成喧嚣。人们蜂拥而来，正是在追逐他们的盛名，或者说他们耀眼的过往，以及他们所代表的一切。

球迷来看他们踢球是为了他们昔日的光辉岁月，而不是为了一睹处于黄昏期的诸神还能有哪些作为。尽管两人确实偶尔还能制造出别人难以想象的个人魔法表演，但这种时刻如今更像是例外，是职业生涯的突然闪回。

　　如今与二人有关的话题更多的是关于他们在球场上无力回天的片段，当然这种"无能为力"也是按照他们过往那些令人眼花缭乱的标准来对比评判的。一个赛季 60 个进球的日子已成过往，考虑到两人的身体状况，那些以雷霆之势突破对方后卫，然后回身将被晃倒在地的对手再羞辱一遍的"盛景"，也早已无法重现了。

　　今天，再去观看梅西和 C 罗的比赛时，一种朝圣般的虔诚之情是凌驾于所有之上的情感。这是一次让你能再次沉浸在二人夺目光彩之下的机会，在一切都变得太晚之前，你或许可以拿手机拍下来。

MESSI
vs.
RONALDO

## 结 语

# 历史最佳球员的终局之战

十年磨一"见"。一个温暖的冬夜，在噼啪作响的焰火中，梅西和 C 罗踏上球场，步入了这场整个足球世界都渴盼已久的对决。在海湾地区，梅西和 C 罗再度聚首，迎来了双方之间的终局之战。长达 10 年的时间里，仅仅是动一下这样的念头就足以被称为异想天开。然而现在，这场对决却以出乎预料的方式在现实世界发生。

在海湾地区的这场对决并非世界杯决赛，也不是在卡塔尔进行。相反，这是梅西和 C 罗参加过的最怪异、荒唐，以及毫无必要的一场表演赛。老特拉福德、诺坎普、伯纳乌，在这些欧洲足球圣殿的决斗全部结束之后，和其他许多无价之宝在 2023 年的归宿一样，这两个现代足球运动最珍贵的"商品"也最终相聚在沙特阿拉伯。

比赛场地法赫德国王球场（King Fahd Stadium）年代久远，在利雅得的一隅。受新冠疫情影响，梅西的巴黎圣日耳曼在沙特进行友谊赛的安排推迟了一年，而法甲此时正进行到中期。球队主帅毫不掩饰自己对此安排的不快——队伍在沙特待了不到 24 小时。

与此同时，C 罗所代表的球队甚至都不算真实存在，它只是两支球队的"一次性结合体"：一支是利雅得胜利（Al Nassr），他刚刚签约的沙特俱乐部；另一支是利雅得新月（Al Hilal），他刚刚得知是自己死敌的俱乐部。整个情况就好比洋基队和红袜队临时组成联队和火星人单场决生死一样。

然而，从引发关注到最终促成，本场比赛仅用了一周的时间，这很大程度上是由梅西的老朋友（同时也是 C 罗的新伙伴）沙特阿拉伯王储穆罕默德·本·萨勒曼的政治执行官、沙特大臣图尔基王子推动实现的。他坐在球场至尊看台的豪华座椅上，一边抿着茶，一边看完了整场表演。

这场有些奇怪的比赛开始后，巴黎圣日耳曼的队员在场上闲庭信步，梅西在开场第三分钟就取得进球。C 罗对待比赛的态度要认真得多，在比赛中梅开二度。两个人都登场了 1 小时，精准地履行了合同中对上场时间的要求。在全场近 6 万名球迷山呼海啸般的欢呼声中，二人在 1 分钟之内相继被替换下场。在这场狂野的比赛中，这支堪称沙特全明星队的球队最终以 4∶5 败北。

当晚，这两位球星之间一次礼节性的握手、几句西班牙语的闲谈，就是二人在公众面前的全部互动。天赋和意志的强大力量，为他们总共赢得了 12 座金球奖，也引领他们来到如今的光荣时刻，但在可以塑造足球世界的更强大力量面前，这终究也不过是其中小小一部分。两个人都很乐于成为沙特石油钞票签收人，C 罗是利雅得胜利的最新成员，而沙特为推动旅游业而制订的计划"探访沙特"的大使正是梅西。

赛后，两位球星均未公开讲话。梅西需要离开这里，离开这个国家，回到巴黎。而 C 罗同样匆匆离去，虽然他并没有跑得那么远。现在，C 罗被困在了沙特。

2023 年 1 月梅西和 C 罗来到利雅得的时候，我们用天壤之别来形容他们的境遇也毫不为过。

刚刚经历了一场体育史上最不堪的分手后，C 罗被曼联扫地出门，作为沙特的"高价玩物"来到这里。与此同时，梅西则是世界冠军。在二人的职业生涯中，这是他们同场竞技，却第一次无法再相提并论。在超过 10 年的争斗中，两人各领风骚几个赛季，有时甚至在几场比赛后胜利的天平就能发生翻转。但在大约 4 周的时间里，天平永久地倒向梅西。

回到 12 月的卡塔尔，真正做到这一点的是梅西。35 岁的他身披阿根廷队蓝白间条衫已经超过了 10 年，本届世界杯也很可能是他在足球运动最高舞台的绝唱。最终，梅西捧起了大力神杯，一劳永逸地终结了这场对决。

身着卡塔尔埃米尔为他披在肩上的庆典黑袍，梅西将这座小小的奖杯举向天空，他也由此跻身由赢得过世界杯冠军的历史最佳球员所组成的足坛万神殿，此前只有贝利和马拉多纳位列其中。而且，入殿后的梅西还将身后的大门牢牢锁住。替补登场的 C 罗没能阻止葡萄牙队被摩洛哥队淘汰的命运，眼含泪水的他漫无目的地在球员通道游荡，在超高清摄像机的记录下，这也是他在卡塔尔世界杯的最后时刻。梅西和 C 罗，谁才是足坛至高无上的统治者，这之所以能够在这项世界最受欢迎的体育运动中成为多年来经久不衰的问题，就是因为始终没有确切的答案。

现在，它的答案已经不能更清晰。

梅西一连串令人震撼的表现给出了这个问题的答案，来自阿根廷门将埃米利亚诺·马丁内斯（Emiliano Martínez）那记惊世骇俗的扑救，一场惊心动魄的点球大战，以及世界杯所见证的一场最狂野的决赛让这个答案更确定。当这一切硝烟散去，最后的空白终被填满。这座梅西一度放弃的奖杯，这一直与他擦肩而过的重大荣誉，现在终于是他的了。

当然，在此之前，他在世界足坛的地位早已毋庸置疑。在重塑足球运动格局方面，梅西和C罗所做出的贡献比其他任何人都多，是他们使得欧冠的地位升至足球运动巅峰，成为最负声望的荣誉。即使没有世界杯冠军加身，两个人也早就在历史最佳球员的排行榜中刻入了自己的名字。足球运动中，球员的更新换代比香蕉变质的速度还快，因此，他们二人能够站上卡塔尔世界杯的赛场本身就是一个小小的奇迹。此前，5次参加世界杯的俱乐部里只有3位球员：两位坚守在墨西哥队的老将以及德国的永动机马特乌斯。现在，梅西和C罗也加入了他们的行列。

出乎预料的是，梅西在自己最后一届世界杯之旅中奉献了最伟大的表现。在沙漠的一个月比赛中，他在阿根廷队的每场淘汰赛中都有进球，并在决赛中梅开二度。在点球大战中，首先登场的梅西将点球稳稳罚入，最终当选世界杯最佳球员。回头看来，整件叙事似乎是大势所趋、不可避免。但在故事开端，这一切可一点都不像是一场加冕仪式。

实际上，这届世界杯之旅开始时更像是一场大灾难。以连续36场不败的态势开启本届世界杯的阿根廷，在首场比赛就输给了沙特阿拉伯。在当时，梅西对于世界杯的最后一次追逐看上去将重蹈此前4次的覆辙：观众怀着很高的期待，却最终惨痛地失望，他们从未停止高唱关于巴西卑鄙论调的歌曲。

然而，阿根廷开始愤怒。全队上下一致认同，一切都为了球队的10号，在队友们的振奋精神下，梅西开始用一系列桀骜不驯的表现应对比赛。他带领球队杀入淘汰赛，无所不用其极地争取一线生机，所有的一切都已不再重要，哪怕以舍弃自己乖孩子的形象为代价也在所不惜。随着阿根廷在赛场上继续挺进，梅西也不断揭开自己潜藏的另一面：那个整整一代皇马球员都早已熟知的垃圾话能手。

在球场上，他公然无视波兰球星罗伯特·莱万多夫斯基（Robert Lewandoski）的握手。更衣室里，他又把墨西哥队球衣踩在脚下。对阵荷兰队的1/4决赛时，双方频繁的冲突让比赛观赏性十足，而梅西则把手窝成杯状放在耳边，向对手替补席发出嘲讽。他的队友，以及所有阿根廷人都爱死了他们这位新的超级反派：暗黑梅西。

在所有事件中，最令人震惊的一件发生在阿根廷将荷兰淘汰后。人高马大的荷兰球员沃特·韦霍斯特（Wout Weghorst）在一旁耐心地等待着与梅西交换球衣，直到这位传奇球星看到了他。"看什么看！蠢货。"梅西朝韦霍斯特吼道。

奇怪的是，人格上彻头彻尾的转变，反而实实在在地让梅西引发了更多共鸣。没错，当足球在脚下时他确实像上帝一样，但如果被踢了太多脚，他也会像我们每个人一样变得气急败坏。当阿根廷闯入决赛的时候，似乎全世界都希望他能走到最后。或者不管怎样，至少世界上有一半人如此。

世界上的另一半人则刚刚经历了并不愉快的一个月，目睹了C罗的职业生涯遭遇了一场突然、猛烈、自我折磨的巨大挫折。

世界杯前的几个月，就可以察觉到这一动荡，曼联主帅埃里克·滕哈赫（Erik ten Hag）明确表示，C罗不再是他计划中至关重要的一环。C罗的地位从历史上价值最高的球员之一，直线下滑到曼联板凳上的第三选择，C罗"接受"这件事的方式正如你所料。一场对阵托特纳姆热刺的比赛临近尾声的时候，滕哈赫打算将C罗象征性地替换上场，直接遭到后者的拒绝，滕哈赫进而将C罗停赛，事态自此开始恶化。

于是，C罗按照以往惯常的方式行事，他亲自下场，很快就"奉献"出自己漫长光辉岁月中最具毁灭性的90分钟：一场分为两个部分、时长一个半小时的采访，在与英国电视权威皮尔斯·摩根（Piers Morgan）的访谈中，他与这家将他培养为一个明星的俱乐部恩断义绝。

"别跟我说有哪些顶级球员，有哪些想要赢得一切的球员，有哪些关键球员只能上场踢3分钟。"C罗对摩根说。

C罗喋喋不休地说着类似的话，关于尊重以及没有人给予他任何尊重。他说，自己遭到了背叛。唯一一位拥有5亿Instagram粉丝的人，受到的待遇却像一个无名小卒。

老特拉福德球场内部同样也已忍无可忍。没过几天，曼联就发表了一份67个单词的声明，为双方这段并不愉快的合作经历画上句点。

"双方达成一致，C罗将要离开曼联，立刻生效，"俱乐部的声明写道，"俱乐部感谢C罗在两次效力曼联期间做出的巨大贡献，代表球队出场346次，攻入145球，祝愿他和家人在未来一切顺利。"

C罗现在是一名自由球员了，能够自由自在地追随着自己的雄心，去一个真正珍视自己才华的地方。尽管此时的他即将年满38周岁，但这正是他想要的，C罗明白无误地告诉摩根。

"你想要留在最高水平的舞台上，"摩根顺着他说道，"你想要踢欧冠，你想要创造纪录。直觉告诉我，如果只是为了钱的话，你会去沙特挣一座金山银山出来。但这不是驱动你继续踢球的原因，你想要的是留在顶尖舞台。"

"没错！"C罗答道，"因为我相信自己还能进很多很多球来帮助球队。"

麻烦在于，需要找到一支真正需要他帮助的球队。这导致C罗在两个月后转而选择B计划：挣一座金山银山。

C罗与利雅得胜利签订的这份2.1亿美元左右年薪的合同立刻使他成为有史以来最富有的一位球星。他不仅让梅西在巴黎圣日耳曼的合同相形见绌，也使得詹姆斯仿佛在拿着新秀薪水打球。然而这也意味着C罗的荣誉彻底与他告别。"我在欧洲的工作结束了。"他在亮相仪式上说。

同样让C罗烦心的是，他意识到自己与门德斯的合作关系或许也走到了尽头。C罗和这位与自己携手同行最久的伙伴产品了矛盾，当时C罗给门德斯布置任务，让他为自己找一家新的精英俱乐部，条件之一是：这支新球队得能打欧冠。

在C罗职业生涯的诸多成就中，欧冠的纪录最让他引以为傲，也是他紧握在手中的一系列荣誉中最被广为传颂的一个。此前一个赛季，C罗将欧冠射手王（73球）的宝座让给了梅西，这让他颇有些苦恼。C罗还需要一两个赛季来让自己在这项欧洲顶尖赛事中的数据更好看一些。

然而实际情况却是，无论门德斯造访哪里，结果都是在别人的嘲笑中无功而返。那不勒斯仅看了他一眼，拥有一位美国新老板的切尔西也只是简单考虑了一下，而皇马则直接说不需要。在C罗看来，这一切毫无疑问都是门德斯的问题，因此在与利雅得胜利商谈合约的时候，这份工作并未落到这位足球界最有权势的经纪人头上，而是由前耐克公关人员、为"克里斯蒂亚诺有限公司"服役 20 年的老臣雷古费负责。

此后的几周时间里，当卡塔尔世界杯的疯狂全部尘埃落定，当那一个月造成的余波全部平息，梅西和 C 罗都不得不回到现实之中。

梅西重返巴黎圣日耳曼之后，不愉快的处境让他看上去死气沉沉。而决心让利雅得胜利的付出感到物有所值的 C 罗，看起来却踌躇满志得有些奇怪。毕竟，唯一能证明他转投沙特超级联赛无可厚非的方式，就是重新开始书写一连串"荒唐"的数字。事实证明，对付那些沙特后卫要比对付英格兰后卫容易得多。

但在欧洲的其他地方，顶尖俱乐部并不再以拥有梅西或者 C 罗为标志，精英足球如今的所作所为放在几年前是不可想象的。梅西和 C 罗曾经用极其迅猛的态势为足球运动塑造了一个充斥着球星能量、个人英雄主义以及全球市场营销实践的发展环境。如今，大环境的发展依旧滚滚向前，但其中已没有了他们的身影。更令人感到奇怪的是，资本主义在足球世界里完全未加约束地四处横行，身处这样一个"蛮荒时代"，那些有幸享有 C 罗或梅西巅峰时期的球队却不知为何没能从他们身上获取什么利益。

距离 C 罗突然从意大利足坛抽身已经过去了 2 年，很明显，他当初只是将自己的明星效益暂时借给尤文图斯一用，而并没有让俱乐部的状况比自己到来之前有所改善。他带来的这些新尤文图斯球迷来得"正是时候"，刚好来得及亲眼看见这家俱乐部陷入无可救药般的停滞状态，并在意大利税务部门那里麻烦缠身。2 年之后，这些球迷中的绝大部分移动到了曼联安营扎寨。到了2023 年，这些人已经开始对利雅得胜利的黄蓝球衣"司空见惯"。

　　皇马至少享受到了 C 罗最好的那段岁月，但它在走出"C 罗时代"的时候，也不比尤文图斯更体面多少。2018 年，皇马经过审慎决定与 C 罗分道扬镳，但在 4 年后仍在朝着"后 C 罗时代"的未来艰难转型中。不过，C 罗时期的一对"退休返聘人员"表明，他们依然余勇可嘉。一群集聚于此的青年才俊，两位焕发第二春的老将本泽马和莫德里奇（两位球员加起来足足 70 岁），携手为球队赢得了 2022 年的欧冠冠军。不过，这个冠军更多仰仗于比赛最后时刻的英雄救主，以及一系列令人难以置信的反败为胜。这支皇马也不过是以前那套阵容的低端模仿，那一支由 C 罗统领的球队可是打遍欧洲无敌手，连续 3 个赛季里没有输掉任何一组淘汰赛对决。

　　不过即便如此，这也足以超过梅西在巴黎圣日耳曼效力的两个赛季期间所取得的成就了。他在巴黎圣日耳曼的经历就是彻头彻尾的失败，这一点在利雅得那场比赛之后的几个月里已表现得非常明显。2022—2023 赛季临近尾声之时，随着巴黎圣日耳曼再一次在欧冠中打道回府，梅西在王子公园球场内挨嘘的次数已经超过了他在这里的进球数。世界杯之后，他最引人关注的时刻发生在一场失利之后，由于缺席了一次必须参加的球队训练，梅西被俱乐部停赛。当时，他又蹦跶回了沙特，为他在"探访沙特"的金主站台，这一次可没有俱乐部的许可。

　　自那之后，梅西在巴黎的时间毫无疑问进入倒数。现在唯一的问题在于，他是否会步 C 罗后尘来到海湾地区。

　　利雅得新月很快便递上肥约，他可以拿着数亿美元的免税薪水，在足球世界里最慷慨的沙漠退休人员聚集地——沙特超级联赛里闲庭信步。但在幕后，梅西的阵营同样在密切关注着地球上的另一个退休者天堂：南佛罗里达。法甲大幕落下的几天之后，梅西就宣布，像 C 罗一样，自己也将离开欧洲。

梅西选择将自己的天赋带到美国职业足球大联盟的迈阿密国际队（Inter Miami）。这多少有些出人意料，毕竟在大联盟，薪水最高的球员每个赛季也只不过挣 1 400 万美元左右，根本无法和沙特提供的那份最为丰厚的合约相提并论，而梅西也绝无可能降低自己的薪资。

在拍出《天与地》（Heaven and Earth）的美国，大联盟并没有依靠这部电影来竭力获取梅西的签约，他们选择通过自己另外的得意法宝：苹果和阿迪达斯。梅西与美国球队签订的合约可谓史无前例，根据合同条款，苹果流媒体平台上的大联盟比赛每多一个新订阅户，梅西都能从中抽成（苹果以一份 10 年 25 亿美元的合同成为大联盟在 100 多个国家的独家转播商，当时是这份合同执行的第一个赛季）。阿迪达斯同样也为梅西的薪水做出贡献，除了现金之外，梅西也能从球衣销售中抽成。在 6 个月的时间里，欧洲足坛的梅西和 C 罗时代就被归为历史。

尽管巴萨还在祈祷，自己最受欢迎的"孩子"或许会考虑回归，但即使是梅西也看不到任何俱乐部能够有实力实现此举。在他挥泪离开加泰罗尼亚的 2 年之后，巴萨仍旧处于一团乱麻之中。俱乐部依然无法保证，能够拿出重新引进梅西所需的资金。

欧超计划已经破产，现在巴萨尝试通过变卖一切来构筑自己的未来，甚至包括出售自己主场的冠名权。诺坎普，这座由克鲁伊夫所打造的殿堂，从今往后将被称为 Spotify 诺坎普。

2023 年的巴萨与 2003 年的巴萨有着惊人的相似性：财政上破败不堪、球场内只有一半观众，离欧冠冠军更是相距甚远。拉波尔塔又签下一张又一张支票，就像他在 21 世纪初所做的那样，并且承诺只要给予足够的时间，拉玛西亚就能批量生产出又一队天才球员。俱乐部希望能够尽可能多地复制出曾经引领他们发掘梅西、瓜迪奥拉以及其他人的那份魔力。然而真相却是，他们已经无计可施、身无分文，而且变得愈发绝望。超级联赛计划的大溃败就是其中的证明。

在梅西和 C 罗离开之后，那些成就了两位历史最佳球员的俱乐部又仿佛回到了各自相遇之前的起点：盼望着、豪赌着、祈祷着奇迹能够再度降临。

附 录

## 梅西与 C 罗的直接对话结果

| 比赛日期 | 梅西球队 | C罗球队 | 比分 | 梅西进球 | 梅西助攻 | C罗进球 | C罗助攻 | 赛事 |
|---|---|---|---|---|---|---|---|---|
| 2008-4-23 | 巴萨 | 曼联 | 0 : 0 | 0 | 0 | 0 | 0 | 欧冠 |
| 2008-4-29 | 巴萨 | 曼联 | 0 : 1 | 0 | 0 | 0 | 0 | 欧冠 |
| 2009-5-27 | 巴萨 | 曼联 | 2 : 0 | 1 | 0 | 0 | 0 | 欧冠 |
| 2009-11-29 | 巴萨 | 皇马 | 1 : 0 | 0 | 0 | 0 | 0 | 西甲 |
| 2010-4-10 | 巴萨 | 皇马 | 2 : 0 | 1 | 0 | 0 | 0 | 西甲 |
| 2010-11-29 | 巴萨 | 皇马 | 5 : 0 | 0 | 2 | 0 | 0 | 西甲 |
| 2011-4-16 | 巴萨 | 皇马 | 1 : 1 | 1 | 0 | 1 | 0 | 西甲 |
| 2011-4-20 | 巴萨 | 皇马 | 0 : 1 | 0 | 0 | 1 | 0 | 西班牙国王杯 |
| 2011-4-27 | 巴萨 | 皇马 | 2 : 0 | 2 | 0 | 0 | 0 | 欧冠 |
| 2011-5-3 | 巴萨 | 皇马 | 1 : 1 | 0 | 0 | 0 | 0 | 欧冠 |
| 2011-8-14 | 巴萨 | 皇马 | 2 : 2 | 1 | 1 | 0 | 0 | 西班牙超级杯 |
| 2011-8-17 | 巴萨 | 皇马 | 3 : 2 | 2 | 1 | 1 | 0 | 西班牙超级杯 |
| 2011-12-10 | 巴萨 | 皇马 | 3 : 1 | 0 | 1 | 0 | 0 | 西甲 |
| 2012-1-18 | 巴萨 | 皇马 | 2 : 1 | 0 | 1 | 1 | 0 | 西班牙国王杯 |
| 2012-1-25 | 巴萨 | 皇马 | 2 : 2 | 0 | 1 | | 0 | 西班牙国王杯 |
| 2012-4-21 | 巴萨 | 皇马 | 1 : 2 | 0 | 0 | 1 | 0 | 西甲 |

梅西 vs. C罗　　MESSI vs. RONALDO

| 比赛日期 | 梅西球队 | C罗球队 | 比分 | 梅西进球 | 梅西助攻 | C罗进球 | C罗助攻 | 赛事 |
|---|---|---|---|---|---|---|---|---|
| 2012-8-23 | 巴萨 | 皇马 | 3：2 | 1 | 0 | 1 | 0 | 西班牙超级杯 |
| 2012-8-29 | 巴萨 | 皇马 | 1：2 | 1 | 0 | 1 | 0 | 西班牙超级杯 |
| 2012-10-7 | 巴萨 | 皇马 | 2：2 | 2 | 0 | 2 | 0 | 西甲 |
| 2013-1-30 | 巴萨 | 皇马 | 1：1 | 0 | 1 | 0 | 0 | 西班牙国王杯 |
| 2013-2-26 | 巴萨 | 皇马 | 1：3 | 0 | 0 | 2 | 0 | 西班牙国王杯 |
| 2013-3-2 | 巴萨 | 皇马 | 1：2 | 1 | 0 | 0 | 0 | 西甲 |
| 2013-10-26 | 巴萨 | 皇马 | 2：1 | 0 | 0 | 0 | 1 | 西甲 |
| 2014-3-23 | 巴萨 | 皇马 | 4：3 | 3 | 1 | 1 | 0 | 西甲 |
| 2014-10-25 | 巴萨 | 皇马 | 1：3 | 0 | 0 | 1 | 0 | 西甲 |

## 梅西与 C 罗各赛季进球与所属球队获奖情况

| 赛季 | 梅西球队 | 梅西进球 | 梅西出场 | 梅西获奖 | C罗球队 | C罗进球 | C罗出场 | C罗获奖 |
|---|---|---|---|---|---|---|---|---|
| 2002—2003 |  |  |  |  | 里斯本竞技 | 5 | 31 | 葡超杯 |
| 2003—2004 |  |  |  |  | 曼联 | 6 | 40 | 足总杯 |
| 2004—2005 | 巴萨 | 1 | 9 | 西甲 | 曼联 | 9 | 50 |  |
| 2005—2006 | 巴萨 | 8 | 25 | 西甲<br>冠军联赛 | 曼联 | 12 | 47 | 联赛杯 |
| 2006—2007 | 巴萨 | 17 | 36 | 西超杯 | 曼联 | 23 | 53 | 英超 |
| 2007—2008 | 巴萨 | 16 | 40 |  | 曼联 | 42 | 49 | 英超<br>冠军联赛<br>社区盾杯 |
| 2008—2009 | 巴萨 | 38 | 51 | 西甲<br>国王杯<br>冠军联赛<br>欧超杯 | 曼联 | 26 | 53 | 英超<br>联赛杯<br>世俱杯 |

| 赛季 | 梅西球队 | 梅西进球 | 梅西出场 | 梅西获奖 | C罗球队 | C罗进球 | C罗出场 | C罗获奖 |
|---|---|---|---|---|---|---|---|---|
| 2009—2010 | 巴萨 | 47 | 53 | 西甲<br>世俱杯<br>西超杯 | 皇马 | 33 | 35 | |
| 2010—2011 | 巴萨 | 53 | 55 | 西甲<br>冠军联赛<br>西超杯<br>欧超杯 | 皇马 | 53 | 54 | 国王杯 |
| 2011—2012 | 巴萨 | 73 | 60 | 国王杯<br>西超杯<br>世俱杯 | 皇马 | 60 | 55 | 西甲 |
| 2012—2013 | 巴萨 | 60 | 50 | 西甲 | 皇马 | 55 | 55 | 西超杯 |
| 2013—2014 | 巴萨 | 41 | 46 | 西超杯 | 皇马 | 55 | 47 | 国王杯<br>冠军联赛<br>欧超杯 |
| 2014—2015 | 巴萨 | 58 | 57 | 西甲<br>国王杯<br>冠军联赛<br>欧超杯 | 皇马 | 61 | 54 | 世俱杯 |
| 2015—2016 | 巴萨 | 41 | 49 | 西甲<br>国王杯<br>世俱杯 | 皇马 | 51 | 48 | 冠军联赛 |
| 2016—2017 | 巴萨 | 54 | 52 | 国王杯<br>西超杯 | 皇马 | 42 | 46 | 西甲<br>冠军联赛<br>世俱杯 |
| 2017—2018 | 巴萨 | 45 | 54 | 西甲<br>国王杯 | 皇马 | 44 | 44 | 冠军联赛<br>西超杯<br>世俱杯 |
| 2018—2019 | 巴萨 | 51 | 50 | 西甲<br>西超杯 | 尤文图斯 | 28 | 43 | 意甲<br>意超杯 |
| 2019—2020 | 巴萨 | 31 | 44 | | 尤文图斯 | 37 | 46 | 意甲 |
| 2020—2021 | 巴萨 | 38 | 47 | 国王杯 | 尤文图斯 | 36 | 44 | 意大利杯<br>意超杯 |
| 2021—2022 | 巴黎圣日耳曼 | 11 | 34 | 法甲 | 曼联 | 24 | 38 | |

# 未来，属于终身学习者

我们正在亲历前所未有的变革——互联网改变了信息传递的方式，指数级技术快速发展并颠覆商业世界，人工智能正在侵占越来越多的人类领地。

面对这些变化，我们需要问自己：未来需要什么样的人才？

答案是，成为终身学习者。终身学习意味着永不停歇地追求全面的知识结构、强大的逻辑思考能力和敏锐的感知力。这是一种能够在不断变化中随时重建、更新认知体系的能力。阅读，无疑是帮助我们提高这种能力的最佳途径。

在充满不确定性的时代，答案并不总是简单地出现在书本之中。"读万卷书"不仅要亲自阅读、广泛阅读，也需要我们深入探索好书的内部世界，让知识不再局限于书本之中。

## 湛庐阅读 App: 与最聪明的人共同进化

我们现在推出全新的湛庐阅读 App，它将成为您在书本之外，践行终身学习的场所。

不用考虑"读什么"。这里汇集了湛庐所有纸质书、电子书、有声书和各种阅读服务。

可以学习"怎么读"。我们提供包括课程、精读班和讲书在内的全方位阅读解决方案。

谁来领读？您能最先了解到作者、译者、专家等大咖的前沿洞见，他们是高质量思想的源泉。

与谁共读？您将加入优秀的读者和终身学习者的行列，他们对阅读和学习具有持久的热情和源源不断的动力。

在湛庐阅读 App 首页，编辑为您精选了经典书目和优质音视频内容，每天早、中、晚更新，满足您不间断的阅读需求。

【特别专题】【主题书单】【人物特写】等原创专栏，提供专业、深度的解读和选书参考，回应社会议题，是您了解湛庐近千位重要作者思想的独家渠道。

在每本图书的详情页，您将通过深度导读栏目【专家视点】【深度访谈】和【书评】读懂、读透一本好书。

通过这个不设限的学习平台，您在任何时间、任何地点都能获得有价值的思想，并通过阅读实现终身学习。我们邀您共建一个与最聪明的人共同进化的社区，使其成为先进思想交汇的聚集地，这正是我们的使命和价值所在。

# CHEERS

## 湛庐阅读 App
## 使用指南

### 读什么
- 纸质书
- 电子书
- 有声书

### 与谁共读
- 主题书单
- 特别专题
- 人物特写
- 日更专栏
- 编辑推荐

### 怎么读
- 课程
- 精读班
- 讲书
- 测一测
- 参考文献
- 图片资料

### 谁来领读
- 专家视点
- 深度访谈
- 书评
- 精彩视频

HERE COMES EVERYBODY

下载湛庐阅读 App
一站获取阅读服务

湖南省版权局著作权合同登记章字：18-2024-168 号

**图书在版编目（CIP）数据**

梅西 vs. C 罗 /（英）乔舒亚·罗宾逊，（英）乔纳森·克莱格著 ；刘硕阳译 . -- 长沙 ： 湖南教育出版社，2024. 7. -- ISBN 978-7-5754-0276-7

Ⅰ. K837.835.47；K835.525.47

中国国家版本馆CIP数据核字第2024HE2251号

MEIXI vs. C LUO
# 梅西 vs. C 罗

出 版 人：刘新民
责任编辑：吴志鹏
封面设计：张志浩
出版发行：湖南教育出版社（长沙市韶山北路443号）
网　　址：www.jiaxiaoclass.com
微 信 号：家校共育网
电子邮箱：hnjycbs@sina.com
客服电话：0731-85486979
经　　销：全国新华书店
印　　刷：河北鹏润印刷有限公司
开　　本：710mm×965mm　1/16
印　　张：23.25
字　　数：341千字
版　　次：2024年7月第1版
印　　次：2024年7月第1次印刷
书　　号：ISBN 978-7-5754-0276-7
定　　价：109.90元

本书若有印刷、装订错误，可向承印厂调换。